कविता के देश में

कविताएँ और उनका पाठ

कविता के देश में

कविताएँ और उनका पाठ

सुमन केशरी

राजकमल प्रकाशन

ISBN : 978-93-94902-22-0

मूल्य : ₹595

पहला संस्करण : 2022

प्रकाशक : राजकमल प्रकाशन प्रा. लि.
1-बी, नेताजी सुभाष मार्ग, दरियागंज
नई दिल्ली-110 002

शाखाएँ : अशोक राजपथ, साइंस कॉलेज के सामने, पटना-800 006
पहली मंजिल, दरबारी बिल्डिंग, महात्मा गांधी मार्ग, प्रयागराज-211 001
36 ए, शेक्सपियर सरणी, कोलकाता-700 017

वेबसाइट : www.rajkamalprakashan.com
ई-मेल : info@rajkamalprakashan.com

मुद्रक : बी.के. ऑफसेट
नवीन शाहदरा, दिल्ली-110 032

KAVITA KE DESH MEIN
Criticism by Suman Keshari

उन पीढ़ियों के लिए,
जो अपनी बोली-भाषा में रोती तक नहीं
इस उम्मीद के साथ कि
एक दिन वे जरूर हमारी भाषा की
कविताएँ पढ़ेंगी...

क्रम

किसी भी रचना को पढ़ना, उसका पुनर्सृजन करना है...

किसी भी रचना को पढ़ना, उसका पुनर्सृजन करना है—उसे रचनाकार के मानस से निकालकर, रचना के देशकाल—परिस्थिति से निकालकर पाठक के वर्तमान में लाना है। कोई भी पाठक रचना को अपने मानसिक-सामाजिक-राजनैतिक बुनावट के आधार पर पढ़ता है। इसीलिए कोई भी कृति वस्तुतः बार-बार सृजित होती है। वह उसी अर्थ में मानस-पुत्री है, जिस अर्थ में संत ज्ञानेश्वर ने अपनी ज्ञानेश्वरी को मानस-पुत्र कहा था। अर्थों की अन्तर्ध्वनि की सर्जना पाठक की अपनी तैयारी पर निर्भर है। यह तैयारी भाषा से लेकर परम्परा अनुस्यूत अर्थ भांडार और उससे भी आगे पाठक के अपने सर्जनात्मक ऊर्जा तक फैली हुई है। जो पाठक जितना तैयार होगा, कृति का उसका आस्वाद उतना ही विस्तृत और गहरा होगा। उसी तरह जैसे कि रचनाकार की तैयारी होती है। अधिक ज्ञान एवं अनुभव वाले रचनाकार की कृति भी उतनी एकांगी नहीं होगी, जितनी कि उसकी जिसने कुछ खाके विकसित कर लिए हैं, और उन्हीं के आधार पर कृतियों की रचना करता चला जा रहा है। जैसे फ़ॉर्मूलाबद्ध रचना थोड़े समय के बाद उबाऊ और सारहीन हो जाती है, वैसे ही रचना का पाठ भी। इसलिए सौन्दर्यशास्त्र में समय-समय पर आस्वादन के नए मापदंड हमें देखने को मिलते हैं। कोई रस की बात करता है, तो कोई अलंकार और ध्वनि की, कोई यथार्थ की बात करता है तो कोई समाजवादी यथार्थ की। किसी के लिए लोकमंगल की अवधारणा महत्त्वपूर्ण है तो किसी के लिए स्त्री-दलित व अन्य हाशिए के लेखन के लिए नए सौन्दर्यशास्त्र विकसित करने की चुनौती। यानी कि कृति की रचना के साथ ही उसके आस्वादन का प्रश्न सदा से ही केन्द्र में रहा है, क्योंकि किसी भी रचनाकार के लिए उसकी रचना की व्यापक ग्राह्यता का सवाल सदा ही महत्त्वपूर्ण रहा है। कालिदास जब यह कहते हैं कि पुराणमित्येव न साधु सर्वम्—तो वे रचना पाठ के निकषों में बदलाव की ही माँग कर रहे होते हैं और यही इच्छा प्रकट होती है, भवभूति के इस प्रसिद्ध कथन से—*उपत्सते हि मम कोऽपि समानधर्मा कालोऽह्यायं निरवधि विपुला च पृथ्वी।* यानी कि किसी भी

रचनाकार के लिए उसकी रचना का 'सही' पाठ बहुत महत्त्वपूर्ण है। रचनाकार चाहता है कि पाठक और उसके बीच एक तादात्म्य की स्थिति हो, समानुभूति की भी। भवभूति की माँग किसी भी संवेदनशील रचनाकार के लिए इस अर्थ में भी महत्त्वपूर्ण है कि वह अपने और पाठक के मानस के बीच एक सेतु की भी माँग है। उनकी यह माँग पाठक को सावधान करती है कि वह पाठ का आयं-बायं पाठ न करे बल्कि रचनाकार के लिखे को ईमानदारी से पढ़े, उसका सहयात्री बने। यह तथ्यों में सत्य उजागर करने की माँग है। रचना को उसके देश-काल में अवस्थित करके उसे विनम्रता से पढ़े जाने की माँग है, और यह माँग भी कि कालावधि में आए बदलावों को रेखांकित तो करे, किन्तु उस पर वर्तमान को आरोपित न करे। यह दरअसल निरन्तर पानी बहते जाने के बावजूद नदी को नदी कहे जाने की माँग है। बदलते परिवेश में याद रखे जाने की माँग है कि यहाँ भी कोई नदी बहती थी। कोई भी पाठ सबसे पहले तो रचना के अस्तित्व को स्वीकार करे, फिर उसका पाठ करे। उसके जरिये केवल अपनी बात मनवाने का नहीं।

इस किताब की अन्तर्कथा भी कम मजेदार नहीं। ये दिन सोशल मीडिया के दिन हैं, जिनमें लाइक्स और कमेंट्स की संख्या का उतना ही महत्त्व है जितना कि वोट संख्या के आधार पर किसी भी पार्टी द्वारा सरकार बनाने के बाद उसके किसी भी काम को लोकतांत्रिक बता देना। इसमें देखने वाला यह भूल जाता है कि लोकतंत्र में वोटों की संख्या ही महत्त्वपूर्ण नहीं होती, बल्कि संस्थाओं की अपनी स्वायत्तता और काम कर लेने की क्षमता और इच्छा भी। सोशल मीडिया ने एक ओर तो वह जमीन तैयार की है कि आज किसी रचनाकार को सम्पादकों आदि की चमचागिरी की जरूरत नहीं, वह चाहे जब छप सकती है और एक साथ हजारों-हजार लोगों की निगाहों में आ सकती है। हम अपने आसपास अनेक नए लेखकों-कवियों को देख-सराह रहे हैं। किन्तु इसके साथ ही एक अन्य प्रवृत्ति भी दिखाई पड़ती है। अनेक बार रचनाएँ लाइक्स तक सीमित रह जाती हैं और अगर रचना पोस्ट करते हुए, कवि-लेखक यह भी सूचना दे दे कि उसकी यह रचना किसी पत्र-पत्रिका में प्रकाशित हुई है तो 'मित्रगण' तुरन्त बधाइयों की झड़ी लगा देते हैं। मुझे ये दोनों स्थितियाँ उलझन में डालती रही हैं।

तो हुआ यह कि कुछ साल पहले 'माटी' के अंक में 'पिरामिडों की तहों में' की शीर्षक कविता और कुछ अन्य कविताएँ प्रकाशित हुईं। चूँकि इन कविताओं का मिजाज मेरी पहले की कविताओं से बिलकुल भिन्न था, अतः मैंने 'माटी' में इनके छपने की सूचना देते हुए, इन कविताओं को भी पोस्ट कर दिया। बधाइयों का ताँता लग गया। मेरी इच्छा थी कि इन कविताओं की समीक्षा हो। लोग कुछ ठोस कहें। मुझे अपनी कविताओं को उनकी राय के आलोक में परखने का मौका मिले। किन्तु नहीं। वैसे भी सोशल मीडिया ने वरिष्ठता आदि की धारणा को पीछे

ढकेलकर सबको एक साथ खड़ा कर दिया है। यह अपने आप में बुरी बात नहीं है। रचनात्मकता के आकाश में सभी साथ खड़े हैं। किन्तु किसी भी बात को कहने का तरीका भी तो होता है, जिसे समझना-जानना जरूरी है। तब न केवल मैंने अपनी उलझन वहाँ जाहिर की, बल्कि अगले ही दिन—20 अगस्त, 2017 को यह पोस्ट लिखा :

"मित्रो, परसों मैंने 'माटी' में प्रकाशित 'ये दिन पिरामिडों की तहों में गुजरते दिन हैं' शीर्षक से कुछ कविताएँ पोस्ट की थीं।

परसों मात्र 8-9 लोगों ने उन कविताओं को 'लाइक' लायक समझा...

मेरे हिसाब से मेरी ये कविताएँ न केवल इस समय को बहुत मार्मिक और प्रभावी ढंग से प्रस्तुत करती हैं, बल्कि वे इसे ट्रांसेंड करके हमारी चेतना को गहराई व विस्तार दोनों प्रदान करने में सक्षम कविताएँ हैं। जैसी कि मेरी शैली है, बात सीधे नहीं कही गई, बिम्बों-प्रतीकों के माध्यम से कही गई है और उनमें अर्थ के कई स्तर बुने हुए हैं।

मेरा मानना है कि किसी भी अच्छी कविता में अर्थ के कई सतह होते हैं, जिनमें पाठक डूबता-उतराता अपनी बात, अपनी वेदना, चाहत और आशा खोजता है।

सो, मैंने कल अनेक मित्रों को व्हाट्सएप द्वारा और मैसेजबॉक्स में मैसेज द्वारा सूचना दी, पढ़ने का आग्रह किया और कुछ चुनिन्दा लोगों को कमेंट करने के लिए भी कहा।

करीब 48 घंटों के बाद कुल 28-29 लाइक-लव...और चुनिन्दा कमेंट मिले हैं...

ये मेरी कविताएँ हैं, किन्तु मेरी वेदना का कारण यह नहीं है, बल्कि इसलिए कि फेसबुक या कहीं का भी माहौल अजब हो गया है, आप ऊटपटाँग बेसिर-पैर का वायवीय चुटीला वाक्य लिख दें...या फिर बेहद सरल संवेदना लिए कोई क्रांतिकारी कवितानुमा कुछ पोस्ट कर दें...तो देखें रिस्पॉन्स!

कई लोग इन दिनों काव्य आस्वाद पर गहरे सवाल उठा रहे हैं, कुछ बेचैनियाँ भी दिख रही हैं। मैं उनकी चिन्ताओं में अपनी चिन्ता शामिल करती हूँ।

मित्रो, सपाट बयानी में बिना कोई जद्दोजहद किए समझ जाने का तात्कालिक सुख भले ही मिल जाए, पर अक्सर ही वह दूर तक जाने वाली, गहरी संवेदना जगाने वाली रचना बन नहीं पाती। या फिर वायवीय चुटीले वाक्य उस समय आपको झकझोर दें और स्फुरित भले ही कर दें...पर देशकाल क्या उनमें गूँजता है? ऐसी किसी गहरी बात का महत्त्व तब होगा अगर वह कुछ मूलभूत दार्शनिक सवालों से सच्ची जद्दोजहद करती दिखे...तब ऐसी बात सचमुच बेहद...बेहद महत्त्वपूर्ण हो जाएगी और वह केवल लेखक का इश्तेहार न होकर समष्टि के काम की हो जाएगी...

सोचिए जरा...

मित्रो,

मैंने एक कवि के तौर पर अपने लिए एक काम चुना है—

आपसे निवेदन है

और

आप अगर मुझे इस लायक समझें तो...तो ही...

आप अपनी ही रची सर्वाधिक प्रिय एक कविता मुझे भेजें...मैं कोशिश करूँगी, उस कविता को पढ़ने की और उस पाठ को आप लोगों तक पहुँचाने की...

केवल एक ही कविता और यह कि आपको अपनी वह कविता क्यों प्रिय है...

पहली पारी में पहले-पहल प्राप्त 25 कविताओं पर काम करूँगी...

कविता आपकी होनी चाहिए...और प्रिय लगने के कारण तो स्वभावतः आपके ही होंगे...

मैंने अपनी इस योजना को शीर्षक दिया : 'कविता समय की चुनौतियाँ : कुछ सवाल...कुछ संकल्प...'

इस पोस्ट के लिए कई लोगों ने मुझे इस 'जरूरी काम' के लिए सराहा और प्रेरित किया। किन्तु मजेदार बात यह रही कि केवल दो ही लोगों ने अपनी कविता भेजी—राकेश रोहित और नूतन डिमरी गैरौला!

चूँकि मैंने एक संकल्प कर लिया था, इसीलिए मैं स्वयं लगभग हर सप्ताह एक कविता पर विस्तार से लिखती रही और उन्हें पोस्ट करती रही। पहले पूरी कविता देती थी और फिर उसका विवेचन। इस पुस्तक में भी वही पद्धति अपनाई गई है। कविता के साथ विवेचन के इस अन्दाज को अनेक लोगों ने सराहा। कई पाठकों ने तो यहाँ तक कहा कि उन्हें न केवल इनसे कविताओं को समझने में मदद मिली, बल्कि उन्होंने अपनी कक्षाओं में पढ़ाते हुए भी इन लेखों का बहुत उपयोग किया। तब लगा कि इसे पुस्तक के रूप में तैयार करके व्यवस्थित रूप दे देना चाहिए। एक बात यहाँ जोड़ दूँ कि हमारा समाज, कुछ अपवादों को छोड़ दें तो मुख्यतः अवसरवादी और मृतकपूजक समाज है। इन लेखों में अनेक हमारे वे कवि हैं, जो हमें परम्परा से प्राप्त हैं तो ढेरों ऐसे भी जो आज लिख रहे हैं। मैंने कोशिश की है कि कविताएँ पढ़ूँ—व्यक्ति नहीं! और कुछ तो ऐसी कविताएँ हैं, जो जग-प्रसिद्ध यानी कि बार-बार उद्धृत की गईं कविताएँ भी नहीं हैं, कवि बहुत उद्धृत, पर उनकी ये कविताएँ उपेक्षित। आप यह बात स्वयं भी महसूस करेंगे।

ये लेख फेसबुक में छपे पाठों का खासा परिवर्द्धित रूप हैं। साथ ही इसमें निराला की 'सरोज स्मृति' का, केदारनाथ अग्रवाल की कविता—'रात में रवि सो गया है' और अशोक वाजपेयी की कविता—'कवि' के पाठ भी जोड़ दिए गए हैं।

इसके अलावा मैंने दो लेख प्रदीप और नीरज जी के गीतों पर भी लिखे हैं। मेरे हिसाब से ये दोनों गीत—'हम लाए हैं तूफ़ान से' और 'कारवाँ गुजर गया' अपने समय को तो वाणी देते ही हैं, आज भी हमसे बहुत कुछ कह जाते हैं और हमें सोचने के लिए प्रेरित करते हैं। इन दोनों गीतों का भाव व कलापक्ष भी बहुत ऊँचे स्तर का है।

ये लेख कविताओं के पाठ हैं, शोधपरक लेख नहीं, इसलिए इनमें उद्धरण नहीं के बराबर मिलेंगे। ये लेख टेक्स्ट से, उस समय और आज से, स्वयं से, सामने बैठे पाठक से बात करते हुए लिखे गए हैं। आज पढ़ें तो पॉज देते हुए बात करते हुए पढ़ें। आप देखेंगे कि इनमें सवाल हैं और जवाब ढूँढ़ने की कोशिश भी। एक ऐसे कवि ने इन कविताओं को पढ़ा है, जिसे घर पर कविताएँ पढ़ाई हैं, उसके पिता ने, स्कूल में जैन सर और बुद्धिराम बडोला सर ने। जैन सर ने तो उस छोटी आयु की लड़की को इतना मान दिया कि उसने अपनी ही कक्षा के छात्र-छात्राओं को 'नहुष' तथा अनेक अन्य कविताओं को बाकायदा अध्यापिका की तरह पढ़ाया। दरअसल कविता पाठ की पहली ट्रेनिंग उन्हीं ने दी थी। उसके बाद मैं कृतज्ञ हूँ लेडी श्रीराम कॉलेज की प्राध्यापिका श्रीमती शकुंतला शर्मा, श्रीमती माया वत्स और सुश्री सुषमा भटनागर की। सुषमा जी ने हमें सियारामशरण गुप्त का नाट्यकाव्य 'उन्मुक्त' पढ़ाते हुए तत्कालीन सामाजिक-आर्थिक और राजनैतिक सन्दर्भों की पूरी जानकारी दी थी। जवाहरलाल नेहरू विश्वविद्यालय तो सही मायनों में अन्तर्विषयी पाठ्यक्रम लागू करता था। वहाँ हमें पढ़ाया प्रो.नामवर सिंह ने और प्रो. केदारनाथ सिंह ने। नामवर जी का पढ़ाया साहित्य की रूपवादी और मार्क्सवादी पद्धति और केदार जी की पढ़ाई कविताएँ आज भी कानों में गूँजती हैं। कविताएँ पढ़ते हुए गोया मैं बार-बार उन कक्षाओं में जा बैठती थी। एक-एक शब्द पर बल, कविता की अन्तर्ध्वनि और परम्परा का निर्वाह और पूरी भारतीय काव्य-परम्परा में उसका स्थान। और कुछ नया पढ़ सकने का संकल्प!

इस पुस्तक के लिए कृतज्ञ हूँ कवियों की जिनकी कविताओं ने एक बार फिर कविता की सृजनशील भूमि में विचरण का मौका दिया। कृतज्ञ हूँ राजीव तिवारी (अब स्वर्गीय), अर्चना पंत, गीता गैरोला आदि मित्रों की जिनकी प्रतिक्रियाओं से मुझे निरन्तर न केवल प्रोत्साहन बल्कि परिष्कार का मौका भी मिला। शमशेर की कविता पर लिखते हुए मन ऐसा रमा कि कुछ होश ही न रहा। जब उसे पोस्ट करके बाहर निकली तो वह शाम मेरे लिए हर्ष और विषाद की ऐसी अनुभूति बनी जो आजीवन मेरे साथ रहेगी। हाँ, विषाद ज्यादा क्योंकि उसी शाम हमारा बिल्ला 'बड़का' किसी गाड़ी से टकराकर सदा के लिए हमसे छिन गया। उसे खूब याद और प्यार। उसके जाने के बाद बिल्लियाँ हमारी जिन्दगी का हिस्सा हो गईं। मैं लिखती रह पाई इसके लिए पुरुषोत्तम, ऋत्विक, ऋतंभरा को विशेष आभार। मेरे

सृजनकार्य के प्रति सदा उत्सुकता दिखाने वाले राजकमल प्रकाशन समूह के प्रबन्ध निदेशक अशोक महेश्वरी जी और उनकी टीम को बार-बार धन्यवाद।

कविताओं को पढ़ते हुए मेरी कोशिश रहती है कि उन पर समग्रता से ध्यान दूँ। कितना दे पाई, कितना नहीं, ये तो अब आप ही बताएँगे। मनोहर श्याम जोशी के शब्द उधार लूँ तो कहूँगी कि आप सब सागर थे, पर घड़े में तो घड़े जितना ही समाया!

—सुमन केशरी

कविता के देश में

खरी-खरी कहने के खतरे उठाने वाला हमारा पूर्वज

(कबीर का पद—'पंडित वाद वदंते झूठा')

पंडित वाद वदंते झूठा।
राम कह्याँ दुनियाँ गति पावै, षाँड कह्याँ मुख मीठा॥
पावक कह्याँ मूष जे दाझैं, जल कहि तृषा बुझाई।
भोजन कह्याँ भूख जे भाजै, तौ सब कोई तिरि जाई॥
नर कै साथि सूवा हरि बोलै, हरि परताप न जानै।
जो कबहूँ उड़ि जाइ जंगल में, बहुरि न सुरतै आनै॥
साची प्रीति विषै माया सूँ, हरि भगतनि सूँ हासी।
कहै कबीर प्रेम नहीं उपज्यौ, बाँध्यौ जमपुरि जासी॥

कबीर कोई बात कहें, तो एक ओर धर्म के ठेकेदार, आडम्बरों में आस्था रखने वाले, घोर परम्परावादी नाराज न हो जाएँ तथा दूसरी ओर विवेकपूण व तर्कशील और सचमुच के आधुनिक चित्त वाले लोग मग्न न हो जाएँ तो कबीर होने का अर्थ ही क्या?

कैसा मारक तर्क है इस पद की हर पंक्ति में। राम कह्या माने—कोरा नाम जप...सचमुच में प्रेम से मन लगाकर किया गया सुमिरन नहीं। 'सुमिरण कौ अंग' में कबीर के अनुसार राम नाम के जाप का मानदंड है :

मेरा मन सुमिरै राम कूँ, मेरा मन रामहि आहि।
अब मन रामहिं ह्वै रह्या, सीस नवावौं काहि॥

और यह मानदंड भक्त को प्राप्त होता है—सहज भक्ति से :

साधौ सहज समाधि भली
आँख न मूँदौं, कान न रूँधौं, तनिक कष्ट नहीं धारौं।
खुले नैन पहचानौं हँसि हँसि, सुन्दर रूप निहारौं॥

जहँ जहँ डोलौं सो परिकरमा, जो कुछ करौं सो सेवा।
जब सोवौं तब करौं दंडवत, पूजौं और न देवा॥
कहौं सो नाम, सुनौं सो सुमिरन, खावँ पियौं सो पूजा।

ऊठत बैठत कबहुँ न छटैं, ऐसी तारी लागी॥

यह वह सहज भक्ति है, जिसके प्रभाव में भक्त ने न केवल विषय वासना को त्याग दिया है बल्कि ऊँच-नीच, अपने-पराए, जाति-कुजाति के सब चक्करों को छोड़कर राम में मन लगा लिया है। राम में मन लगाना माने यह जान लेना कि जब कण-कण में उसी एक रूप का पसारा है तो सब बराबर ही हुए न। जब सूरज की किरणें बिना भेदभाव के सब पर धूप बिखेरती हैं, तो इस जगत में ऊँच-नीच का फैसला करने वाला मनुष्य कैसे सही हो सकता है? भगवान तो समदर्शी हैं!

तो जब पंडित-मौलवी (यह कहा नहीं गया, पर पद का विस्तार किसी भी संस्थाबद्ध धर्म के लिए किया जा सकता है।) नाम जाप करने या अल्लाह-अल्लाह कहने की बात करते हैं तो वे वस्तुतः पूरा सच नहीं कह रहे होते। पूरा सच तो यह है कि इतने प्रेम से उस राम या अल्लाह का स्मरण करो कि सारे भेद दूर हो जाएँ। मन निर्मल हो जाए। पर पंडित और मौलवी तो अपने धर्म को, अपनी आस्था को ही सच बताते हैं और इसीलिए वे अधूरा सच बतलाते हैं और दूसरे के प्रति मन में आशंका भरते हैं।

सिर्फ नाम जपने भर से (यानी कि मुँह से राम बोलने भर से) गति यानी मुक्ति नहीं मिल सकती। अगर मुँह से राम का नाम लेने भर से गति मिल जाए तो खांड कहते ही मुँह में मिठास भर जानी चाहिए। अग्नि कहते ही मुँह जल जाना चाहिए और पानी कहने से प्यास बुझ जानी चाहिए। अगली पंक्ति गजब है—*भोजन कह्याँ भूख जे भाजै, तौ सब कोई तिरि जाई॥*

हम जानते हैं कि यह सारा संसार—तमाम प्राणी और पादप जगत भूख का ही मारा हुआ है। सारे काम इसी अग्नि को—जठराग्नि को—क्षुधा को—शान्त करने के लिए ही होते हैं। बादल न बरसें तो पेड़-पौधे मर जाएँ। अकाल पड़ जाए तो न अन्न उपजे न मवेशी रहें। अगर अमीर खुसरो की नकल कर कहूँ तो—प्राणी मरा क्यों? पेड़ जला (सूखा)क्यों?—पानी न था! यानी कि प्रकारान्तर से खाना न था। तो कबीर कहते हैं कि भोजन कह देने मात्र से या उसका नाम-जप करने मात्र से अगर भूख मिट जाए तो सारा जगत ही तिर जाए—इस भवसागर को पार कर ले। तमाम काम—पाप-कर्म समेत इसी भूख को शान्त करने के लिए किए जाते हैं। अब यहाँ यह भूख केवल जठराग्नि की नहीं है—वह तमाम तरह के भूख को अभिव्यक्त करने वाली हो गई है।

अगली पंक्ति कबीरीय तर्क का श्रेष्ठ नमूना है। अवाक् करके रख देने वाला तर्क। सुग्गे यानी तोते को हम राम-राम सिखाते हैं और हमारे राम-राम बोलते ही वह भी बोलना शुरू कर देता है। हम जैसा सिखाते हैं वह वैसा ही बोलता है। कबीर पूछते हैं कि क्या तोता राम-हरि का नाम जपते हुए हरि का प्रताप भी जानता है? कबीर द्वारा 'हरि प्रताप' शब्द का प्रयोग बहुत महत्त्वपूर्ण है। यहाँ भक्ति सायास है, यानी कि भक्त की एजेंसी द्वारा स्वीकृत और करने योग्य। वह कर्मकांड के तौर पर लादी नहीं गई। भक्त की स्वायत्तता बहुत जरूरी है, ऐसी भक्ति के लिए। इसीलिए वह सायास की जाने वाली समाधि है। क्रमशः भक्त और भक्ति में ऐसा सम्बन्ध हो जाता है कि भक्त के द्वारा किया गया कोई भी काम भक्ति के दायरे में आ जाता है—'साधो सहज समाधि भली' की तरह।

कबीर की संवेदना भक्ति के समर्पण से आगे जाकर भागीदारी में बदलने की सूचना देती है। जैसा कि पुरुषोत्तम अग्रवाल कहते हैं—'भक्ति माने भागीदारी।' भागीदारी माने बराबरी की बात स्वयं भगवान से। सीधे भगवान से नाता, बिना किसी बिचौलिए के। यह नवधा भक्ति की परम्परागत अवधारणा, जिसमें—श्रवण, कीर्तन, स्मरण, पादसेवन, अर्चन, वंदन, दास्य, सख्य और आत्मनिवेदन—से आगे की बात है, जहाँ भक्त और भगवान में भागीदारी का सम्बन्ध है—जाति, धर्म, ऊँच-नीच सबसे परे बराबरी—भक्त और भगवान की। यह सर्वथा नई अवधारणा है, जिसके आधार गहरे में तत्कालीन समाज के मजबूत व डायनेमिक आर्थिक स्थितियों से परिचालित हैं। कबीर आदि भक्तों ने सामाजिक सम्बन्धों से लेकर परमात्मा से सम्बन्ध तक को बराबरी, भागीदारी और संवाद के आधार पर परिभाषित करने का हौसला किया था। अब भक्ति समर्पण नहीं, बराबरी का सम्बन्ध थी। तो कबीर द्वारा तोते के सन्दर्भ में हरि प्रताप का प्रयोग मानीखेज है। यानी भगवान की कृपा और भक्त की सक्रिय इच्छा जरूरी है, भक्ति को भागीदारी बनाने के लिए। भक्ति आन्दोलन—खासतौर से निर्गुण भक्तों की भक्ति की यही विशेषता है। सूर की गोपियों की भक्ति भी इसी तरह की है। वे कृष्ण से बराबरी का सम्बन्ध रखती हैं।

तोते के सन्दर्भ में कबीर आगे कहते हैं कि यदि तोता उड़ जाए, बस्ती से दूर, प्रकृति में निवास करे तो वह राम के नाम को बिसरा देता है क्योंकि अब कोई उत्प्रेरक तत्त्व (स्टीमूलेंट) नहीं है। भक्त के लिए बाहरी उत्प्रेरणा की आवश्यकता नहीं। उसके तो हर काम में सहज ही भक्ति (समाधि) समाहित है। कबीर 'सुरती' पद का प्रयोग करते हैं। हम जानते हैं कि कबीर की कविता में सुरति-निरति पारिभाषिक शब्दावली हैं। आचार्य हजारीप्रसाद द्विवेदी ने इन शब्दों पर सुविस्तृत विचार किया है। उनके अनुसार, "सुरति स्मृति का अपभ्रंश है। पर सुरति केवल स्मृति नहीं है, उसमें प्रेम का भाव भी है। स्मृति में प्रीति होनी चाहिए और रम जाने की प्रवृत्ति भी। सुरति में इस प्रीति के भाव पर जोर दिया गया है।"

कबीर के अनुसार, सामान्यतः लोगों की भक्ति, विषय वासना के प्रति है और सच्ची भक्ति आमतौर से साधारण लोगों को हास्यास्पद ही लगती है क्योंकि सच्चे भक्तों के काम तो आम लोगों के जीवन से भिन्न ही होते हैं। उनका तो मन फकीरी में ही रम जाता है।

यहाँ मुझे कबीर का एक दोहा बहुत अर्थपूर्ण ढंग से याद आ रहा है। जब कबीर की साख बहुत बढ़ गई तो उनसे वाद-विवाद के लिए पं. सर्वजीत पधारे अनेक पोथे-पोथियाँ लादे। तब कहा जाता है कि कबीर की पुत्री कमाली ने उन पर एक व्यंग्य किया, जिसे कबीर ने ये शब्द दिए—

जन कबीर का सिषर घर, बाट सलैली सैल
पाव न टिकै पपीलका, लोगनि लादे बैल...

(यानी कि कबीर का घर शिखर पर है, जहाँ पहुँचने का रास्ता बहुत रपटीला है। जिस रास्ते पर चींटी भी मुश्किल से ही अपने पाँव टिका पाती है वहाँ ऐसे पंडित लोग हैं कि बैलगाड़ियों पर पोथियाँ लाद लाद के आए हैं।)

इसका मतलब हुआ कि—कबीर का ज्ञान पोथियों में सिमटा ज्ञान नहीं था, उसमें उनका अपना अनुभव जगत बोलता था। इसीलिए उनके कहे को साखी (साक्षी) और सबद (ब्रह्मज्ञान से परिपूर्ण) कहा जाता है। इसी को नामवर सिंह अनुभवसम्मत विवेकवाद कहते हैं। अर्थात् अनुभव जगत से सीधे जुड़े होने और विवेकसम्मत होने के कारण ही कबीर तत्काल समझ में आ जाने वाली इतनी चुटीली बात करते हैं—

जो तू बाभन बाभनी जाया आन बाट काहे नहीं आया
जो तू तुरक तुरकनी जाया भीतर खतना क्यों न कराया!

अब इतनी सीधी बात का जवाब वह कैसे दे सकता है जो जाति या धर्म के आधार पर भेदभाव करता है और उसे सही भी ठहराता है?

कबीर की ये बातें हमें अपने मन-मस्तिष्क के नजदीक इसीलिए लगती हैं और इसलिए प्रभावित करती हैं कि कबीर का समय जैसा कि ऊपर भी कहा जा चुका है, आधुनिकता के उदय का काल है। हमारे समाज में दस्तकारी और व्यापार के बढ़ने का काल। जबकि दस्तकार और व्यापारी अपने लिए बराबरी की व्यवस्था की माँग कर रहे थे। रामविलास जी ने इस काल में सौदागरी पूँजी के उद्‌भव को रेखांकित किया है, पुरुषोत्तम अग्रवाल ने हमारे देश में इस समय को 'देशज आधुनिकता' का काल कहा है।

इस पद का अन्तिम वाक्य—

कहै कबीर प्रेम नहीं उपज्यौ, बाँध्यौ जमपुरि जासी॥

पुनः हमारे प्रचलित अकादमिक सोच पर सवाल उठाता है। हम जानते हैं कि आचार्य रामचन्द्र शुक्ल ने कबीर को निर्गुणपंथी ज्ञानाश्रयी शाखा का भक्त कहा है। पर यदि आप कबीर की कविता को बहुत ध्यान से पढ़ें तो उनकी कविता प्रेम के माहात्म्य को रेखांकित करती कविता है। क़बीर का प्रेम तो उनके तन-मन को प्रकाशित और सुरभित कर देने वाला प्रेम है। वह तो सीस उतारे भुईं धरे वाला प्रेम है। घर को जला डालने वाला प्रेम है। प्रेम के जितने भावों की परिकल्पना कबीर ने की है, उतनी अन्यत्र मुश्किल से ही मिलती है। उनके यहाँ अगर पिंजर प्रेम प्रकासिया है तो विरह को भी सुलतान का दर्जा हासिल है। कबीर कहते हैं कि जिस घट में विरह नहीं है वह घट श्मशान की तरह है।

दरअसल मेरी तो थीसिस ही यह है कि भक्त कवियों का, निर्गुण और सगुण पंथों में विभाजन एक अनावश्यक विभाजन है। मेरा शोधकार्य दरअसल भ्रमरगीत परम्परा पर ही है और यह बात कॉमनसेंस का हिस्सा बन चुकी है कि भ्रमरगीतों में गोपियों ने जिस निर्गुण का खंडन करके भक्ति मार्ग की स्थापना की है, वह वस्तुतः कबीर आदि निर्गुण पंथियों का ही निर्गुण ब्रह्म है। इसके पीछे तर्क यह है कि निर्गुण पंथी संत प्रेम आदि से दूर हठयोग व ज्ञान की बात करते हैं। वे समाज से दूर रहने वाले लोग हैं। जब मैंने कबीर का विशेष अध्ययन किया तो पाया कि कबीर तो गहरे प्रेम के कवि हैं। वे तो पाँच लोगों की गृहस्थी चलाने और द्वार पर खड़े साधू का सत्कार करने की बात करते हैं। वे तो अपनी रचनाओं में 'इंगला-पिंगला ताना भरनी सुषमन तार से बिनी चदरिया' कहते हुए जुलाहा कर्म को भी गूँथ देते हैं, और इस तरह से श्रम के महत्त्व का रेखांकन करते हैं। तब कैसे कहा जा सकता है कि कबीर ठेठ पारिभाषिक अर्थों में निर्गुण हैं। शोध के दौरान जाना कि दरअसल सूरदास-नन्ददास आदि द्वारा जिस निर्गुण का खंडन किया गया है वह दर्शन के धरातल पर शंकराचार्य द्वारा प्रतिपादित अद्वैत दर्शन है और साधना के धरातल पर वह नाथों-सिद्धों की साधना पद्धति है। सूर की गोपियों का प्रतिपक्ष कबीर-नानक आदि संत कवि नहीं हैं।

यही नहीं, बल्कि वृंदावन शोध संस्थान में पांडुलिपियाँ देखते हुए अनेक ऐसे गुटके देखे जिनमें सूरदास, परमानन्ददास आदि के साथ-साथ कबीर की रचनाएँ संकलित थीं। कइयों में तो पोथी शुरू ही कबीर की रचना से हो रही थी। (देखें—निरगुन कौन देस को वासी, आलोचना, सहस्त्राब्दि अंक छत्तीस, जनवरी-मार्च, 2010, पृ. 85-97)

तो हम देखते हैं कि इस पद में कबीर व्यंग्य का उपयोग कर भक्ति माने भागीदारी की अवधारणा का प्रभावी निरूपण करते हैं, और प्रेम-स्मृति को तोते के माध्यम से उजागर करते हैं। और इस तरह से कबीर की सहज भक्ति की साधना समाज निरपेक्ष नहीं बल्कि समाज में सभी तबकों के लिए बराबरी का सपना देखती-सँजोती—भक्ति थी।

कोई नहीं जाता वापस ब्रज

(सूरदास का पद—'ऊधो मोहिं ब्रज बिसरत नाहीं')

ऊधो मोहिं ब्रज बिसरत नाहीं।
हंससुता की सुन्दर कगरी, अरु कुंजन की छाँहीं॥
वै सुरभि वै बच्छ दोहनी, खरिक दुहावन जाँहीं।
ग्वालबाल मिलि करत कुलाहल, नाचत गहि गहि बाँहीं॥
यह मथुरा कंचन की नगरी, मनिमुक्ताहल जाँहीं।
जबहिं सुरत आवत वा सुख की, जिय उमगत तन नाहीं॥
अनगन भाँति करी बहु लीला, जसुदा नन्द निबाहीं।
'सूरदास' प्रभु रहे मौन ह्वै, यह कहि कहि पछिताहीं॥

सूरदास का यह पद सम्भवतः मुझे सर्वाधिक प्रिय है...।

प्रसंग भ्रमरगीत* का, जिसका पुष्टिमार्ग में दार्शनिक व साम्प्रदायिक (सम्प्रदाय के अर्थ में, 'कॉम्यूनल' के अर्थ में नहीं, [जैसे वल्लभाचार्य का पुष्टिमार्ग!]) महत्त्व है। अष्ट छाप के कवि नन्ददास ने तो अपने 'भँवरगीत' में पुष्टिमार्गीय दर्शन को ही गोपियों के मुख से कहला दिया है! पर सूर तो नन्ददास की भाँति 'जड़िया' कवि थे नहीं, कि कविता में अलंकार ही नहीं दर्शन भी जड़-जड़ कर प्रस्तुत करें।

---

* कृष्ण के मथुरा गमन के बाद गोपियों को समझा-बुझा कर विरहमुक्त करने के लिए उद्धव ब्रज आए थे। दरअसल वे कृष्ण के भेजे दूत थे। उद्धव ने गोप-गोपियों को अद्वैत व योग का उपदेश दिया। उन्होंने कहा कि गोपियाँ निर्गुण ब्रह्म की साधना करें, बेकार प्रेम में व्याकुल होकर जीवन न गँवाएँ। किन्तु गोपियों के प्रेम ने उन्हें भी प्रेमपथिक बना दिया। गोपियों ने भँवरे को सम्बोधित करते हुए अपनी बातें कही थीं, अतः ये पद भ्रमरगीत के नाम से जाने गए। 'भागवत' के दशम स्कन्ध में यह कथा पहली बार आई है! आचार्य रामचन्द्र शुक्ल आदि तमाम महत्त्वपूर्ण आलोचक मानते हैं कि भ्रमरगीत परम्परा में जिस निर्गुण का खंडन किया गया है, वह निर्गुण कबीर आदि निर्गुण कवियों वाला निर्गुण है। मेरी शोध-आधारित मान्यता इससे सर्वथा भिन्न है। मेरे अनुसार गोपियों द्वारा उपहासित निर्गुण, दर्शन के धरातल पर शांकर अद्वैत और कर्मकांड के धरातल पर सिद्धों-नाथों वाला निर्गुण है। आपने देखा होगा कि गोपियाँ, खासतौर पर सूरदास की

वे तो भावों के 'गढ़िया' थे! सो वे माँ यशोदा के भी भाव रचते थे और गोपियों के भी। फिर कृष्ण के भावों की कल्पना भला वे क्यों न करते...और वह भी विछोह से तड़पते कृष्ण के मन की! तो यह पद पुरुष मन में पैठे प्रेम का चित्रण है। वैसी ही स्मृतियाँ, वैसी ही तड़प! सूरदास के बारे में लिखते हुए आचार्य रामचन्द्र शुक्ल ने एकदम सही दर्शाया है कि मनुष्य के मन के जितने भी भाव हैं, सूरदास ने उन्हें बहुत सुन्दर अभिव्यक्ति दी है।

सूरदास मेरे बहुत प्रिय कवि रहे हैं। भारत में ऐसी माताएँ कम होंगी, जिन्होंने अपने बच्चे को कान्हा न बुलाया हो। पर यह कविता तो युवा, कदाचित् प्रौढ़ होते कृष्ण के मन को खोलती कविता है। प्रेम में विदीर्ण कृष्ण के मन की। एक बाउल गीत है कि अगले जनम तुम राधा होना, तब तुम जानोगे प्रेम की पीड़ा। किन्तु यहाँ कृष्ण की पीड़ा को हम पढ़ें, सूरदास के शब्दों में!! क्या यह कृष्ण की पीड़ा है या सूर की अपनी पीड़ा...अपना गाँव,अपने लोग छोड़ देने की पीड़ा, जो बुढ़ापे में उन्हें खींचती होगी अपनी ओर...पर जिय उमगत तन नाहीं!!

याद करें कबीर की बनारस छोड़कर मगहर आ बसने की पीड़ा—

सकल जनम शिवपुरी गँवाया।
मरती बार मगहर उठि आया॥
बहुत बरस तप कीया कासी।
मरन भया मगहर को बासी॥

दरअसल मनुष्य का स्वभाव ही है कि वह बीते हुए को बार-बार कई तरह से याद करता है। कोई कहेगा कि कृष्ण तो अवतार थे, किन्तु अवतार कहते ही उसे हैं, जो मनुष्य रूप में लीला करे। तो यहाँ विरह की व्यथा को महसूस करते, उसे वाणी देते कृष्ण, मनुष्य हैं!

यह पद भ्रमरगीत का आखिरी पद है। उद्धव का हृदय परिवर्तन हो चुका है। वे ज्ञान और योग के घमंड से उबर, प्रेम की महिमा जान चुके हैं। जब वे कृष्ण से अपने मन की बात कहते हैं, यानी प्रेम पगे मन की, तब कृष्ण राधा व गोपियों के प्रति, अपने सखाओं, माता-पिता और ब्रजभूमि के प्रति अपने प्रेम को इस पद के

गोपियाँ भस्म-कुंडल आदि का विरोध करती हैं। दरअसल आचार्य शुक्ल आदि विद्वानों ने इस बात की उपेक्षा की है कि कबीर आदि निर्गुण कवियों में प्रेम का बहुत महत्त्व है। कबीर तो राम की प्राप्ति के लिए खुद को राम की बहुरिया तक कह देते हैं। वे स्वयं सिद्ध-नाथ—शाक्तों का विरोध करते हैं। यह सही है कि उनका राम दशरथ सुत राम नहीं है। आचार्य शुक्ल आदि द्वारा प्रतिपादित निर्गुण की यह अवधारणा, तुलसीदास की रामचरितमानस की खल वंदना से प्रेरित है। तत्कालीन राजनैतिक परिघटनाओं में भी इसके सूत्र तलाशे जा सकते हैं। इस सन्दर्भ में मेरा शोध-लेख—'निर्गुण कौन देस को वासी' शीर्षक से आलोचना के सहस्राब्दि अंक 36 में प्रकाशित हैं।)

माध्यम से व्यक्त करते हैं। इस पद में गजब नॉस्टेल्जिया के भाव हैं, और यही कारण है कि यह पद देश-काल की सीमा उलाँघता हुआ, आज भी हमें भाव-विभोर कर जाता है। 'कोई लौटा दे मेरे बीते हुए दिन'...या फिर मिर्जा ग़ालिब के अमर शब्दों में 'दिल ढूँढ़ता है फिर वही फ़ुरसत के रात-दिन/ बैठे रहें तसव्वुरे जानां किए हुए!'

पर क्या वे बीते हुए दिन भी भला कभी लौटे हैं? ग़ालिब को ही फिर याद करें तो—

मेहरबां होके बुला लो मुझे चाहे जिस वक़्त
मैं गया वक़्त नहीं हूँ के फिर आ भी न सकूँ!

पर अगर कोई बुलाए तो आप चले जाएँगे? जा पाएँगे? और अगर जा भी पाएँ तो क्या वे बीते हुए दिन 'उसी तरह' वापस लौटेंगे या फिर उन पर काल अपनी धूल जमा चुका होगा जिसे फिर पोंछकर पुराने दिनों में बदल देने की हर कोशिश बस कोशिश ही होगी...एक असम्भव कोशिश! खाई भले पट जाए, पर समय जो खाई खोदता है, उसे कभी नहीं पाटा जा सकता!

यह पद बड़े प्रभावी ढंग से हमें ये सारी बातें याद दिलाता है कि बीते दिन वापस 'उसी तरह' नहीं लौटते जैसे कि वे बीते थे! इस पद में कविता का पल है—

जबहिं सुरत आवत वा सुख की, जिय उमगत तन नाहीं॥

उन दिनों के सुखों को याद करते हुए मन तो उमग रहा है, कुलाँचे भर रहा है पर तन वहीं का वहीं, वर्तमान में पड़ा हुआ है। मन की गति को भला कौन पा सकता है? कितने ही सुपर-डुपर सॉनिक विमान बन जाएँ पर बाजी तो हरदम मन ही मारेगा। 'मोनालिसा की आँखें' में मेरी एक कविता है—'मन के घोड़े'। इस कविता की अन्तिम पंक्तियाँ हैं—

हर पल अथिर
जुगनू से कौंधते
बस उस एक पल को ही उजास
करते हैं मन के घोड़े

दरअसल लगता है कि स्मृति सम्पूर्ण होती है, पर ऐसा होता नहीं। आपके मन का भाव उस पल सम्पूर्ण होगा पर स्मृति विशिष्ट क्षण की होगी और मन उसी को अंकित करेगा। इस कविता में कृष्ण को जब ब्रज की याद आती है तो उन्हें याद आती है हंससुता की कगरी माने यमुना तट (कगार) की और कुंजों की छाँव! अब अगर हमने सूरदास को पढ़ा है तो बाल व यौवन की सारी लीलाएँ यहीं और आसपास घटी हैं। गोपों के साथ हुड़दंग और कोलाहल, राह में गोपियों की मटकी

फोड़ना, दानलीला, यमुना में गोपी चीरहरण और कुंज में राधा व गोपिकाओं से मिलन, राधा का रूठना, मान लीला, रास सब लीलाओं की स्थली—ये कुंज-गलियाँ ही तो हैं! वे सुरभि, वे बच्छ दोहनी में कृष्ण का दूध काढ़ना और राधा पे धार फेंकना भला किसे न याद आएगा।

पद की कविताई इसी में है कि सूरदास ने ये सब लिखा नहीं है, पर पाठक/श्रोता की स्मृति में कृष्ण की तमाम लीलाएँ हैं, और कृष्ण की यादों में वह भी बही जा रही है। खरिक शब्द पढ़ते ही वृषभानु यानी राधा के पिता की गौशाला याद आ जाती है। राधा को पिछुआते-पिछुआते कान्हा वहीं तो जा पहुँचते हैं और फिर याद आता है राधा को तथाकथित साँप काटने वाली घटना...हाय हाय...क्या बात!!!

यहाँ हम देखते हैं कि बातें अभिधा में यानी सीधे-सीधे कही नहीं गईं, बल्कि व्यंजित हो रही हैं.। कवि का लक्ष्य भी व्यंजित करना ही है। सीधे कह देना नहीं।

आचार्य शुक्ल ने गोपियों के प्रेम को खाली बैठे का प्रेम कहा है और यह भी कि मथुरा से ब्रज की दूरी कितनी है, रोने की बजाय चली जातीं, कृष्ण से मिलने! आचार्य प्रेम में मान की बात भूल गए!

अब यहाँ सूरदास की पद-योजना देखिए—

अनगन भाँति करी बहु लीला, जदुसा नन्द निबाहीं।

यानी कि कृष्ण ने हर तरह का हुड़दंग किया, हर तरह की शैतानियाँ कीं, पर जसुदा और नन्द ने सबको न केवल बर्दाश्त किया बल्कि वे ब्रजवासियों से लड़े भी, कि उनके नन्हे-से कान्हा को सभी सताते हैं। सब गोपियाँ झूठ बोलकर उनके कान्हा को पिटवाती हैं। हाय रे माँ का मन। उसका बेटा तो गलती कर ही नहीं सकता।

एक बात यहाँ गौर करने की है और वह है—जसोदा और नन्द का सम्बोधन। एक तो इसमें छंद सध रहा है और दूसरा यह भी तो कि मथुरा आकर कृष्ण को अपने 'असली' माता-पिता—देवकी और वसुदेव का पता चलता है। तो सम्बोधन में फर्क आ रहा है। यहाँ जसोदा का उद्धव के हाथों भेजा सन्देश पढ़ें—

सन्देसो देवकी सो कहिए
हौं तो धाय तिहारे सुत की कृपा करत ही रहिए...

कितनी वेदना है 'धाय' शब्द में! जसोदा माँ नहीं है—धाय है, जिसने कृष्ण को जन्म नहीं दिया, पाला है, इसलिए कृपा-भाव बनाए रखें, देवकी उस पर!

अब हम मथुरा नगरी और ब्रज की तुलना देखें—यह मथुरा कंचन की नगरी, मनिमुक्ताहल जाँहीं। केवल एक वाक्य! और इस नगरी का प्रभाव तो देखें कि एक बार यहाँ आने के बाद कृष्ण कहीं भी गए हों, द्वारिकाधीश बने हों, पर वे वापस ब्रज नहीं गए! कोई नहीं जाता वापस ब्रज! यह ब्रज कोई भी गाँव, कस्बा या छोटा-बड़ा

शहर हो सकता है। जहाँ कंचन, मणि-मुक्ताहल है, वहीं जाएगा मनुष्य। रोएगा याद करके पुराने दिन। दिल्ली हाट बना लेगा, कान्हा-किसली और अंडमान निकोबार में जाकर पुराने दिन जीने की कोशिश करेगा, किन्तु होगा क्या? वहाँ भी वह कंचन और मणि—मुक्ताहल उगाने लगेगा। मनुष्य है तो वह स्थिर न बैठेगा—विकास की अवधारणा पर बहस हो सकती है—पर परिवर्तन जरूर होगा। प्रकृति से बढ़ती दूरी नॉस्टेल्जिया पैदा करेगी, मनुष्य को वापस अपनी ओर बुलाएगी—किन्तु जिय उमगेगा, तन नहीं। तन को आदत हो जाती है—कंचन और मणि-मुक्ताहल की। तन जान जाता है नन्द-जसोदा और देवकी-वसुदेव का फर्क।

पर होता क्या है—

'सूरदास' प्रभु रहे मौन ह्वै, यह कहि कहि पछिताहीं॥

मौन के अलावा क्या कोई ठौर है, वापस लौटने की कामना रखने वाले प्राणी के पास? यह वही मौन है, जो कल्पना में स्मृति के घोंसले में ले जाएगा और एक बच्चा चिड़िया के अंडों को देखेगा और प्रेमचन्द के पात्र की ही तरह सोचेगा कि अंडे इतनी खुरदरी जगह में कैसे ठीक से रह सकते हैं। वह बच्चा उन्हें ले जाकर मुलायम सतह पर रख देगा और चिड़िया चीं चीं करके रोते हुए उन्हें जमीन पर पटक देगी...

चिड़िया भी रोएगी और बच्चा भी...
और यह पढ़नहार भी...

एक कवि की सफलता और एक पिता की विफलता का करुण पाठ

(सूर्यकांत त्रिपाठी 'निराला' की कविता—'सरोज स्मृति')

ऊनविंश पर जो प्रथम चरण
तेरा वह जीवन-सिन्धु-तरण;
तनये, ली कर दृक्पात तरुण
जनक से जन्म की विदा अरुण!

गीते मेरी, तज रूप-नाम
वर लिया अमर शाश्वत विराम
पूरे कर शुचितर सपर्याय
जीवन के अष्टादशाध्याय,
चढ़ मृत्यु-तरणि पर तूर्ण-चरण
कह—"पित:, पूर्ण आलोक-वरण
करती हूँ मैं, यह नहीं मरण,
'सरोज' का ज्योति:शरण—तरण!"—

अशब्द अधरों का सुना भाष,
मैं कवि हूँ, पाया है प्रकाश
मैंने कुछ, अहरह रह निर्भर
ज्योतिस्तरणा के चरणों पर।
जीवित-कविते, शत-शर-जर्जर
छोड़ कर पिता को पृथ्वी पर
तू गई स्वर्ग, क्या यह विचार—
"जब पिता करेंगे मार्ग पार
यह, अक्षम अति, तब मैं सक्षम,

तारूँगी कर गह दुस्तर तम?"—

कहता तेरा प्रयाण सविनय,—
कोई न था अन्य भावोदय।
श्रावण-नभ का स्तब्धान्धकार
शुक्ला प्रथमा, कर गई पार!

धन्ये, मैं पिता निरर्थक था,
कुछ भी तेरे हित न कर सका!
जाना तो अर्थागमोपाय,
पर रहा सदा संकुचित-काय
लखकर अनर्थ आर्थिक पथ पर
हारता रहा मैं स्वार्थ-समर।
शुचिते, पहनाकर चीनांशुक
रख सका न तुझे अत: दधिमुख।
क्षीण का न छीना कभी अन्न,
मैं लख न सका वे दृग विपन्न;
अपने आँसुओं अत: बिम्बित
देखे हैं अपने ही मुख-चित।

सोचा है नत हो बार बार—
"यह हिन्दी का स्नेहोपहार,
यह नहीं हार मेरी, भास्वर
यह रत्नहार-लोकोत्तर वर!"—
अन्यथा, जहाँ है भाव शुद्ध
साहित्य-कला-कौशल प्रबुद्ध,
हैं दिये हुए मेरे प्रमाण
कुछ वहाँ, प्राप्ति को समाधान

पार्श्व में अन्य रख कुशल हस्त
गद्य में पद्य में समाभ्यस्त। —
देखें वे; हँसते हुए प्रवर,
जो रहे देखते सदा समर,
एक साथ जब शत घात घूर्ण

आते थे मुझ पर तुले तूर्ण,
देखता रहा मैं खड़ा अपल
वह शर-क्षेप, वह रण-कौशल।
व्यक्त हो चुका चीत्कारोत्कल
क्रुद्ध युद्ध का रुद्ध-कंठ फल।
और भी फलित होगी वह छवि,
जागे जीवन-जीवन का रवि,
लेकर-कर कल तूलिका कला,
देखो क्या रँग भरती विमला,
वांछित उस किस लांछित छवि पर
फेरती स्नेह कूची भर।

अस्तु मैं उपार्जन को अक्षम
कर नहीं सका पोषण उत्तम
कुछ दिन को, जब तू रही साथ,
अपने गौरव से झुका माथ,
पुत्री भी, पिता-गेह में स्थिर,
छोड़ने के प्रथम जीर्ण अजिर।
आँसुओं सजल दृष्टि की छलक
पूरी न हुई जो रही कलक

प्राणों की प्राणों में दब कर
कहती लघु-लघु उसाँस में भर;
समझता हुआ मैं रहा देख,
हटती भी पथ पर दृष्टि टेक।

तू सवा साल की जब कोमल
पहचान रही ज्ञान में चपल
माँ का मुख, हो चुम्बित क्षण-क्षण
भरती जीवन में नव जीवन,
वह चरित पूर्ण कर गई चली
तू नानी की गोद जा पली।
सब किये वहीं कौतुक-विनोद
उस घर निशि-वासर भरे मोद;

खाई भाई की मार, विकल
रोई उत्पल-दल-दृग-छलछल,
चुमकारा सिर उसने निहार
फिर गंगा-तट-सैकत-विहार
करने को लेकर साथ चला,
तू गहकर चली हाथ चपला;
आँसुओं-धुला मुख हासोच्छल,
लखती प्रसार वह ऊर्मि-धवल।
तब भी मैं इसी तरह समस्त
कवि-जीवन में व्यर्थ भी व्यस्त
लिखता अबाध-गति मुक्त छंद,

पर सम्पादकगण निरानन्द
वापस कर देते पढ़ सत्त्वर
दे एक-पंक्ति-दो में उत्तर।
लौटी लेकर रचना उदास
ताकता हुआ मैं दिशाकाश
बैठा प्रान्तर में दीर्घ प्रहर
व्यतीत करता था गुन-गुन कर
सम्पादक के गुण; यथाभ्यास
पास की नोचता हुआ घास
अज्ञात फेंकता इधर-उधर
भाव की चढ़ी पूजा उन पर।
याद है दिवस की प्रथम धूप
थी पड़ी हुई तुझ पर सुरूप,
खेलती हुई तू परी चपल,
मैं दूरस्थित प्रवास में चल
दो वर्ष बाद हो कर उत्सुक
देखने के लिए अपने मुख
था गया हुआ, बैठा बाहर
आँगन में फाटक के भीतर,
मोढ़े पर, ले कुंडली हाथ
अपने जीवन की दीर्घ-गाथ।
पढ़ लिखे हुए शुभ दो विवाह।

हँसता था, मन में बड़ी चाह
खंडित करने को भाग्य-अंक,
देखा भविष्य के प्रति अशंक।

इससे पहिले आत्मीय स्वजन
सस्नेह कह चुके थे जीवन
सुखमय होगा, विवाह कर लो
जो पढ़ी लिखी हो—सुन्दर हो।
आए ऐसे अनेक परिणय,
पर विदा किया मैंने सविनय
सबको, जो अड़े प्रार्थना भर
नयनों में, पाने को उत्तर
अनुकूल, उन्हें जब कहा निडर—
"मैं हूँ मंगली," मुड़े सुनकर
इस बार एक आया विवाह
जो किसी तरह भी हतोत्साह
होने को न था, पड़ी अड़चन,
आया मन में भर आकर्षण
उस नयनों का, सासु ने कहा—
"वे बड़े भले जन हैं भैय्या,
एन्ट्रेंस पास है लड़की वह,
बोले मुझसे—'छब्बीस ही तो
वर की है उम्र, ठीक ही है,
लड़की भी अट्ठारह की है।'
फिर हाथ जोड़ने लगे कहा—
'वे नहीं कर रहे ब्याह, अहा,
हैं सुधरे हुए बड़े सज्जन।
अच्छे कवि, अच्छे विद्वज्जन।
हैं बड़े नाम उनके शिक्षित
लड़की भी रूपवती; समुचित
आपको यही होगा कि कहें
हर तरह उन्हें; वर सुखी रहें।'
आएँगे कल।" दृष्टि थी शिथिल,
आई पुतली तू खिल-खिल-खिल

हँसती, मैं हुआ पुन: चेतन
सोचता हुआ विवाह-बन्धन।
कुंडली दिखा बोला—"ए—लो"
आई तू, दिया, कहा—"खेलो।"
कर स्नान शेष, उन्मुक्त-केश
सासुजी रहस्य-स्मित सुवेश
आईं करने को बातचीत
जो कल होनेवाली, अजीत,
संकेत किया मैंने अखिन्न
जिस ओर कुंडली छिन्न-भिन्न;
देखने लगीं वे विस्मय भर
तू बैठी संचित टुकड़ों पर।

धीरे-धीरे फिर बढ़ा चरण,
बाल्य की केलियों का प्रांगण
कर पार, कुंज-तारुण्य सुघर
आईं, लावण्य-भार थर-थर
काँपा कोमलता पर सस्वर
ज्यौं मालकौंस नव वीणा पर,
नैश स्वप्न ज्यों तू मन्द मन्द
फूटी उषा जागरण छंद
काँपी भर निज आलोक-भार,
काँपा वन, काँपा दिक् प्रसार।
परिचय-परिचय पर खिला सकल—
नभ, पृथ्वी, द्रुम, कलि, किसलय दल
क्या दृष्टि अतल की सिक्त-धार
ज्यों भोगावती उठी अपार,
उमड़ता उर्ध्व को कल सलील
जल टलमल करता नील नील,
पर बँधा देह के दिव्य बाँध;
छलकता दृगों से साध साध।
फूटा कैसा प्रिय कंठ-स्वर
माँ की मधुरिमा व्यंजना भर
हर पिता कंठ की दृप्त-धार

उत्कलित रागिनी की बहार!
बन जन्मसिद्ध गायिका, तन्वि,
मेरे स्वर की रागिनी वह्लि
साकार हुई दृष्टि में सुघर,
समझा मैं क्या संस्कार प्रखर।
शिक्षा के बिना बना वह स्वर
है, सुना न अब तक पृथ्वी पर!
जाना बस, पिक-बालिका प्रथम
पल अन्य नीड़ में जब सक्षम
होती उड़ने को, अपना स्वर
भर करती ध्वनित मौन प्रान्तर।
तू खिंची दृष्टि में मेरी छवि,
जागा उर में तेरा प्रिय कवि,
उन्मनन-गुंज सज हिला कुंज
तरु-पल्लव कलिदल पुंज-पुंज
बह चली एक अज्ञात वात
चूमती केश-मृदु नवल गात,
देखती सकल निष्पलक-नयन
तू, समझा मैं तेरा जीवन।

सासु ने कहा लख एक दिवस—
"भैया अब नहीं हमारा बस,
पालना-पोसना रहा काम,
देना 'सरोज' को धन्य-धाम,
शुचि वर के कर, कुलीन लखकर,
है काम तुम्हारा धर्मोत्तर;
अब कुछ दिन इसे साथ लेकर
अपने घर रहो, ढूँढ़कर वर
जो योग्य तुम्हारे, करो ब्याह
होंगे सहाय हम सहोत्साह।"

सुनकर, गुनकर, चुपचाप रहा,
कुछ भी न कहा—न अहो, न अहा;
ले चला साथ मैं तुझे कनक

ज्यों भिक्षुक लेकर, स्वर्ण-झनक
अपने जीवन की, प्रभा विमल
ले आया निज गृह-छाया-तल।
सोचा मन में हत बार-बार—
"ये कान्यकुब्ज-कुल कुलांगार,
खाकर पत्तल में करें छेद,
इनके कर कन्या, अर्थ खेद,
इस विषय-बेलि में विष ही फल,
यह दग्ध मरुस्थल—नहीं सुजल।"
फिर सोचा—"मेरे पूर्वजगण
गुजरे जिस राह, वही शोभन
होगा मुझको, यह लोक-रीति
कर दूँ पूरी, गो नहीं भीति
कुछ मुझे तोड़ते गत विचार;
पर पूर्ण रूप प्राचीन भार
ढोते मैं हूँ अक्षम; निश्चय
आएगी मुझमें नहीं विनय
उतनी जो रेखा करे पार
सौहार्द-बंध की निराधार।

वे जो यमुना के-से कछार
पद फटे बिवाई के, उधार
खाये के मुख ज्यों पिये तेल
चमरौधे जूते से सकेल
निकले, जी लेते, घोर-गंध,
उन चरणों को मैं यथा अन्ध,
कल घ्राण-प्राण से रहित व्यक्ति
हो पूजूँ, ऐसी नहीं शक्ति।
ऐसे शिव से गिरिजा-विवाह
करने की मुझको नहीं चाह!"
फिर आई याद—"मुझे सज्जन
है मिला प्रथम ही विद्वज्जन
नवयुवक एक, सत्साहित्यिक,
कुल कान्यकुब्ज, यह नैमित्तिक

होगा कोई इंगित अदृश्य,
मेरे हित है हित यही स्पृश्य
अभिनन्दनीय।" बँध गया भाव,
खुल गया हृदय का स्नेह-स्राव,
खत लिखा, बुला भेजा तत्क्षण,
युवक भी मिला प्रफुल्ल, चेतन।
बोला मैं—"मैं हूँ रिक्त-हस्त
इस समय, विवेचन में समस्त—
जो कुछ है मेरा अपना धन
पूर्वज से मिला, करूँ अर्पण
यदि महाजनों को तो विवाह
कर सकता हूँ, पर नहीं चाह
मेरी ऐसी, दहेज देकर
मैं मूर्ख बनूँ यह नहीं सुघर,
बारात बुला कर मिथ्या व्यय
मैं करूँ नहीं ऐसा सुसमय।
तुम करो ब्याह, तोड़ता नियम
मैं सामाजिक योग के प्रथम,
लग्न के; पढ़ूँगा स्वयं मंत्र
यदि पंडित जी होंगे स्वतंत्र।
जो कुछ मेरे, वह कन्या का,
निश्चय समझो, कुल धन्या का।"

आए पंडित जी, प्रजावर्ग,
आमंत्रित साहित्यिक ससर्ग
देखा विवाह आमूल नवल,
तुझ पर शुभ पड़ा कलश का जल।
देखती मुझे तू हँसी मन्द,
होंठों में बिजली फँसी स्पन्द
उर में भर झूली छवि सुन्दर,
प्रिय की अशब्द शृंगार-मुखर
तू खुली एक उच्छ्वास संग,
विश्वास-स्तब्ध बँध अंग-अंग,
नत नयनों से आलोक उतर

काँपा अधरों पर थर-थर-थर।
देखा मैंने वह मूर्ति-धीति
मेरे वसन्त की प्रथम गीति—
शृंगार, रहा जो निराकार,
रस कविता में उच्छ्वसित-धार
गाया स्वर्गीया - प्रिया - संग—
भरता प्राणों में राग - रंग,
रति - रूप प्राप्त कर रहा वही,
आकाश बदल कर बना मही।
हो गया ब्याह आत्मीय स्वजन
कोई थे नहीं, न आमंत्रण
था भेजा गया, विवाह-राग
भर रहा न घर निशि-दिवस जाग;
प्रिय मौन एक संगीत भरा
नव जीवन के स्वर पर उतरा।
माँ की कुल शिक्षा मैंने दी,
पुष्प-सेज तेरी स्वयं रची,
सोचा मन में, "वह शकुन्तला,
पर पाठ अन्य यह अन्य कला।"

कुछ दिन रह गृह तू फिर समोद
बैठी नानी की स्नेह-गोद।
मामा-मामी का रहा प्यार,
भर जलद धरा को ज्यों अपार;
वे ही सुख-दुख में रहे न्यस्त,
तेरे हित सदा समस्त, व्यस्त;
वह लता वहीं की, जहाँ कली
तू खिली, स्नेह से हिली, पली,
अन्त भी उसी गोद में शरण
ली, मूँदे दृग वर महामरण!

मुझ भाग्यहीन की तू सम्बल
युग वर्ष बाद जब हुई विकल,
दुख ही जीवन की कथा रही,

क्या कहूँ आज, जो नहीं कही!
हो इसी कर्म पर वज्रपात
यदि धर्म, रहे नत सदा माथ
इस पथ पर, मेरे कार्य सकल
हो भ्रष्ट शीत के-से शतदल!
कन्ये, गत कर्मों का अर्पण
कर, करता मैं तेरा तर्पण!

महाकवि सूर्यकांत त्रिपाठी 'निराला' रचित 'सरोज स्मृति' पढ़ते हुए पाठक सहज ही परकाया प्रवेश करता हुआ, कविमन होकर उसी तरह रोता है, जैसे कि अपनी पुत्री के असमय काल के गाल में समा जाने का दुःख लिए एक पिता रोता है। सरोज की मृत्यु के बाद वह अपनी रचनाधर्मिता की सार्थकता का गोया मूल्यांकन करते हुए मृत बेटी को समर्पित एक कविता रच रहा है—अपनी रचना के तर्पण के लिए!

तर्पण किया जाता है मृतक की आत्मा की शान्ति के लिए। यहाँ कवि का तर्पण क्या सिर्फ़ मृत पुत्री के लिए है या स्वयं का भी तर्पण वह अपने हाथों कर रहा है? जब वह कहता है कि तुम इसीलिए पहले चली गईं ताकि—

छोड़ कर पिता को पृथ्वी पर
तू गई स्वर्ग, क्या यह विचार—
"जब पिता करेंगे मार्ग पार
यह, अक्षम अति, तब मैं सक्षम,
तारूँगी कर गह दुस्तर तम?"—

पुत्री पिता का हाथ थाम कर उसे तारेगी—तारना—मुक्त करना।

तो 'सरोज स्मृति' कवि-पुत्री और कवि दोनों को तारने के लिए है। एक रचनाकार के लिए मुक्ति दरअसल उसकी अमरता में है। वह देह के गेह से मुक्त होकर शब्द की देह में जीना चाहता है—अनन्त काल तक। निराला जानते थे और सही ही जानते थे कि सरोज-स्मृति की रचना में उनकी अमर-मुक्ति है। उनके दुःख का रचनात्मक शमन—यानी कि विरेचन भी।

तो एक बड़ी अर्थात् महान रचना पाठक को परकाया प्रवेश करने का मौका देती है और उसके दुःखों का विरेचन कर उसके मानस का परिष्कार और विस्तार भी करती है। 'सरोज-स्मृति' इस क्लैसिकल अर्थ में भी महान् रचना है।

मैं सरोज-स्मृति के पाठ का आरम्भ कविता के अन्तिम छंद से करना चाहूँगी—

'मुझ भाग्यहीन की तू सम्बल
युग वर्ष बाद जब हुई विकल,
दुःख ही जीवन की कथा रही,
क्या कहूँ आज, जो नहीं कही!
हो इसी कर्म पर वज्रपात
यदि धर्म, रहे नत सदा माथ
इस पथ पर, मेरे कार्य सकल
हो भ्रष्ट शीत के-से शतदल!
कन्ये, गत कर्मों का अर्पण
कर, करता मैं तेरा तर्पण!'

यह कैसी विडम्बना है कि इस संसार में कवि-लेखक और विचारक खाली हाथ रह जाते हैं। उनका कवि-कर्म उन्हें इतना भी धन नहीं देता कि वे अपना पेट भर सकें। परिवार का लालन-पालन कर सकें। निराला ने इन पंक्तियों में स्वयं को भाग्यहीन कहा है क्योंकि समुचित धन के अभाव में वे अपनी पुत्री की उचित देखभाल न कर सके। धनाभाव में ही पत्नी जाती रहीं, जिसके चलते उनकी पुत्री का लालन-पालन ननिहाल में हुआ। यह कविता एक तरह से सरोज का पूरा जीवनकाल है—समय के आकार में छोटा लेकिन भावबोध में अत्यंत गहरा व विशद। कवि उसके बालपन से उसकी मृत्यु तक का समय एक चलचित्र की तरह देखते हैं। उसकी मृत्यु के बाद के अभावों से ग्रस्त जीवन में वे उस पीड़ा को उस समय दोबारा जीते हैं, जब वे स्वयं गहरी मानसिक-आत्मिक पीड़ा से गुजर रहे हैं। पीड़ा से गुजरता पिता स्वयं को भाग्यहीन ही कहेगा। दुःख की विकलता के क्षणों में वे अपनी बेटी को किस तरह से याद कर रहे हैं, किस तरह से उसकी आत्मा की शान्ति का उपाय कर रहे हैं, यह जानना अद्भुत है। हिन्दी ही नहीं विश्व-साहित्य में यह बेमिसाल रचना है। बेटी जीवित थी, तो दुःख ही जीवन की कथा रही/ क्या कहूँ आज, जो नहीं कही। निराला अत्यंत स्वाभिमानी व्यक्ति थे। अपने दुःख कहना उन्हें गवारा न था, किन्तु सरोज की मृत्यु उन्हें आजीवन रह-रह कर उद्वेलित करती रही।

यह कविता पूरे समाज पर,यहाँ की जाति व्यवस्था, दहेजप्रथा, वर्गभेद और हिन्दी के साहित्यिक परिदृश्य पर गहरी चोट करने वाली कविता है। यह धर्म पर भी—रिलीजन के अर्थ में भी और स्वभाव के अर्थ में भी—करारा चोट करती है। हिन्दू धर्म में यदि कर्मफल का विधान सत्य-आधारित रहता तो निराला जैसा व्यक्ति निरन्तर विफल न होता। वह निराला जो साहित्य कला-कौशल से युक्त, गद्य और पद्य दोनों में सिद्ध हस्त (समाभ्यस्त) है। जो दुखियों के दुःख से दुखी हो जाता है, भरसक उनकी सहायता करता है। जो ऊँच-नीच का भेद नहीं मानता। यदि ऐसे

व्यक्ति की विफलता को उसका भाग्य या कर्मफल कहा जाएगा, तो वह व्यक्ति अगर निराला सरीखा प्रबुद्ध और प्रबल व्यक्तित्व का होगा तो अपने कर्मों को नकारेगा-धिक्कारेगा ही। उपमा देखिए—हों भ्रष्ट शीत के से शतदल। यानी कि उनके कर्म कमल की तरह निष्कलंक हैं और कमल भी साधारण नहीं, बल्कि शतदल कमल। जैसे कीचड़ में खिलने के बावजूद कमल में कोई विकार नहीं होता, उसी प्रकार तमाम कष्टों के बावजूद निराला ने अपने रचनात्मक कर्मों की उच्चता बरकरार रखी। उसे स्वार्थ आदि से प्रभावित नहीं होने दिया। उन्होंने यह बात इस कविता में भी कही है—

लखकर अनर्थ आर्थिक पथ पर
हारता रहा मैं स्वार्थ-समर।

उन्हें स्वार्थ समर हारने का दुःख नहीं, दुःख है तो अपने किए का सही मूल्यांकन न होने का। जिसका वे ऊपर की पंक्तियों में 'हिन्दी का प्रेमोपहार' कहकर खिल्ली उड़ाते हैं। तो उनके वे शतदल-कमल के से कर्म उसी तरह भ्रष्ट हो जाएँ जैसे अतिशय शीत में कमल भ्रष्ट हो जाते हैं। ध्यान दें, यहाँ कवि नष्ट का नहीं, बल्कि 'भ्रष्ट' शब्द का प्रयोग कर रहा है। तपस्या भ्रष्ट होती है, साधना बीच में भ्रष्ट होती है। निराला का लेखन साधना की तरह है। यह संयोग नहीं कि डॉ. रामविलास शर्मा निराला के लेखन को इसी संज्ञा से अभिहित करते हैं—निराला की साहित्य साधना।

मैंने अपना यह पाठ निराला के जीवन और साधना के इस महत्त्वपूर्ण सोपान की अन्तिम पंक्तियों से इसलिए आरम्भ किया है, क्योंकि इस कविता में,जैसा कि मैंने ऊपर भी लिखा है, निराला समाज, परम्परा, धर्म, साहित्य-समाज सभी से मुखातिब हैं और सभी को खुलकर चुनौती दे रहे हैं। पुत्री की असमय मृत्यु उन्हें अपने जीवन को एक बार आरम्भ से अब तक देखने की प्रेरणा बनती है, वे स्वयं को हारते देखते हैं, लगभग उन्हीं शब्दों में,जिन शब्दों में उनके राम अपनी पराजय को देखते हैं। 'सरोज स्मृति' की ये पंक्तियाँ 'राम की शक्तिपूजा' पढ़ते हुए रह-रह कर गूँजती हैं—

'एक साथ जब शत घात घूर्ण
आते थे मुझ पर तुले तूर्ण,
देखता रहा मैं खड़ा अपल
वह शर-क्षेप, वह रण-कौशल।'

(सरोज स्मृति)

अब 'राम की शक्तिपूजा' की इन पंक्तियों को पढ़ें—

ज्योतिर्मय अस्त्र सकल बुझ बुझ कर हुए क्षीण,
पा महानिलय उस तन में क्षण में हुए लीन;

यह नहीं रहा नर-वानर का राक्षस से रण,
उतरीं पा महाशक्ति रावण से आमंत्रण,
अन्याय जिधर, हैं उधर शक्ति।

रावण, अधर्मरत भी, अपना, मैं हुआ अपर,
यह रहा, शक्ति का खेल समर, शंकर, शंकर!
करता मैं योजित बार-बार शर-निकर निशित,
हो सकती जिनसे यह संसृति सम्पूर्ण विजित,
जो तेज पुंज, सृष्टि की रक्षा का विचार,
हैं जिसमें निहित पतन घातक संस्कृति अपार।
शत-शुद्धि-बोध, सूक्ष्मातिसूक्ष्म मन का विवेक,
जिनमें है क्षात्रधर्म का धृत पूर्णाभिषेक,
जो हुए प्रजापतियों से संयम से रक्षित,
वे शर हो गए आज रण में, श्रीहत खंडित!

हत मंत्रपूत शर सम्वृत करतीं बार-बार,
निष्फल होते लक्ष्य पर क्षिप्र वार पर वार।

धिक् जीवन को जो पाता ही आया विरोध,
धिक् साधन जिसके लिए सदा ही किया शोध

'सरोज स्मृति' में कवि पर प्रहार है, तो 'राम की शक्तिपूजा' में राम के सभी अस्त्रों-शस्त्रों का निष्फल होना है। जीवन में विरोध का होना है। अन्यायी शक्तियाँ दोनों में सफल हैं।

राम के धिक्कार में निराला का धिक्कार साफ़-साफ़ प्रतिध्वनित हो रहा है। साधन की खोज और उसका विफल हो जाना। यहाँ हम अपने स्वाधीनता संग्राम की भी प्रतिध्वनि सुन सकते हैं। सविनय अवज्ञा आन्दोलन की विफलता किसे न सुनाई देगी। स्वाधीनता संग्राम में अहिंसा का; असहयोग व अवज्ञा का प्रयोग और उसमें मिली विफलता। गांधी ने कहा था कि साधन की शुचिता जरूरी है। निराला के लिए साधन की शुचिता का अर्थ था—पिष्टपेशन नहीं, बल्कि नए-नए विषयों का संधान करके नए-नए रूपविधान में उन्हें प्रस्तुत करने का साहस दिखाना।

'सरोज स्मृति' में इस दृष्टि से अद्भुत नवीनता है। मृत्यु को विषय बनाकर लिखी गई यह कविता एक धरातल पर मर्सिया है, किन्तु केवल मर्सिया नहीं बल्कि इसका कलेवर बहुत विशाल है। इस कविता के केन्द्र में ऐसा कोई महान् चरित्र नहीं है, जिसने अपने प्राणों का उत्सर्ग किया हो। कविता बेटी पर है और मृत्यु का कारण फकत गरीबी! किन्तु निराला की लेखनी अपनी बेटी का वर्णन जिस तरह से करती है, और जितने विशद परिवेश का निर्माण करती है, उसके चलते चरित्र का माहात्म्य बहुत बढ़ जाता है, और कवि ने इस कविता में मानो कलम तोड़कर रख दिया है।

अब कविता की पहली पंक्ति देखें—भाषा संस्कृतनिष्ठ। ऊनविंश—उन्नीस नहीं—उन्नीस वर्ष की आयु में कदम रखते ही—प्रथम चरण। तुमने जीवनसागर तैर कर पार कर ली। जीवन-सिंधु-तरण—यानी छोटी-सी आयु में सागर जितने कष्ट और चुनौतियों को जी लिया। बिन माँ की बच्ची और आयु कुल उन्नीस वर्ष, यह बात कितनी हृदयविदारक है। पहले चारों पंक्तियों में आखिरी वर्ण—'ण' है—चरण, तरण, तरुण, अरुण—सबमें तीन अक्षर—अन्त्यानुप्रास की छटा देखें। जीवन सिंधु तरण में रूपक का सौन्दर्य देखें। तनये—बेटी तुमने इतनी जल्दी जनक से विदा ले ली। अरुण—सुबह का सूर्य है—लालिमा लिए। यानी अभी तो तुम ठीक से उगी भी नहीं थीं। सरोवर में जो उपजी हो, उस सरोज ने ताल नहीं बल्कि सिंधु तैरकर पार कर ली। सरोज का सरोवर से सिंधु तक का सफर देखें, अगली पंक्तियों में जनक और तनये को संग पढ़ें। जनक पिता—जनक सीता के पिता। जैसे सीता ने सारा जीवन दु:ख में काटा, कष्ट में जीया, वैसा ही जीवन इस बेटी का भी रहा। आँखें मूँद लेने को—दृक्पात। आँख की पलक की बनावट पत्ते की तरह ही होती है। जैसे अभी नया ताजा उगा पत्ता, किसी भयंकर तूफान के कारण टूटकर गिर गया हो। जिसकी मृत्यु की कोई आशंका न हो, उसकी मृत्यु हो जाए, यह भाव।

गीते मेरी—ध्यान देने की बात है कि निराला अपनी पुत्री को गीते कहकर सम्बोधित कर रहे हैं। हम यहाँ गीते को गीत की तरह भी पढ़ सकते हैं, क्योंकि सरोज को गायन-कला सहज प्राप्त थी। किन्तु मैं इसे श्रीमद्भगवतगीता से जोड़कर पढ़ूँगी। तो गीते में श्लेष अलंकार की छटा है। गीता में अष्टादश यानी कि अठारह अध्याय हैं। सरोज ने अठारह वर्ष पूरे किए हैं—गीता के अठारह अध्यायों की तरह। अठारहवें अध्याय का नाम—मोक्ष-संन्यास योग है। सरोज उन्नीसवें वर्ष में कदम रखते ही मृत्यु को प्राप्त हुई थी। अमर शाश्वत विराम। निराला कहते हैं कि तुमने अपना रूप और नाम तज दिया—मृत्यु रूप और नाम से मुक्ति का पर्याय है। तुम अब मेरे लिए निर्गुण की तरह व्याप गई हो हर जगह। तुमने अमर शाश्वत का वरण कर लिया—तुम उसी में समा गईं। कब? अपने जीवन के अठारह वर्ष सार्थक ढंग से व्यतीत करके—सपर्याय। मीनिंगफुल। और साथ ही शुचितर। कमल पंक

में खिलता है। सरोज भी गरीबी में पली-बढ़ी, किन्तु उसने निर्दोष जीवन जीया। सार्थक जीवन जीया। अगले वाक्यों की दृश्योपमता अनिर्वचनीय सौन्दर्य से युक्त है। मृत्यु की नौका पर चढ़कर। मृत्यु को अक्सर अन्धकार की तरह देखा जाता है। यहाँ वृहदारण्यक उपनिषद् के इस मंत्र की अनुगूँज सुनें—ॐ असतो मा सद्गमय। तमसो मा ज्योतिर्गमय। मृत्योर्मा अमृतं गमय। बेटी तुमने मृत्यु की नौका पर तेजी से कदम रखे। तूर्ण माने—वेग से। और कहा—पिता मैं पूर्ण आलोक का—प्रकाश का वरण कर रही हूँ। इसे आप मेरी मृत्यु न मानें बल्कि 'सरोज' का ज्योति के शरण में जाना मानकर उसका तरण माने। अर्थात् आपकी बेटी तर गई ज्योति के शरण में जाकर। यूँ तो कमल खिलता ही है सूर्योदय होने पर, किन्तु यहाँ विरोध और विडम्बना को देखें, कि सरोज का अन्त हो रहा है, ज्योति-प्रकाश का वरण करके। काव्य सौन्दर्य इसी में है। या निराला के मन में बेटी को शब्द के माध्यम से अमर कर देना है? कविमन दु:ख को कैसे ऊँचाई दे रहा है—सब्लाइम इसी को कहते हैं! कवि ने अपने सामने कैसी विकट चुनौती रख दी है। पर वह आश्वस्त है अपनी क्षमता पर—गद्य में पद्य में समाभ्यस्त!

और इसीलिए मैंने गीता के अठारहवें अध्याय के नाम का उल्लेख किया है। मोक्ष योग। मुक्ति—जीवन के कष्टों से। ऊपर मैंने इस कविता के आखिरी पैरा में—हों भ्रष्ट शीत के-से शतदल! पर बात की है। निराला अपने रचनात्मक कर्म की अर्थ प्राप्ति के भाव में विफलता को साफ-साफ देख रहे हैं, किन्तु वे अपने कविकर्म की भावी सफलता के बारे में पूरी तरह आश्वस्त हैं और इसीलिए अपने भावों को व्यक्त करने के लिए वे एक-एक शब्द पर पैनी नजर रखते हैं।

निराला ने कमल का अपनी कविताओं में बहुत साभिप्राय प्रयोग किया है। 'राम की शक्तिपूजा' में भी राम नीलकमल से ही शक्ति की आराधना कर रहे हैं और अन्तिम नील कमल न मिलने पर वे अपनी दाईं आँख शक्ति के श्री चरणों में चढ़ाने के लिए उद्यत हो जाते हैं—कहती थीं माता मुझे सदा राजीव नयन!

'सरोज-स्मृति' की अगली पंक्तियों में कवि अपने भावों की पहुँच को रेखांकित करते हैं। मैं कवि हूँ पाया है प्रकाश। याद करें कि कवि का एक अर्थ सूर्य भी होता है और प्रजापति भी। कवि जो दूसरे के मन में सहज समा जाता है—परकाया प्रवेश कर जाता है। तो निराला ने यह कविगुण साधना से पाया है। ध्यान दें कि निराला को सरस्वती का वरद-पुत्र भी कहा जाता है। तो उसी सरस्वती के चरणों में ध्यान रमाकर ही परकाया प्रवेश का ज्ञान पाया है। इसीलिए निराला सरोज के मन में प्रवेश करके यह जान पाए हैं कि सरोज इस विचार के साथ पिता से पहले स्वर्ग चली गई है कि जब वे वैतरणी में उतरेंगे तो वे अत्यंत अक्षम होंगे और उस वक्त वही उनका हाथ पकड़कर तम से ज्योति की ओर ले जाएगी। वे अपनी पुत्री को जीवित कविता कहते हैं। यानी कि वह सशरीर कविता थी, निराला की श्रेष्ठतम

रचना। और अब वह शतवाणों से जर्जर हुए पिता की मुक्तिदायिनी बनेगी। यानी कि कवि सरोज-स्मृति की रचना करते हुए यह जानते हैं कि यह उनकी श्रेष्ठ रचनाओं में से एक रचना है, जो उनके साहित्य-सागर को तिर जाने का अर्थात् उसमें स्थान बना लेने का प्रयोजन बनेगी।

शब्द ही ब्रह्म हैं—शब्दों की श्रेष्ठतम अभिव्यक्ति को कविता कहते हैं। इसीलिए ब्रह्म भी कविता—सर्जना—रचना के अधीन है। तो कवि निराला अपनी मुक्ति की कामना का माध्यम कविता को बनाते हैं, और सरोज तथा कविता को पर्यायवाची की तरह प्रयुक्त करते हैं। वे अपनी पुत्री के मनोभावों को इसी तरह पढ़ते हैं और याद करते हैं कि वह श्रावणमास के शुक्लपक्ष की प्रथमा की रात्रि के सुनसान में इस जगत से प्रयाण कर गई। यहाँ क्या हमें इसकी प्रतिध्वनि सुनाई नहीं पड़ती—श्रावण-शुक्ला सप्तमी तुलसी तज्यो शरीर! निराला तुलसीदास के प्रशंसक थे। उन्होंने 'तुलसीदास' की रचना अपने अग्रज कवि को यादभर करने के लिए नहीं की बल्कि उन्हें भारतीय संस्कृति के पुरोधा की तरह देखा है। उनकी यह कविता राष्ट्रीय स्वाधीनता आन्दोलन के दौर में देशज सांस्कृतिक चेतना को परिप्रेक्ष्य में रखने का प्रयास है। अपनी पुत्री की मृत्यु तिथि को वे एक तरह से अपनी रचना-धर्मिता के अगले दौर के प्रारम्भ की तरह देखते हैं।

अगली पंक्तियों में 'निर्थक' पर ध्यान दें। बिना अर्थ-धन के और बेमतलब के भी। वे अपनी बेटी को इन पंक्तियों में 'धन्ये' कहकर सम्बोधित करते हैं। निरर्थक और धन्ये के विलोम पर ध्यान दें। विफलता की कितनी वेदना है इन पंक्तियों में, जो इन विलोमार्थी शब्दों के साथ-साथ प्रयोग से उभरकर सामने आ जाती है। पुत्री के हित के लिए कुछ न कर पाने का दु:ख। निराला बहुत सचेत कवि हैं और एक-एक शब्द-पद का प्रयोग समझ-बूझकर करते हैं। वे सही मायने में तुलसीदास की परम्परा के कवि हैं। निराला कहते हैं कि यह नहीं कि उन्हें धन कमाने के उपाय मालूम न थे, किन्तु उन्हें केवल आर्थिक लाभ के लिए किए जाने वाले कामों को करने में सदा संकोच होता रहा। यहाँ पुनः गांधी को याद करें। साध्य ही नहीं साधन की भी शुचिता का नैतिक प्रश्न। जीवन में नैतिकता का पालन और इसीलिए स्वार्थ समर में हार। यहाँ स्वार्थ का अर्थ मतलबी या सेलफ़िश नहीं है, बल्कि अपने हित के संकुचित घेरे में रहने से आशय है। स्वाधीनता संग्राम के दौर में साहित्य-साधना तक राष्ट्र एवं समाज-संस्कृति के उत्थान के लिए की जाती थी। साहित्य का प्रयोजन सभी के मन में जाहिर था, किन्तु इसका मतलब रूप-विधान की अवहेलना नहीं थी। उन्हीं दिनों के सन्दर्भ में प्रेमचन्द कहते हैं कि साहित्य समाज के आगे-आगे चलने वाली मशाल है। एक अवांतर, किन्तु उस दौर के साहित्यिकों की चिन्ता से जुड़ा हुआ प्रसंग है कि महादेवी वकालत पढ़ना चाहती थीं, किन्तु गांधी के कहने पर उन्होंने संस्कृत का अध्ययन किया और मंच से कविता पाठ न करने का निर्णय

भी। तो वह समय देशहित में साधना करने का समय था। इसीलिए कवि ने स्वार्थ हित साधन के उपाय नहीं अपनाए और पुत्री को रेशम के कपड़े पहनाकर दूध-दही नहीं खिलाया। वे सगर्व कहते हैं कि उन्होंने कभी किसी गरीब का अन्न नहीं छीना, न वे कभी किन्हीं विपन्न दृगों के आँसुओं को देख सके। कहते हैं कि निराला किसी निर्धन के दु:ख देखकर इतने विचलित हो जाते थे, कि अपना सब कुछ उसे दे देने में उन्हें कोई संकोच न होता था। देश स्वाधीन होने पर पंडित जवाहरलाल नेहरू ने साहित्य अकादेमी से उनके लिए सौ रुपए प्रतिमाह का वजीफा बाँध दिया और अकादमी को यह निर्देश दिया कि वजीफे की राशि महादेवी को दी जाए,जो उन्हें जरूरत के हिसाब से देती रहेंगी। स्वयं महादेवी ने लिखा है कि निराला इस राशि को भी गरीबों और जरूरतमन्दों को नि:संकोच दे देते थे। यही नहीं खुद महादेवी के पैसे भी इसमें खर्च हो जाते थे। तो ऐसे व्यक्ति निराला के दु:ख की कल्पना की जा सकती है, जो अपनी बेटी के उपचार के लिए पैसे न जुटा पाया और उसे सदा के लिए खो बैठा। इस पैरा की अन्तिम पंक्तियाँ एक ओर तो निराला के चरित्र पर प्रकाश डालती हैं, दूसरी ओर चित्रोपमता में अद्‌भुत दृश्यविधान उत्पन्न करती हैं—अपने आँसुओं में बिम्बित देखे हैं अपने ही मुख-चित। दूसरों के आँसुओं को नहीं देख पाने वाला अपने आँसुओं में अपना मुख, प्रतिबिम्बित देखता है। ये आँसू नहीं गोया हीरक कण हैं, जिनमें प्रतिबिम्ब दिखाने के गुण हैं। एक दूसरी तरह से इसे ऐसे भी पढ़ा जा सकता है कि दूसरे के दु:ख में कवि अपने दु:ख की छाया देखता है।

अगली पंक्तियाँ हिन्दी साहित्य की दुनिया पर करारा व्यंग्य हैं—मैंने सिर झुकाकर बार-बार सोचा है कि यह मेरी हार—विफलता नहीं है बल्कि मेरी अपनी भाषा की हार है। अगली ही पंक्तियाँ इस विफलता को रत्नहार—लोकोत्तर वर कहती हैं। व्यंग्य की चोट देखें। यह हिन्दी का वरदान है कि जो लोग भाव एवं कला दोनों में ही निष्णात हैं, उनकी कोई पूछ नहीं है। हिन्दी का समाज ऐसे लोगों को उपेक्षित कर देता है। अत्यंत गर्व से एवं जोर देकर निराला खुद को गद्य और पद्य दोनों में समाभ्यस्त—समान रूप से अधिकार होने की घोषणा करते हैं। वे जानते हैं कि कथ्य और रूपविधान दोनों में ही उनका कोई सानी नहीं है। फिर भी अगर उन्हें इसका समुचित फल नहीं मिलता तो यह अजीब बात है, गोया कोई करामात है। वे कहते हैं कि 'जिन्होंने मुझे संघर्ष करते देखा है, वे सब दिग्गज लोग हँसते हुए देखते रहे कि मुझ पर किस-किस तरह के हमले किए गए। उन्होंने मुझ पर हर तरफ़ से अत्यंत वेग से आते हुए प्रहारों को देखा है।' यहाँ एक बार फिर कहूँगी कि राम की शक्तिपूजा को याद करें। दस सिरों वाला रावण अपने बीस हाथों से राम पर प्रहार कर रहा है और राम उन वेगगति से आते अस्त्रों-शस्त्रों का मुकाबला कैसे कर रहे हैं और साथ ही सुनें रावण का अट्टहास, देखें, रावण को गोद में

लिए शक्ति की मुस्कान और रावण की विरुदावली गाने वालों की व्यंग्यात्मक हँसी पर भी ध्यान दें।

सोचें कि कितनी कुशलता से निराला को ध्वस्त करने के प्रयास किए गए होंगे। निराला ने बहुत सारे प्रयोग किए हैं। मुक्त छंद में लिखने की शुरुआत उन्हीं से मानी जाती है। आज हम मुक्त छंद में निर्द्वंद्वभाव से लिख रहे हैं। छंदबद्ध कविता एक तरह से कल की बात हो गई है, किन्तु जब निराला ने यह शुरू किया था, तब उन पर बहुत व्यंग्य किए गए थे, उनकी रचनाओं को कविता मानने से इनकार कर दिया गया था।

किन्तु निराला का कविता को छंदमुक्त करने का काम वस्तुतः कविता-रचना के निकष में मूलभूत परिवर्तन का काम था। उनके इस प्रयास ने कविता-रचना का लोकतंत्रीकरण किया। कविता के आयाम को विस्तार दे दिया। मुक्त छंद ने कविता के रूपविधान को ही नहीं उसके विषय तक को बदल डाला।

किन्तु जिस तरह राम ने धैर्य न खोया, उसी तरह उनके रचयिता कवि ने भी देखा कि युद्ध में अन्त में उन्हीं का कंठ रुँधा, जिन्होंने युद्ध में बाण चलाए थे, क्योंकि निराला ने ठान लिया था कि वे नए-नए प्रयोग करेंगे और उन्हें विश्वास था कि वे प्रकाशित अर्थात् अपनी रचनात्मकता में सफल होंगे, क्योंकि स्वयं सरस्वती उन पर वरदहस्त रखे हुए हैं—विमला स्वयं अपने करों में तूलिका लिए हुए उनके जीवन में रंग भर रही है।

तो काव्य पंक्तियाँ हमें बताती हैं कि वे धन कमाने में अक्षम रहे। और सरोज का पालन-पोषण भी ठीक ढंग से नहीं कर सके। वे वेदना से याद कर रहे हैं कि—'तुम मेरे संग कुछ दिन रही किन्तु मैं अपने स्वाभिमान को छोड़ न सका। मैं तुम्हारे लिए कुछ जुटा नहीं पाया और इसकी वेदना अब भी मन में कसकती है। सवा साल की होते-होते जब तुम अपनी माँ की स्नेहपूर्ण छाया में, अपने आसपास को पहचानना सीख रही थीं, और सभी के जीवन को अपनी बाल-सुलभ क्रीड़ाओं के टटकेपन से भर रही थीं, तुम्हारी माँ इस दुनिया से विदा हो गईं। इसके पश्चात् नानी के घर पर ही तुमने सारी बाल-क्रीड़ाएँ कीं। जब तुम्हारे बड़े भाई ने तुम्हें पीटा तो तुम्हारे कमल सरीखे सुन्दर नयनों (उत्पल-दल-दृग) से छल-छल आँसू टपके, और फिर जब वह तुम्हें गंगा तट पर उँगली पकड़ घुमाने ले गया, तो आँसुओं से धुला तुम्हारा मुख खुशी से खिल गया। गंगा की रेत पर उसके संग चलती हुई तुम फेनिल लहरों को देखती रहीं और इधर मैं कवि जीवन की व्यर्थता में व्यस्त अबाध गति से मुक्त छंद लिखता रहा। ओह, यह दुःख है पिता का कि वे अपने कामों के चलते बाल-क्रीड़ाओं का आनन्द न ले सका। भाई की मार से बच्ची को बचा न सका। कवि आगे की पंक्तियों में अपने साहित्यिक जीवन के संघर्षों का वर्णन करते हुए दो वर्ष बाद बेटी के पास वापस लौटते हैं। यहाँ सम्पादक के साथ प्रयुक्त हुए

निरानन्द को पढ़िए। साहित्य में आनन्द की स्थिति के लिए रस आदि सिद्धान्तों को याद कीजिए। रस-उद्रेक को ध्यान में लाइए। यहाँ दरअसल निराला बताना चाहते हैं कि सम्पादकगणों में काव्यरस को समझने की काबिलियत ही नहीं थी। इसीलिए वे एक-दो पंक्तियों में उत्तर देकर रचना वापस कर देते थे।

अगली पंक्तियाँ—दिवस की प्रथम धूप वाली—नन्ही बच्ची के चपल सौन्दर्य को पिता की आँखों से देखती पंक्तियाँ हैं—'तुझ सुरूप पर दिनारम्भ की कोमल किरणें पड़ रही थी।' ऐसी किरणों की पीताभा—स्वर्णिम आभा की कल्पना करें। चित्रकार या फोटोग्राफर की नजर से बच्ची के चेहरे-बालों पर उस आभा के सौन्दर्य की रचना मन में करें।

अगली पंक्तियाँ निराला के अद्‌भुत व्यक्तित्व का रेखांकन करती हैं। उनकी कुंडली में दो विवाहों का योग लिखा था। अत्यंत अल्प वय में पत्नी की मृत्यु के बाद आम गृहस्थ (पुरुष) अपने घर-बार को देखने और शारीरिक-सामाजिक जरूरतों की पूर्ति के लिए आम तौर से दूसरा विवाह कर ही लेता है। और कुछ पुरुष तो दो विवाह योग होने पर एक पत्नी के होते हुए भी अन्य स्त्रियों से सम्बन्ध स्थापित कर उन सम्बन्धों को भाग्यरेखा के आधार पर जस्टीफ़ाई करने लगते हैं! निराला के पुरुष मन को क्या उसकी जरूरत महसूस नहीं हुई, जबकि उनकी सास उनके दूसरे विवाह के प्रति बहुत उत्सुक थीं। किन्तु निराला के मन में चाह उपजी—भाग्य के लिखे को खंडित करने की। दो छोटे बच्चों के होते हुए भी उन्होंने अपने भविष्य को अशंक भाव से देखा—गोया उसे चुनौती दे डाला। निराला इसी अर्थ में तेजस्वी हैं कि वे केवल कविता में अगुआई नहीं करते वरन् जीवन में भी चुनौतियों का सामना करने को तैयार रहते हैं। वैसे यह भी सही है कि वे किसी बन्धन में बँधना भी नहीं चाहते थे। विवाह मायने जिम्मेदारी। किन्तु यह भी सही है कि बेटी को अपनी कुंडली खेलने के लिए देने से लेकर उसके विवाह के लिए योग्य वर तलाशने तक उन्होंने अपने प्रखर व्यक्तित्व का परिचय दिया। जब उन्होंने दूसरा विवाह न करने का फैसला लिया तब उनकी आयु मात्र छब्बीस वर्ष थी और विधुर हुए भी कुछ वर्ष हो चुके थे। इसी कारण तो उनकी सन्तानों का पालन-पोषण उनके ननिहाल—यानी कि मनोहरा देवी की माँ के हाथों हुआ। विवाह न करने के निर्णय में—उस चेतना को जगाने में सरोज के सहज प्रसन्न भाव का योगदान कम नहीं, वे उसे किसी तरह सौतेली माँ के व्यवहार से कम नहीं करना चाहते होंगे। जाने नई माँ कैसी हो? निराला प्रयोग करते हैं—आई पुतली तू खिल-खिल-खिल—यह गुड़िया वाली भी पुतली है—नन्ही बच्ची और निराला की आँखों की पुतली भी है। पुतली प्रयोग के श्लेष अलंकार पर ध्यान दें साथ ही इन तमाम वाक्यों के अनुप्रास-छटा पर भी—कहा—अहा, शिक्षित—समुचित, कहें-रहें, ए लो—खेलो, उन्मुक्त केश—स्मित सुवेश आदि। यह पूरी कविता इस प्रयोग के

साथ ही लिखी गई है, इसीलिए इसमें इतना नाद-सौन्दर्य है और अन्त्यानुप्रास की छटा भी। यह निराला के संगीत ज्ञान की भी परिचायक है। शब्द प्रयोग में संस्कृत और बांग्ला का प्रभाव साफ़ दिखाई पड़ता है।

पुत्री का फटी कुंडली के संचित टुकड़ों पर बैठने का ध्वन्यार्थ—संचित कर्म फलों में पढ़ें। कुंडली का फटना मानो संचित कर्म फल से निराला की मुक्ति का द्योतक है। यहाँ बेटी के बचपन का वर्णन खत्म होता है और उसकी आयु का दूसरा पड़ाव और निराला के रचना-कर्म का भी अगला पड़ाव शुरू होता है।—पंक्तियाँ हैं—फिर धीरे धीरे बढ़ा चरण—पाँव बड़े होने लगे। वाह कितना सुन्दर प्रयोग, जो अकसर पुत्र के लिए किया जाता है—जब बेटे के पाँवों में पिता के जूते पूरे आने लगें—क्यों?—किन्तु यहाँ निराला इसका प्रयोग अपनी बेटी के लिए करते हैं। यही है इस कविता का सौन्दर्य—बेटी को व्यक्ति की तरह देखती कविता। भावुकता है पर कोरी भावुकता कहीं नहीं। बिना शोर-शराबे के हर बात को सन्दर्भित किया गया है। बाल क्रीड़ाओं-केलियों को पार करके सुघर तारुण्य में बेटी ने जब प्रवेश किया तो देह अपने लावण्य के भार से काँप-काँप गई। किन्तु सरोज की देह और स्वभाव के अन्तर के लिए कवि की उपमा देखिए और सराहिए—ज्यों मालकौंस नव वीणा पर! मालकौंस अत्यंत पुराना राग है, जिसमें ग ध नी कोमल स्वर तथा अन्य स्वर शुद्ध हैं। रे और प वर्जित स्वर हैं, यानी कि उनका प्रयोग नहीं होता। जाति औड़व-औड़व है तथा यह राग रात के तीसरे प्रहर में गाया जाता है। यह गम्भीर प्रकृति का राग है तथा यह एक परुष राग है। तो भले ही सरोज नवयौवन को प्राप्त हो रही है, किन्तु उसकी गम्भीरता राग मालकौंस की तरह है, जिसे नई वीणा पर साधा जा रहा हो। नई वीणा है सरोज की उम्र। रात्रि के तीसरे पहर में गाया जाने वाला राग है यह, उसके बाद सूर्य की पहली किरण फूटती है पूर्व दिशा में। यानी कि अभी तो तरुणाई बस शुरू हुई है, किन्तु उसमें कोई उच्छृंखलता नहीं है। धीर-गम्भीर है सरोज। नैश स्वप्न की तरह का मन्द गति से गाया जाने वाला राग, जो उषा आगमन का, जागरण का संकेतक है। जैसे उषाकाल में सब ओर धीरे-धीरे आलोक छाता है और उस आलोक में सभी दिशाएँ, वन-प्रान्तर मानो काँपते हुए उठ जाते हैं—काँपना यहाँ शाब्दिक तौर पर न पढ़ें, बल्कि मन की आँखों से देखें, अँधेरे में धीरे-धीरे रोशनी का उदय होना—वह जो दृश्य है, वह अस्थायी-स्थायी होने के चलते काँपता-सा प्रतीत होता है, वैसे ही जैसे राग मालकौंस की स्वर-लहरी। इस वर्णन के सौन्दर्य को ठहरकर ग्रहण कीजिए। यह भागते हुए पढ़ी जाने वाली रचना नहीं, गम्भीरता से ठहरकर आनन्द लेने वाली रचना है—सु-रचना। मानो सरोज के होने भर से आकाश, पृथ्वी, पेड़, कलियाँ और कोंपलें खिल गईं, अर्थात् जीवन पा गईं। जब सरोज दृष्टि उठाती है तो गोया अतल से निकली धार उसमें दिखाई पड़ती है—पनीली आँखों के लिए अतल से सींची हुई धार का प्रयोग किया है, कवि

ने। आगे देखिए—ज्यों भोगावती उठी अपार—भोगावती नदी का नाम भी है और कुंडलिनी जागरण के सन्दर्भ में भी इसका प्रयोग होता है। बेटी को वे जाग्रत शक्ति के रूप में देख रहे हैं। जल ऊपर को उमड़ रहा है। वह बह रहा है धमनियों में। यानी कि सरोज की समूची देह में प्राण-जल थिरकता है, किन्तु देह के दिव्य बाँध में बँधकर ही। यह बेटी के यौवन का चित्र है, जिसमें यौवन की सीमारेखा पिता बाँध रहा है। वह पहले ही कह चुका है कि वह राग मालकौंस की तरह गम्भीर है। तो यह सौन्दर्य तो धीर सौन्दर्य हुआ। सरोज की पानीदार आँखें और लावण्य भार से झुका शरीर। इसमें कहीं कोई उच्छृंखलता नहीं है। आँखों से यौवन झाँक रहा है किन्तु साध-साध कर। सरोज ने अपनी माँ मनोहरा देवी जैसा मधुर कंठ पाया है, किन्तु उसमें पिता के स्वर का तेज भी शामिल है। वह मानो जन्मसिद्ध गायिका है। कोमल अंगों वाली सरोज ने गायन-कला संस्कार रूप में पाई है। उसे किसी शिक्षा की आवश्यकता नहीं हुई। और ऐसी सहज गायकी पृथ्वी पर नहीं सुनी गई। वह उस नन्ही मैना की तरह है, जो किसी अन्य नीड़ (घर) में पलने के बाद जब अपने घर जाने को होती है तो अपने स्वर से सारे वातावरण को गुंजायमान कर देती है। यहाँ दूसरे का घर—सरोज की नानी का घर भी हो सकता है और—बाबुल मोरा नइहर छूटो जाय...यानी कि इस धरती पर मनुष्य के अस्थायी निवास वाला अर्थ भी लिया जा सकता है। कवि की दृष्टि में सरोज की छवि—उसकी स्वयं की छवि की तरह है। यानी कि निराला सरोज में अपनी छवि, अपना रूप देखते हैं। यहाँ पुनः परम्परा के नव-निर्माण को देखें।

अक्सर पिता पुत्र में अपनी छवि देखता है, किन्तु सरोज की सहज रचनात्मकता के कारण निराला उसमें अपनी छवि देखते हैं। उनका यह प्रयोग—तू खिंची दृष्टि में मेरी छवि—काव्य और समाज के संस्कारों का परिमार्जन है। निराला इसी अर्थ में आगे के कवि हैं। परम्परा की पुनर्रचना व पुनर्व्याख्या के कवि हैं। 'ज्यों मालकौंस' और 'ज्यों भोगावती' में उत्प्रेक्षा अलंकार है।

सरोज ने जब अपने प्रिय कवि को गीतबद्ध किया तो सारा बाग, वृक्ष-पल्लव, कलियों का दल मस्त डोलने लगा। हम यहाँ प्रकृति का बार-बार मानवीकरण देखते हैं। यह छायावाद की विशेषता है कि वह आसपास के वातावरण को भी अपनी खुशी या दुःख में मानव की तरह शामिल कर लेता है। उस गीत की मधुरिमा से एक अज्ञात वात—वायु बहने लगी, जिसने केशों को और अभी-अभी यौवन को प्राप्त किए देह को बहुत मृदु भाव से चूम लिया। यानी कि सरोज के यौवन प्राप्त देह की मधुर गंध चारों ओर फैल गई। अब वह सब ओर पलक झपकाए बिना देर तक देखती है—इस दृष्टि को, जीवन के इस भाव को कवि निराला ने देखा और बूझ लिया।

सरोज के युवती होते ही सास जी ने भी निराला को उनका कर्तव्य याद दिया

और कहा कि अब उसे वे अपने पास रखें और पवित्र यानी कि अच्छे वर को ढूँढ़कर सरोज के हाथ पीले कर दें। निराला जब पुत्री को साथ लेकर चल रहे हैं तो स्वयं को भिक्षुक और बेटी को कनक—सोने की तरह देखते हैं। कनक के प्रयोग में उपमा अलंकार है। सरोज उनके जीवन की पवित्र आभा है। निराला कान्यकुब्ज ब्राह्मण कुल में जन्मे थे। किन्तु उन्हें इस बात का पता था कि निजकुल में उन्हें सरोज के योग्य वर ढूँढ़े नहीं मिलेगा। इस कविता में जाति प्रथा पर उनका व्यंग्य बहुत मारक है—कुल कुलांगार। कुल को ही जला देने वाले कृतघ्न कान्यकुब्जों से वे बेटी का नाता नहीं करेंगे। यह जाति तो ऐसे मरुस्थल की तरह है, जहाँ जल की कल्पना तक सम्भव नहीं। कान्यकुब्जों को वे ऐसे विष-वृक्ष की तरह देखते हैं, जिनसे विष ही उगने की सम्भावना है।

यहाँ निराला की ईमानदारी देखिए, वे कशमकश में हैं और कुल रीति का पालन करना चाहते हैं, किन्तु पुनः उन्हें फटे बिवाइयों वाले पाँव याद आ जाते हैं। ऐसी सुरूपा पुत्री के लिए इस तरह का गंदा वर। यहाँ जरा उपमा देखिए और याद कीजिए कि पर्वतराज हिमवान और माता मैनादेवी को वर के रूप में शिव कैसे लगे होंगे। किन्तु वहाँ जीता था पार्वती का प्रेम। किन्तु सरोज ने तो किसी से प्रेम किया नहीं, तो गिरिजा-विवाह का तो प्रश्न ही नहीं उठता—और यही हुआ, इस सन्दर्भ में।

किन्तु फिर उन्हें एक ऐसे व्यक्ति की याद आ गई जो सज्जन है और भाग्यवश (नैमित्तिक) ही कान्यकुब्ज भी है। यह ऊपर वाली पंक्तियों से, जिसमें उन्होंने भरपेट कान्यकुब्ज ब्राह्मणों की छीछालेदर की है, विरोधाभासी स्थिति है। इसमें कवि एक संकेत लक्षित करता है और स्पष्ट कर देता है कि वह दहेज आदि नहीं देगा। विवाह के आरम्भिक मंत्र भी वह स्वयं पढ़ेगा, भले ही पंडित वहाँ उपस्थित होंगे। हाँ जो कुछ निराला का है, वह उनकी बेटी का भी। —जो भी आए उन सबने 'देखा विवाह आमूल नवल'—जरा कवि का आत्मविश्वास तो देखें! यह हैं निराला।

क्या कविता है!

विवाह कलश का जल पड़ने पर पुत्री की मुस्कान को देखते कवि। यहाँ वर्णन कितना चित्रोपम है—मानो सब आँखों के सामने हुआ जाता है। चलचित्र नहीं—साकार जीवन। बेटी की मन्द-मन्द मुस्कान मानो होंठों में बिजली की कौंध... सफेद-धवल दंत-पंक्ति पर जरा प्रकाश डालें—कैसी चमक उठती है वहाँ से—उसे ही देख-दिखा रहे हैं निराला। निराला का हृदय आलोड़ित है, वे देख पा रहे हैं अपने और अपनी प्रियतमा के निःशब्द प्रेम को, शृंगार को यूँ प्रत्यक्ष रूप धारण किए हुए। प्रियतमा के नयनों में सम्भोग के उस पल में जो स्तब्ध-विश्वास था, वह उसकी झुकी आँखों से उतरकर उसके अधरों की थरथराहट में बदल गया, जो उसके मुँह से उच्छ्वास बनकर फूटा। सरोज उसी उच्छ्वास का प्रकट रूप है। कवि के आलोड़ित मन में सरोज की यह सुन्दर छवि अनेक अन्य छवियों के साथ स्पंदित

हो रही है। ऐन्द्रिक सौन्दर्य की दृष्टि से यह हिस्सा विश्वसाहित्य में अद्वितीय है। पत्नी-प्रेयसी से सम्भोग के बाद उससे उत्पन्न सन्तान खासकर बेटी के कौमार्य-प्राप्त सौन्दर्य को पिता किस तरह—निर्द्वंद्व भाव से, निःकलुष भाव से देखता है, उसका वर्णन करती रचनाएँ साहित्य में कम ही हैं। बेटी पर विवाह कलश का जल डाला गया है—आज के बाद वह भी स्त्री-रूप धारण करेगी। वह जो कौमार्य में इतनी रूपवती है वह स्त्री-रूप में कैसे सजेगी—इसकी सुन्दर कल्पना पिता निराला करते हैं। इस पल वे माता-पिता दोनों ही हैं।

दरअसल उपनिषदों में जब ब्रह्मानन्द की बात होती है तो ऋषिगण उसे समझाने के लिए उसकी तुलना सम्भोग से प्राप्त होने वाले आनन्द से करते हैं। उनके अनुसार जो आनन्द जीव को सम्भोग से प्राप्त होता है, उससे हजारों गुणा अधिक आनन्द ब्रह्म से साक्षात्कार में होता है। यह भी ध्यान दें कि काव्यानन्द यानी कि काव्य के आस्वादन से प्राप्त आनन्द को ब्रह्मानन्द सहोदर कहा गया है, इसीलिए अक्षर को ब्रह्म कहा गया है। तो ऊपर की पंक्तियों में सम्भोग का आनन्द भी है और काव्यानन्द भी, दोनों ब्रह्मानन्दतुल्य हैं। ठोस से सबलाइम की यात्रा को पढ़िए। ये पंक्तियाँ इस दृष्टि से अनुपम पंक्तियाँ हैं।

निराला की यह रचना यूँ तो सरोज की मृत्यु के उपरान्त शोकगीत की तरह लिखी गई है, किन्तु श्रेष्ठ रचना ही नहीं, बल्कि श्रेष्ठ कवि भी अपनी रचना को ट्रांसेंड करता है। यही किसी रचना का कालातीत होना है। सरोज स्मृति इसका सुन्दर उदाहरण है। इसमें कौन-सा रस नहीं है, यह सोचने की बात है। दशम रस वात्सल्य भी इसमें भरपूर है। अन्त तक आते-आते यह रचना करुण रस का संचार करती है और तब याद आता है भवभूति का कथन—*एको रसः करुण एव*! निराला से बेहतर भला इसे कौन समझ सकता है। 'सरोज स्मृति' लिखकर निराला गोया शान्त-रस यानी कि निर्वेद भाव की साधना करते हैं। जो व्यक्ति जानता है कि साहित्य संसार उसकी रचनाओं को समुचित महत्त्व नहीं दे रहा और निरानन्द सम्पादक एक-दो पंक्तियों का पत्र लिखकर उसकी रचनाएँ वापस कर देते हैं—उसे भवभूति जरूर याद आएँगे—*उपत्स्यते हि मम कोऽपि समानधर्मा, कालोऽह्यायं निरवधि विपुला च पृथ्वी।* निराला ने अर्थाभाव में सरोज की मृत्यु के बाद भी अपनी रचनात्मकता में नए प्रयोग करने की प्रवृत्ति बनाए रखी, तो कहीं न कहीं इसी भाव के साथ कि कोई तो होगा, जो उनकी रचनाओं को पढ़ेगा, जानेगा, सराहेगा।

इन पंक्तियों को ध्यान से पढ़िए। हमारे साहित्य में श्रृंगार के ऐसे उदात्त वर्णन बार-बार नहीं मिलते—

देखा मैंने वह मूर्ति-धीति
मेरे वसन्त की प्रथम गीति—
श्रृंगार, रहा जो निराकार,

रस कविता में उच्छ्वसित-धार
गाया स्वर्गीया-प्रिया-संग—
भरता प्राणों में राग-रंग,
रति-रूप प्राप्त कर रहा वही,
आकाश बदल कर बना मही।

उपरोक्त पंक्तियाँ पुनः इस कविता के वैशिष्ट्य को उभारती हैं। उन्होंने अपनी पुत्री को देखा—धी माने पुत्री और बुद्धि भी। तो निराला ने अपनी बुद्धिमती पुत्री को देखा, जिसकी आँखों का प्रकाश उसके व्यक्तित्व के तेज को जताता है। वह बेटी उनके जीवन के वसन्त—सबसे सुन्दर, सर्जनात्मकता से भरे जीवन का वह पहला गीत है, जो उन्होंने अपनी प्रिया के संग गाया था। वह श्रृंगार जो कविताओं में पढ़ने को मिलता है, जो भाव स्वरूप होता है, जिसकी ठोस—छू सकने वाली इयत्ता नहीं होती, किन्तु वह कण-कण में व्यापता है, उसी श्रृंगार की अभिव्यक्ति सरोज के रूप में हुई है। ऐसा लगता है कि आकाश धरती में बदल गया है। आकाश—जिसका कोई ओर-छोर नहीं—जिसे शून्य भी कहा जाता है—उसने धरती की तरह का ठोस रूप धारण कर लिया है। ध्यान दें कि इस सौरमंडल में अब तक प्राप्त ज्ञान के अनुसार, जीवन इसी धरती पर है। तो शून्य से जीवनदायिनी के इस सफर को देखिए। सरोज उस श्रृंगार भाव का रति रूप है। कामदेव की पत्नी रति अपने सौन्दर्य के लिए जानी जाती है। तो सरोज उसी अन्यतम सुन्दरी रति का स्वरूप है। रति कल्पना की पात्र है, किन्तु सरोज जीवित-जाग्रत स्त्री है—कल्पना नहीं। वह कितनी सुन्दर है—इसका वर्णन पिता कर रहा है। तो जिस विवाह में घर-परिवार-कुटुंब के लोग न शामिल हों, उसमें गीत आदि कौन गाएगा। तो भले ही गीत आदि का शोर न हो किन्तु एक मौन संगीत से—आनन्द से घर भरा हुआ है। एक सकारात्मक ऊर्जा घर में फैली हुई है, क्योंकि सरोज का विवाह एक पढ़े-लिखे, साहित्यिक से हुआ है, जिसमें दहेज आदि का कोई उत्पात नहीं। परस्पर संवाद और सद्भाव का वातावरण है, जो वर-वधू के नए जीवन को भी प्रभावित-प्रेरित कर रहा है।

अगली पंक्तियाँ, परम्परा व मिथ में निराला की केवल पैठ ही नहीं बल्कि उसके विस्तार करने की क्षमता की भी सूचक हैं। कोई भी महान कवि अपनी साहित्य-काव्य परम्परा से अछूता नहीं रहता। वह उसका अपने समय के अनुसार प्रयोग करता है, उसे परिवर्द्धित करता है। अच्छी कविता पाठक को अतीत, वर्तमान और भविष्य सभी का बोध कराती है और पाठक के मन-मस्तिष्क का परिष्कार-विस्तार करती है। यहाँ पुनः कवि निराला के जीवन की चुनौतियों से पाठक का सामना होता है। चूँकि मनोहरा देवी का स्वर्गवास सरोज के जन्म लेने के कुछ काल बाद ही हो गया था अतः विवाह और वैवाहिक जीवन से सम्बन्धित सभी बातें भी निराला ने ही

सरोज को बतलाईं-समझाईं। यहाँ तक कि उसकी सुहाग-सेज भी उन्हीं ने तैयार की। कितने अकुंठ भाव से निराला ने इसे लिखा और आज हम इसे पढ़ रहे हैं। अपने मन में इस अकुंठ भाव के आनन्द को महसूस कीजिए। जानिए कि निराला ऐसा करते हुए कहते हैं कि वे ऐसा करने वाले पहले पिता नहीं हैं। इससे पहले कण्व ऋषि ने भी मेनका-विश्वामित्र की बेटी शकुंतला का पालन-पोषण कर माँ की कुल शिक्षा उसे दी है। उसे पति-गृह भेजा है। परन्तु वे यह कहना नहीं भूलते कि यह आज की शकुंतला है। इसकी शिक्षा-दीक्षा भी अलग है अत: उसको देने की कला भी कण्व की कला से भिन्न होगी। शकुंतला ने दुष्यंत से प्रेम कर गंधर्व-विवाह कर लिया था, किन्तु यहाँ बेटी के लिए वर भी पिता खोज रहे हैं और उसकी सेज भी स्वयं सजा रहे हैं। उसे सेक्स की शिक्षा दे रहे हैं। यह कहा नहीं गया, किन्तु सेज सजाने के निहितार्थ को समझना जरूरी है। तो कण्व-पुत्री शकुंतला और निराला की शकुंतला में अन्तर तो है ही।

अगली पंक्तियों में सरोज अपने पिता के गृह में कुछ समय व्यतीत करके वापस ननिहाल चली जाती है, जहाँ उसे बहुत स्नेह-सम्मान के साथ मामा-मामी रखते हैं, किन्तु वहीं पर वह अपनी आखिरी साँसें भी लेती है। इस बात को कवि बहुत मार्मिक उपमा से व्यक्त करता है—तू जहाँ की लता थी, वहीं पुष्पित हुई और वहीं की मिट्टी में जा मिली। दरअसल लताओं का यही गुण है। उसी गुण का प्रक्षेपण निराला सरोज पर कर रहे हैं। सरोज की मृत्यु कवि की दृष्टि में उसका महामरण का वरण है। यह कोई साधारण मृत्यु नहीं है। इसीलिए सूर्यकांत एक महाकाव्यात्मक रचना रचते हैं और अपना सारा जीवन उसमें लिख डालते हैं।

कविता की अन्तिम पंक्तियों पर हम आरम्भ में ही बात कर चुके हैं। अपने जीवन के सम्बल को खो देने के बाद कवि की विकलता कविता का रूप लेती है। इस रचना की विशिष्टता इसी बात में निहित है कि वह उस समय में अपनी बेटी की मृत्यु पर कविता रचता है, जब मृत्यु पर लिखने का चलन हिन्दी में न था।

इस तरह से यह नई परम्परा का निर्माण करने वाली कविता है।

पुनश्च :

यह सारी कविता किसी भी अन्य रसिक पाठक की तरह मैंने भी लगभग ट्रांस में पढ़ी है। पढ़ते-पढ़ते आँसू भी बहाए। लिखते-लिखते चकित हुई और उँगलियाँ की-बोर्ड पर बार-बार रुकीं...

किन्तु अन्त आते-आते कविता जीते हुए जो बात खटकी, उसे आप लोगों से साझा करना मैं अपना—इस कवि का, जो स्वयं को निराला की परम्परा का कवि मानती है, जरूरी समझती हूँ।

मनोहरा देवी, यानी कि निराला की पत्नी और सरोज की माता को पढ़ना-

लिखना आता था। 'निराला की साहित्य साधना' में डॉ. रामविलास शर्मा लिखते हैं : माँ के समान मनोहरा देवी सुन्दर थीं। पर वह अपना समय शृंगार-प्रसाधन में न खर्च करती थीं। मनोहरा देवी रोटी बनातीं, बर्तन माँजतीं, टोला-पड़ोस के लोगों के लिए चिट्ठी लिखतीं। इन चिट्ठी लिखाने वालों में एक साँवला चमार युवक था—चतुरी। वह दहलीज पर बैठकर रामायण पढ़तीं; बाहर चबूतरे पर सूर्यकुमार के काका रामलाल बैठकर सुना करते। कभी-कभी वह भजन गातीं और चतुरी भी मगन मन सुनता रहता।' (निराला की साहित्य साधना, पृ. 31, नौवाँ संस्करण, 2016, राजकमल प्रकाशन, दिल्ली)

अब जरा हमारी सरोज का हाल देखें :

'सरोज फिर नानी के यहाँ है। पति का पत्र आए तो उत्तर कैसे लिखे? रामकृष्ण से लिखना सीख ले।...' (वही, पृ. 169)

1935 में सरोज की बीमारी से मृत्यु हो जाने के बाद उन्हें बकौल डॉ. रामविलास शर्मा इस बात का एहसास हुआ : सरोज की मृत्यु का जिम्मेदार कौन है? निराला! वह उसे पढ़ा-लिखा नहीं पाए; बिना माँ की बेटी को अपना प्यार-दुलार न दे सके; किसी खाते-पीते घर में उसका विवाह न कर सके; पहले फोड़ा, फिर हड्डियों को फूँक देने वाली बीमारी; गंगा किनारे मठ में अन्तिम घड़ियाँ गिनती सरोज; निराला ने क्या मदद की? उनसे ज्यादा निकम्मा बाप कौन हो सकता है? (वही पृ. 260)

जो कवि गद्य-पद्य में नया प्रयोग करता रहा,जिसने कुंडली को नष्ट कर नए तरीके के जीवन का आह्वान किया, जिसने सरोज के विवाह के समय अपनी आधुनिक चेतना का सुन्दर प्रदर्शन किया—उससे इस कवि का सवाल है और रहेगा कि उसने अपनी बेटी को पढ़ा-लिखाकर आत्मनिर्भर क्यों नहीं बनाया? हमारे स्वाधीनता आन्दोलन में स्त्रियों और लड़कियों ने कन्धे से कन्धा मिलाकर हिस्सा लिया था। उनकी पढ़ाई-लिखाई का माहौल बन रहा था। निराला की परिचितों में स्वयं महादेवी थीं, तब निराला ने अपनी जिम्मेदारी क्यों नहीं निभाई?

रोमैंटिसिज़्म एक तरफ, जिम्मेदारी दूसरी तरफ। हम हर बात पर निराला के जीवन को रोमैंटिसाइज नहीं कर सकते, न हमें करना चाहिए। उन्हें एक इनसान के तौर पर देखना चाहिए। एक बड़े कवि के रूप में देखें, अनुकरणीय इनसान के रूप में तो कतई नहीं! यह लिखते-लिखते मुझे मुक्तिबोध के निबन्ध 'हाशिए पर कुछ नोट्स' की ये पंक्तियाँ याद आ रही हैं—

'किन्तु इतना सही है कि श्रद्धेय की आलोचना करना भारतीय संस्कार के इतने विपरीत है कि कुछ मत पूछिए। हम अपने मन की सज्जनता को भीतर के आलोचक से अधिक प्रतिष्ठित बनाए रखते हैं। यह कितनी बड़ी आत्मवंचना है। इस आत्मवंचना का कोई पार नहीं!'

मैं अपनी बात शायद इतने कड़े ढंग से नहीं कहना चाहती किन्तु सोचना जरूर चाहती हूँ कि निराला ने अपनी जिम्मेदारी क्या सच में निभाई? क्या 'सरोज स्मृति' एक कवि की सफलता और एक पिता की विफलता का करुण प्रकरण नहीं है?

यह जो मिटने का अधिकार है, इसी एजेंसी की तलाश है, कवि को

(महादेवी वर्मा की कविता—'अधिकार')

वे मुस्काते फूल, नहीं
जिनको आता है मुर्झाना,
वे तारों के दीप, नहीं
जिनको भाता है बुझ जाना।
वे नीलम के मेघ, नहीं
जिनको है घुल जाने की चाह,
वह अनन्त रितुराज, नहीं
जिसने देखी जाने की राह।
वे सूने से नयन, नहीं
जिनमें बनते आँसू मोती,
वह प्राणों की सेज, नहीं
जिसमें बेसुध पीड़ा सोती।
ऐसा तेरा लोक, वेदना नहीं,
नहीं जिसमें अवसाद,
जलना जाना नहीं,
नहीं जिसने जाना मिटने का स्वाद!

क्या अमरों का लोक मिलेगा
तेरी करुणा का उपहार?
रहने दो हे देव! अरे
यह मेरा मिटने का अधिकार!

महादेवी वर्मा के गद्य से मेरा जितना परिचय रहा, उतना उनकी कविताओं से नहीं।

'पथ के साथी' तो बी.ए. ऑनर्स के पाठ्यक्रम का ही हिस्सा थी। अपने द्वारा तैयार की गई स्कूली पाठ्य पुस्तक 'स्वरा' (ट्यूलिप प्रकाशन, झंडेवालान, दिल्ली) में भी मैंने 'गिल्लू' शामिल की है। महादेवी का गद्य अद्‍भुत गद्य है! बहुत आत्मीय... पाठक से सीधे नाता जोड़ता! आपकी संवेदना को विस्तार और गहराई दोनों देता हुआ गद्य! उनके निबंध मन में प्रश्नों की झड़ी लगा देते हैं। हमारा स्वाधीनता आन्दोलन इसीलिए इतना महत्त्वपूर्ण है कि उसमें स्त्री, दलित, आदिवासी, मजदूर सभी के लिए जगह है। उन्हें मुख्यधारा में ले आने की ईमानदार कोशिश है। महादेवी का गद्य इन सभी को वाणी देने वाला गद्य है।

महादेवी के पद्य का मामला थोड़ा अलग है। जो व्यक्ति गद्य की राह में चल रहे सभी पथिकों को साथ लिए चलने को आतुर दिखाई पड़ती है, वही कविताएँ रचते हुए एकाकी आत्मा-सी प्रतीत होती है—बेहद एकाकी का स्वर हैं, महादेवी की कविताएँ—गोया यह कहती हुईं कि यह क्षेत्र मेरा है—निजी क्षेत्र—जिसमें 'प्रवेश मना' तो नहीं लिखा पर आप इस रहस्य के सारे भेदों को आर-पार देख लेंगे—ऐसा दुस्साहस न सम्भव है, न ही काम्य!!

यह नोट लिखने से पहले कई कविताएँ पढ़ीं। मजेदार बात यह है कि सिलसिलेवार ढंग से न पढ़ी होने के बावजूद कई कविताओं के वाक्य के वाक्य कंठस्थ थे। और वे भी अनजाने ही। यह तो जब पढ़ने बैठी तो ज्ञात हुआ!

महादेवी की कविताओं की यह विशेषता, कि वे आपकी स्मृति में घर बना लेती हैं, मुझे यकीन है कि बहुत से लोग नोट करेंगे।

इस कविता ने मेरा ध्यानाकर्षित किया अपने 'शीर्षक' की वजह से। 'अधिकार'!! क्या मतलब? कैसे अधिकार? (देखिए, 'कैसे' लिखा है, 'कैसा' नहीं...यह हम आधुनिकों का स्वभाव है!)

हम आधुनिक लोग 'अधिकार' को बहुत सीमित तरह से समझते और परिभाषित करते हैं और अक्सर वह 'सेकुलर' (भारतीय अर्थ में नहीं, ठेठ पाश्चात्य अर्थ में) तक सिमटा होता है। इसीलिए 'अधिकार' शीर्षक देखते ही मैं चौंक गई, और यही कविता मैंने सबसे पहले पढ़ी। फिर इसे छोड़ दिया और दूसरी चर्चित-अचर्चित कविताएँ पढ़ती रही। आज लगभग तीसरे पाठ में मैं एक बार फिर चौंकी—इस बार इसके कथन (कथ्य) और कहन (शैली) दोनों पर ही!!

कवि माँग रही है—'मिटने' का अधिकार—वह भी देव से!

महादेवी की कविताएँ पढ़ने वाले अक्सर ही उन्हें ईश्वर से मिलनेच्छा रखने वाली कवि के तौर पर चित्रित करते हैं। माना जाता है कि महादेवी अद्वैतवादी भावों वाली कवि हैं। ऐसा प्रतीत होता है कि यह कविता उन्हीं लोगों को दिया गया प्रत्युत्तर है।

ईश्वर से अद्वैत की कामना और गहरी आध्यात्मिक वेदना का होना एक ही

बात नहीं होती। महादेवी की अधिकांश कविताएँ एक आध्यात्मिक गहराई को पाने की लालसा रखती कविताएँ हैं। उन्हें 'आधुनिक मीरा' कहा जाता है और मीरा के प्रेम की अनुभूति के बरक्स महादेवी की आकुल मन की कविताएँ रखी जाती हैं।

मीरा और महादेवी की तुलना पर बात फिर किसी रोज...आज तो कविता-पाठ!

कविता या किसी भी वाक्य का अर्थ उसके पढ़ने पर खुलता है। पढ़ना माने एक-एक शब्द को उसमें छिपे अर्थों के अनुगूँज को सुनते हुए, देखते हुए पढ़ना। अनुप्रास को देखना, लय को साधना और उसे सुनना। अब इस कविता में प्रत्येक पंक्ति में लगाया गया अर्द्धविराम चिन्ह (कॉमा) बहुत मानीखेज है और कविता का अर्थ बूझने के लिए मुझे बहुत नीचे तक पढ़ना पड़ा, पॉज़ दे-दे कर!

ऐसा तेरा लोक, वेदना नहीं,
नहीं जिसमें अवसाद,
जलना जाना नहीं,
नहीं जिसने जाना मिटने का स्वाद!

कहते हैं कि देवलोक में सब अमर हैं—यश के अर्थ में नहीं बल्कि जीवन के अर्थ में—यानी कि वहाँ मर्त्य लोक से बिलकुल विपरीत वाला मामला है। वहाँ रहने वाले जीते ही चले जाते हैं, वे अनश्वर होते हैं। वहाँ की हर चीज अनश्वर है! इसीलिए लोग प्रभु शरण में जाकर जीवन-मरण के चक्र से सदा-सर्वदा के लिए मुक्ति चाहते हैं। मीरा का कृष्ण के विग्रह में समा जाने की परिकल्पना विछोह से परमानेंट मुक्ति का ही उपाय है। विछोह—जन्म-मरण का चक्र। कहीं ऐसा न हो कि विरह-वेदना अगले जन्मों तक फैलती चली जाए।

अब पहली तथा आगे वाली पंक्तियाँ पढ़ें—फूल ऐसा जो मुरझा जाए। यदि इस जगत में फूल न मुरझाएँ, तारे कभी अस्त न हों, मेघ कभी घुले ही नहीं, हरदम वसन्त हो, और आँखें कभी आँसुओं से भीगें ही नहीं और शरीर तथा मन में कभी पीड़ा की अनुभूति तक न हो, तो सोचिए जीवन कैसा होगा? कुछ लोग कहेंगे, वाह, जीवन ऐसा ही होना चाहिए...पर क्या सचमुच। तुलना के बिना जीवन क्या? अगर सब सुन्दर ही सुन्दर हो, तो पता कैसे चलेगा, कि यह सुन्दर है? अगर इस लोक में मनुष्य ने दु:ख न देखे होते तो क्या वह कभी देवलोक-स्वर्ग की कल्पना तक कर पाता? तो एकरस जीवन कितना नीरस होगा! इसीलिए कदाचित् देवतागण अवतार ले-लेकर आते हैं, ताकि जीवन के अनेक रंगों को देख सकें, जी सकें! जहाँ सब एकरूप हैं, वह कितना एकरस, अर्थात् नीरस हो जाता होगा...

यानी हमें पढ़ना है—वे मुस्काते फूल (पॉज़) नहीं जिनको आता है मुरझाना! यानी कि नहीं को अगली पंक्ति से मिलाकर पढ़ना है, मेरे हिसाब से! और इसी तरह

वह अनन्त ऋतुराज नहीं चाहिए जो कभी खत्म ही न होगा, शब्द के अभिधात्मक अर्थ में अनन्त होगा...बना ही रहेगा!

इस कविता की सबसे सुन्दर और मानवीय पंक्तियाँ हैं—

वे सूने से नयन, नहीं
जिनमें बनते आँसू मोती,

यानी ऐसी आँखें नहीं चाहिए जिनमें आँसू कभी न आएँ!

यहाँ आँसू त्याज्य व अकाम्य नहीं हैं—वे आँखों के मोती की तरह हैं। बेहद मूल्यवान। नयन में आँसू बनते हैं—मोती की तरह। यहाँ 'बनना' क्रिया बहुत मानीखेज है। जैसे सीप में मोती बनते हैं, स्वाति नक्षत्र की बूँद से, वैसे ही आँखों में आँसू के मोती बनते हैं—भावों के मेल से। ये उच्छ्‌वास भर नहीं हैं। ये स्त्री कवि की आँख के मोती हैं, गौर से देखिए इन्हें। आँखों में चमक नमी से ही होती है, अन्यथा वे तो निस्तेज लगेंगी। आँसू ही मनुष्य को मनुष्य बनाते हैं, वरना या तो वे देवता होंगे, सुख-दुख के परे अथवा राक्षस, जिन्हें किसी का दु:ख व कष्ट सालता ही नहीं, व्यापता ही नहीं! आँसू के बिना नयन सूने हैं—केवल निस्तेज नहीं। सूनापन यानी भावहीन। सूनी आँखें, मुहावरा है। महादेवी की कविता गिलगिली भावुकता की कविता नहीं है, वे बहुत सोच-विचार के बाद शब्द व भाव चयन करती हैं। वे तारों के बुझने की बात करती हैं,सूरज के डूबने की नहीं। और तारों के लिए दीप शब्द का इस्तेमाल करती हैं। रात का सम्बन्ध दीप से है और सूरज के निकलते ही तारे दिखाई नहीं पड़ते। बहुत सटीक।

अब वसन्त पर ध्यान दें। उन्हें अनन्त ऋतुराज नहीं चाहिए। बहुत सर्दी और भीषण गर्मी के बीच का अन्तराल—जब प्रकृति अपना नवोन्मेष करती है। और यदि लगातार मौसम ऐसा रहेगा, यानी कि हरदम वसन्त, तो उसका सौन्दर्य क्या? क्योंकि जब तक तेज गर्मी न पड़ेगी, बारिश न आएगी, और जीवन न होगा। हरदम वसन्त अन्ततः नष्ट होने की सूचना है। पीड़ा के बिना जीवन सम्भव नहीं।

प्राण हैं तो सुख भी है और बेसुध कर देने वाली पीड़ा भी। अथवा पीड़ा बेसुध सोई रहती है, और जब जागती है तो उसका एहसास हमें बेसुध कर देता है। 'बेसुध' का यह कैसा श्लिष्ट प्रयोग है!

और तेरे लोक में माने देवलोक में जहाँ—

ऐसा तेरा लोक, वेदना नहीं,
नहीं जिसमें अवसाद,
जलना जाना नहीं,
नहीं जिसने जाना मिटने का स्वाद!

न वेदना है, न अवसाद की घड़ी, जहाँ जलने की पीड़ा को कोई नहीं जानता और न मिटने के स्वाद को।

यहाँ मुझे बरबस अन्ना केरेनिना का पहला वाक्य याद आ रहा है—

'सभी सुखी व खुशहाल परिवार एक से होते हैं, दुखी परिवार अपनी-अपनी तरह से दुखी होते हैं...'

माने खुशियों की अभिव्यक्ति अमूमन एक-सी होती है! किन्तु सभी के दु:ख के कारण अलग-अलग तो अभिव्यक्तियाँ भी अलग-अलग।

अब पढ़िए कविता के शब्दों को—वेदना, अवसाद, जलना और मिटना...चारों शब्द महागाथा-सी रचते हैं, पाठक के मन-मस्तिष्क में। प्रसाद की पंक्ति है—आह वेदना मिली विदाई! और 'जेलर' फिल्म में राजेन्द्र कृष्ण का लिखा, लता मंगेशकर का गाया और गीतादत्त पर फिल्माया एक लोकप्रिय गीत है—हम प्यार में जलने वालों को चैन कहाँ, आराम कहाँ...

तो वेदना और अवसाद जीवन में आने वाले जरूरी तत्त्व हैं। यदि ये तत्त्व जीवन में न हों तो सुख की परिभाषा दी ही नहीं जा सकेगी। यानी जीवन में तुलना का, स्तरीकरण का बड़ा महत्त्व है। और जीवन काले-सफेद और स्लेटी से मिल कर ही बनता है। न केवल काला चाहिए न केवल सफेद, बल्कि वे शेड्स भी चाहिए जहाँ काला-सफेद मिलते हैं और कई रंग पैदा करते हैं!

यदि तेरी यानी कि देव की करुणा के उपहारस्वरूप कवि को अमरों का लोक मिलने वाला है, तो नहीं चाहिए, ऐसी करुणा और ऐसा उपहार!

मिटने का, मिटकर फिर उगने का अपना आनन्द है—फीनिक्स पक्षी की तरह। अगर मिटा नहीं, तो उगेगा कैसे?

क्या अमरों का लोक मिलेगा
तेरी करुणा का उपहार?
रहने दो हे देव! अरे
यह मेरा मिटने का अधिकार!

यह जो मिटने का अधिकार है, यही एजेंसी है, कवि के लिए। उसे अपनी तरह का जीवन चाहिए! किसी की करुणा नहीं, और न उपहार!

क्योंकि इस मिटने से पहले कर्म हैं...यह बात महादेवी की कविता में प्रकट रूप से नहीं, बल्कि उन सारे विवरणों में छिपी है, जिनसे कविता बनी है—फूलों का खिलना, तारों का उगना, मेघों का बरस जाना, वसन्त का आना आदि। ये सब सकर्मक क्रियाएँ हैं। यहाँ तक की दु:ख की अनुभूति भी।

महादेवी की कविताओं में **प्रसाद** की ही भाँति दु:ख की गहरी छाया है।

क्या यह दु:ख किसी धार्मिक भित्ति को तलाशता दु:ख है, अथवा गहरे अर्थों

में एक कर्मठ व्यक्ति की आध्यात्मिक वेदना है। यह प्रश्न मेरे लिए सदा विचारणीय रहा। महादेवी का जीवन सबके सम्मुख है। सबके सम्मुख है मानव और मानवेतर सभी चर-अचर प्राणियों के लिए, उनकी करुणा। उसे केवल विरह में बाँधकर सीमित कर देना, उनके विराट भावों के प्रति अन्याय प्रतीत होता है। यह बात इस कविता के अन्तिम छंद से भी प्रकट होती है।

धार्मिक भित्ति पर टिका भाव ईश्वर से एकमेक चाहेगा। किन्तु आध्यात्मिक वेदना से युक्त चित्त कर्म करना चाहेगा।

महादेवी को मैं उनकी करुणा से अपनी दृष्टि का विस्तार करने और आध्यात्मिक गहराई तक जाने के लिए पढ़ती हूँ...

पूर्णता की तलाश में

(मुक्तिबोध की कविता—'एक रग का राग'—रग-रग में सोच है)

जमाने की वक्त और बेवक़्त
धड़कती धुकधुकी
नाड़ियाँ फड़कती देखकर
खुश हुए हम कि
बगासी और उमस के स्वेद में
भीगी हुई उकताहट-उचाट खत्म हुई
और कुछ जोरदार
सनसनीखेज कुछ,
गरम-गरम चाय के साथ-साथ
मिल गई ऐसी बात
जिससे कि ढीली रगें तन जाएँ
भीतर तनाव हो
व विचारों का घाव हो
कि दिल में एक चोट हो
आए दिन ठंडी इन रगों को
गर्मी की खोज है,
वैसे यह जिन्दगी
भोजन है, मौज है!!

समाज के जितने भी निन्दा-प्रवाद हैं
सब हमें याद हैं
हरेक का चेहरा व जीवन-रहस्य हम जानते
अन्ध कौन, बहरा कौन
एक नेत्र कौन कहाँ उट्ठा है

सब हमें मालूम,
कौन किस उल्लू का कितना बड़ा पट्ठा है,
सब हमें मालूम
चाहो तो समाजी
शोषण-क्रिया की सब—
पाचन-क्रिया की सब—
अँतड़ियाँ
टेबल पर रख दें,
कि तुम भी निहार लो
व हम भी निरख लें
चाहो तो निज की ही
खोपड़ी की हड्डी के बक्से को खोलकर
आपके सामने
भेजा उतार दें कि भेजा उधार दें!!

लेकिन, अब लगता है यह सब व्यर्थ है
क्योंकि पी जहर यह
क्योंकि जी जहर यह
सुन्न हुई नाड़ियाँ
गई आब, पानी सब गया सूख
हृदय में उदासी की फैली हैं मटमैली
कीचड़ की खाड़ियाँ!!
चक्के टूट गए हाय!!
ग्राम-रम्य-वृक्ष-तले
पिकनिक को निकली हुई
जिन्दगी की नई बैलगाड़ियाँ
टूट गईं निरुपाय!!
(सौन्दर्य छूता नहीं
शिराओं में हल्की-सी मूर्च्छा
चेतना निवीर्य!!)
दार्शनिक मर्मी अब
कोई सरगर्मी अब
छू नहीं पाती है
हमें तो अपने बैंक-नोटों की, सत्यों में,

बू खूब आती है!!
एकमात्र उद्देश्य—
हृदय की लुटिया से दिमाग की मोरी में
पानी डाल
जमी हुई काई सब निकालना!!
एकमात्र लक्ष्य कि विचलित न हो जाएँ
विवेक सताये ना,
न जिन्दगी को बेचैन करे वह!!

असल तो यह है कि
कोई अर्थ मर गया देखते-ही-देखते
लेकिन वह
ज़िंदगी का नक्शा पेश कर गया (हाय! हाय!)
उसका यह प्रस्तुतीकरण भी सही है
संवेदन यही है, संवेदन का निवेदन यही है!!

पूर्व-युगों में भी खूब बुराइयाँ रही आईं
किन्तु, वे भीमाकार शक्ति-रूप
दिखलाई जाती थीं,
रावण व कुम्भकर्ण, शैतान
उनका ही रूप था।
उनसे डरा जाता था, उनसे लड़ा जाता था।
उनके विरुद्ध वह
पाप-भीरु मृदु-तन
बहुत कड़ा रहता था समुद्धत!!

किन्तु उसी अमंगल को आज सिर्फ
सहा जाता ह्रास कह
आज वह मात्र व्यंग्य-रूप है
तर्क यह—
हाय! वह सबका अंग-रूप है
सभ्यता-समाज का ही ह्रास है
इसलिए सहनीय मात्र निवेदनीय त्रास है
ह्रास में भी खूब-खूब मजा है,

आदमी की धजा है
व्यक्तिगत आलोचना-शील मन
जोड़ता है निन्दा-धन
जोड़ता है जहर और
कंकड़ और पत्थर और
कहता मैं गुनी जन
(हृदय में बैठा है चोट्टा कि मसीहा!!)
ऐसी आज आइडियोलॉजी है
हरेक के पीपल के पास अब बैठा हुआ एक निज
संत निज पीर है
लक्ष्य समाजी है

प्रतिभा का जिन्न आज खूब जिसके पास है
सत्य की सर्चलाइट वह अनायास है!!
खेद है कि गलती सिर्फ एक हुई हमसे
कि जिन्दगी की रेती में किरचें मिले काँच के
तो मन में भी पूरा शीशा हम नहीं बना पाये साँच का
रत्न का टुकड़ा मिला किन्तु हाय
पूरा रत्न (अंश का पूर्ण रूप)
कल्पना में भी हम, ला नहीं पाए थे कि
खो गया टुकड़ा वह
खो दिए किरचें वे काँच के
जरा-जरा दर्द हुआ
किन्तु उस खंड का
पूर्ण अखंड, न मिल सका
कि इतने में खो गया दर्द भी!!
नसों और रगों व शिराओं की
स्नायु-यंत्र-गति में मन-बुद्धि गिरफ्तार
खँडहरों में छुपे हुए
किसी तहखाने में अजाने
खोजते हैं किंवदन्त-खजाना
और इस पागल-सी खोज को
कहते हम सत्यानुसन्धान
—फजूल बात है

जब तक न चाय मिले
हमारी न होती कभी
हाय! सुप्रभात है!!

मुक्तिबोध की कविता पर लिखने का मन बना तो मुक्तिबोध रचनावली उठाकर बैठ गई। खंड दो में संकलित इस कविता को पढ़ते ही लगा कि यह 'एक रग का राग' तो मानो आजकल में लिखी कविता है। आज के अनेक बुद्धिजीवियों की तो मानो जीती-जागती तस्वीर खींचकर रख दी है मुक्तिबोध ने। इस दौर में कितनों ने अपने हाथों अपने भेजे को निकाल फेंका है, तो कितनों ने ही उसे उधार दे दिया है कि जब दिन फिरेंगे तो वे उसे पुन: अपने सिर के खोल में लगा लेंगे। यूँ तो बड़े रचनाकारों की रचनाएँ कालजयी इसीलिए कहलाती हैं कि वे समय-सीमा को लाँघकर प्रासंगिक बनी रहती हैं, पर कोई कविता ठेठ आज के मुहावरे में 'आज' को प्रतिबिम्बित करे तो? वैसे यह कविता 'सम्भवत:' 1959 में लिखी गई थी। (नेमिजी ने रचनावली-2 में इसका रचनाकाल इसी तरह बताया है। यह कविता 'भूरी भूरी खाक धूल में' में संकलित है।)

मुझे यकीन है आप भी इस कविता को पढ़कर मेरी ही तरह चौंक गए होंगे...

इस कविता ने गोया मेरी दुखती रग छू ली!

रगों में दौड़ने वाला खून आँख से बह निकला...

काश!

हम बुद्धिजीवी सत्य को उसकी पूर्णता में देखना सीखते और देखने की कोशिश तो करते!

गौरतलब है कि मुक्तिबोध द्वारा 'हम' का प्रयोग

यूँ तो किसी भी काल का बुद्धिजीवी अपने समय से असन्तुष्ट व बेचैन रहता है और उसे बदलने की कोशिश में ही वह अपने जीवन की सार्थकता देखता है। ऐसे में जब कभी समाज की तरफ से भी कोई सुगबुगाहट दिखाई पड़ती है, तो उसे प्रतीत होता है कि—

मिल गई ऐसी बात
जिससे कि ढीली रगें तन जाएँ
भीतर तनाव हो
व विचारों का घाव हो
कि दिल में एक चोट हो
आए दिन ठंडी इन रगों को
गर्मी की खोज है...

ठंडी रगों को गर्मी की खोज—यही है बुद्धिजीवी होने की सम्भावना भी और सीमा भी—क्योंकि वह विचारों को बदलने की कवायद में लगा है—सीधे संघर्ष में नहीं! यानी कि वह अपने जीवन में भी अपने विचारों को प्रश्रय नहीं देता। उसके विचार कागज के भीतर ही रह जाते हैं। अगर वह शब्द और कर्म के फाँक को खत्म कर दे, तो यह संघर्ष की भूमि में उसका योगदान होगा। चूँकि अधिकांश बुद्धिजीवी ऐसा नहीं करते, इसीलिए अपने भोजन व मौज युक्त यानी कि 'सन्तुष्ट जिन्दगी' की ऊबाऊ एकरसता से मुक्ति का उपाय वे जमाने की धुकधुकी, नाड़ियों के धड़कन-फड़कन में ढूँढते हैं और पा लेने पर उत्तेजित होते हैं। यहाँ प्रयुक्त 'बगासी' शब्द इस उकताहट-उचाटपन को रेखांकित-सा करता है। इसका सीधा अर्थ मुझे ज्ञात नहीं। व्यंजना को पकड़ने की कोशिश अलबत्ता मैंने की है। मैंने उसका अर्थ गर्मी लगाया है, क्योंकि वे लिखते हैं बगासी और उमस। बगासी का प्रयोग मैंने मुक्तिबोध के यहाँ ही पढ़ा है। उनकी एक अन्य कविता 'टी एस इलियट के प्रति' में भी यह शब्द आया है। समाज में कोई घटना घटित होने पर उस पर बात करके, उसकी आलोचना-प्रत्यालोचना करने में बुद्धिजीवी अपने कर्म की इति मान रहे हैं। यहाँ 'गरम गरम चाय के साथ' मानसिक तनाव उत्पन्न कर अपनी उकताहट को खत्म करने का उपक्रम ही वह वेदना है जो मुक्तिबोध की इस कविता में व्यंग्य बनकर उभरा है। मुक्तिबोध का विश्वास अन्तोनियो ग्राम्शी के 'ऑर्गेनिक इंटेलेक्चुअल' की अवधारणा पर था। उनके लिए बौद्धिक कार्य समाज निरपेक्ष आत्मतुष्टि का साधन कभी नहीं रहा। इसीलिए इस कविता में वे बुद्धिजीवियों के आत्मकेन्द्रित रवैये की गहराई से पड़ताल करते हैं।

देखिए कितनी कड़ी मार है इन पंक्तियों में, व्यंग्य के कोड़े से मुक्तिबोध कैसे तीखे प्रहार कर रहे हैं—

वैसे यह जिन्दगी
भोजन है, मौज है!!

अगली पंक्तियाँ निन्दा को ही वास्तविक कर्म मान लेने वाले बुद्धिजीवियों को समर्पित हैं। किन्तु इन पंक्तियों में कविता का क्षण इन मुहावरों में है—

चाहो तो निज की ही
खोपड़ी की हड्डी के बक्से को खोलकर
आपके सामने
भेजा उतार दें कि भेजा उधार दें!!

'भेजा उतारना' और 'भेजा उधार दे देना' ऐसे मुहावरे हैं जिनसे हमारे समय का बौद्धिक व्यापार परिभाषित होता है। अपना भेजा उतार देना यानी कि अपनी

सोच को स्थगित कर देना और भेजा उधार देना, माने किसी को अपने सोच का मनचाहा उपयोग करने की छूट कुछ समय के लिए दे देना। जब जरूरत पड़ेगी तो वापस ले लेंगे अपना भेजा या लेने वाला नियत समय पर वापस कर देगा। यही है न उधारी का उसूल।

अगली पंक्तियाँ निरर्थक आलोचना-प्रत्यालोचना और कर्म की जगह वाद-विवाद, निन्दा आदि के असर को दर्शाती पंक्तियाँ हैं। अतिशय नकारात्मकता अन्तत: अपने जहर से नाड़ियों को सुन्न ही करती है। वह विवेक का क्षय कर, जीवन को न केवल आब हीन बनाती है बल्कि सौन्दर्य रहित भी। यहाँ मुक्तिबोध कहते हैं—

(सौन्दर्य छूता नहीं
शिराओं में हल्की-सी मूर्च्छा
चेतना निवीर्य!!)

ये पंक्तियाँ ठीक निम्नलिखित पंक्तियों के नीचे हैं—ब्रेकट में बन्द!

हृदय में उदासी की फैली हैं मटमैली
कीचड़ की खाड़ियाँ!!
चक्के टूट गए हाय!!
ग्राम-रम्य-वृक्ष-तले
पिकनिक को निकली हुई
जिन्दगी की नई बैलगाड़ियाँ
टूट गईं निरुपाय!!

यहाँ कीचड़ की खाइयों में चक्के टूट जाने का दृश्य क्या कुरुक्षेत्र में खून के कीचड़ में धँसकर कर्ण के रथ के चक्के टूट जाने की याद नहीं दिलाता? क्या कौरवों-पांडवों की लड़ाई ऐसी हो सकती थी, कि बहुत कुछ बचा रह जाता और जीतने वाला ठाठ से राज करता? युधिष्ठिर को युद्ध के अन्त में वैराग्य सताता है। वे कहते हैं कि क्या इसी जमीन के टुकड़े के लिए हम कुत्तों की तरह लड़े। और आज हर जगह मृत्यु का रुदन है। सारा क्षेत्र बड़े श्मशान में बदल गया है। किन्तु सन्दर्भ कितना भिन्न है। बुद्धिजीवियों का एक शगल है गाँवों को बदलना। इस काम में वे अकसर अपने को मसीहाई अन्दाज में पेश करते हैं। किन्तु गाँवों की असली हकीकत में परिवर्तन आलोचना-प्रत्यालोचना से सम्भव नहीं, उसके लिए ठोस प्रोग्राम चाहिए। वह कोई पिकनिक स्थल नहीं जहाँ जाकर वे तरोताजा हो जाएँगे। गाँवों की असली हकीकत देखते ही बुद्धिजीवियों का गाँवों के प्रति रोमांटिक अन्दाज आखिरकार चकनाचूर हो जाता है।

यदि आलोचना-प्रत्यालोचना निन्दा तक सिमटी हो, तो मनुष्य की चेतना

अपने जीवन में और आसपास सौन्दर्य से सर्वथा निर्लिप्त रह जाती हैं। सौन्दर्य का काम जीवन में, दृष्टि में, विस्तार व औदार्य लाना है। किन्तु यदि कोई भी व्यक्ति अपनी सीमित समझ के साथ निन्दा व प्रवाद को ही याद रखता है तो उसे सौन्दर्य प्रभावित-प्रेरित नहीं करता, वह उसके प्रति आँखें मूँदे रहता है। यहाँ सौन्दर्य जीवन के शुभ पक्षों का प्रतीक है। अशुभ पक्ष पर केन्द्रित दृष्टि सौन्दर्य का निर्माण नहीं करेगी, बल्कि वह उसके प्रति अनुदार व आलोचनात्मक ही रहेगी। मुक्तिबोध इस स्थिति को निर्वीर्यता कहते हैं। वीर्य द्वारा किए जा रहे शुभ रचना के विपरीत। यहाँ 'चेतना' शब्द पर भी ध्यान देना चाहिए। यहाँ ध्वनि—सत् चित और आनन्द की है। चित=चेतना। जिसे सौन्दर्य नहीं छूता उसे आनन्द की अनुभूति भी न होगी। विवेक सम्पन्न दृष्टि को चेतना कहते हैं। जीवित प्राणी को चेतना-युक्त कहा जाता है।

अगली पंक्तियों को पढ़ते ही मुझे तुरन्त पुरुषोत्तम अग्रवाल का उपन्यास 'नाकोहस' याद आया...वह समय जब विवेक पर भावनाएँ हावी हो जाती हैं और सारा खेल भावनाओं का, उनके आहत हो जाने का और आहत भावनाओं को सहलाने वाली, उसका उपयोग करने वाली राजनीति करने का हो जाता है...

मेरे लिए इस कविता का सूत्र यहीं पर खुला—

हृदय की लुटिया से दिमाग की मोरी में
पानी डाल
जमी हुई काई सब निकालना!!
एकमात्र लक्ष्य कि विचलित न हो जाएँ
विवेक सताये ना,
न जिन्दगी को बेचैन करे वह!!

विवेक जिन्दगी को बेचैन करता है। परकाया प्रवेश द्वारा संवेदना जगाने की माँग करता है। इसमें अहं की क्षुद्रता का क्षय होता है। दूसरे का दुःख सालता है और अपना सुख स्वार्थ प्रतीत होता है। ऐसे में कोई संवेदनशील चित्त क्या करेगा—वह अपने दायरे का विस्तार कर पराये को भी उस दायरे में लाने का प्रयास करेगा... किन्तु जिसने दिमाग की मोरी से पानी डाल ऐसी हालत कर दी हो कि विवेक प्रश्न जगा करके जिन्दगी को बेचैन न कर सके तो वह काल नाकोहस काल ही तो कहलाएगा। 1959 में मुक्तिबोध ऐसे काल को देख रहे थे। यह अनायास नहीं कि उनकी प्रसिद्ध कविता 'चाँद का मुँह टेढ़ा है' के विभिन्न संस्करण 1953 से 1962 के बीच लिखे गए हैं। गहरे मोहभंग की कविता है—चाँद का मुँह टेढ़ा है।

हिन्दी कविता में यह काल नवस्वच्छंदतावादी कहा जाता है। स्वतंत्रता के बाद का आशावादी उत्साह व ऊर्जा से भरा काल। ऐसे समय में 'एक रग का राग'; 'चाँद का मुँह टेढ़ा है'; 'शब्दों का अर्थ जब' और 'अँधेरे में' जैसी कविताएँ लिखने

वाला कवि अपने समय में लगे दीमक को बहुत शिद्दत से देखता और कहता है। मुक्तिबोध भविष्यदर्शी कवि इसी अर्थ में हैं। इन कविताओं में बहुत गहरे अँधेरे की आशंकाएँ दिखाई पड़ती हैं। और उनकी प्रस्तुति तो मानो आज ही को 1959 में देख पा रही थी, शब्द दे पा रही थी।

यहीं पर मुझे गुरुदत्त की मशहूर फिल्म 'प्यासा' याद आ रही है। प्यासा सन् 1957 में बनी थी। उस फिल्म में भी गजब का मोहभंग दिखाई पड़ता है, लेकिन उसका अन्त पलायन में मुक्ति खोजने का उपक्रम है। मुक्तिबोध की कविताएँ इस अर्थ में और भी ज्यादा महत्त्वपूर्ण हो जाती हैं, कि वे पलायन का सहारा कभी नहीं लेतीं। मुक्तिबोध स्थितियों से जद्दोजहद करने वाले कवि हैं। वे भयानक को देखते हैं और मानो उसके पीछे पड़ जाते हैं। वे भयानक की रचना करने वाले, उसमें उनकी सहायता करने वाले सभी वर्गों की चिंदी-चिंदी करने वाले ऐसे साहसी कवि हैं, जो खुद को भी कोई मोहलत नहीं देता। इस कविता के पहली चार पंक्तियों में आए 'हम' का प्रयोग उनकी ईमानदारी का प्रमाण है।

तो आज के हालात क्या हैं?

क्या आज व्यापक धरातल पर हालत यह नहीं है कि अपने काम से काम रखो...और विवेक को जहाँ तक हो सके सुलाए रखो, मर जाए तो और बेहतर!

लेकिन बात इतनी भर होती तो क्या बात थी!!

मुक्तिबोध इतने इकहरे कवि नहीं।

क्योंकि अगली ही पंक्ति में अर्थ का मरना वस्तुत: जीवन के अर्थ (मतलब), उद्देश्य का मरना है। मनुष्य रूप में जन्म लेकर भी मनुष्योचित काम न कर पाना है। किन्तु आज जीवन खुद में सिमटा, खुद को ही सफलता की सीढ़ियाँ चढ़ाता जीवन है—संवेदना यही है।

मुक्तिबोध बहुत गहरे अर्थों में अपनी परम्परा से तो जुड़े कवि हैं, किन्तु वे अतीत में हुए किसी सतयुग की अवधारणा को अस्वीकार करते हैं। वे इस कविता में याद करते हैं कि रावण, कुम्भकर्ण और सामी (सैमेटिक) धर्मों का शैतान भीमाकार बुराइयों के ही रूपक थे। किन्तु तब उनसे लड़ने और उन्हें परास्त करने का उद्यम किया जाता था।

रावण व कुम्भकर्ण, शैतान
उनका ही रूप था।
उनसे डरा जाता था, उनसे लड़ा जाता था।
उनके विरुद्ध वह
पाप-भीरु मृदु-तन
बहुत कड़ा रहता था समुद्धत!!

यहाँ पाप भीरु पर ध्यान देने की जरूरत है। परम्परा में रावण आदि पाप के शाप से जन्मे माने जाते हैं। और उन्हें मारने वाला उसी पाप का अन्त कर उन्हें मुक्त करता था। अनीति पर चलना पाप है। तो नीति की स्थापना ही शुभ शक्तियों का काम है। यहाँ 'समुद्धत' शब्द निराला रचित 'दलित जन पर करो करुणा' की बरबस याद दिलाता है। देखिए सन्दर्भ भी लगभग वही है—

'समुद्धत मन सदा हो स्थिर,
पार कर जीवन निरन्तर
रहे बहती भक्ति-वरुणा—दलित जन पर करो करुणा'

किन्तु आज की स्थितियाँ भिन्न हैं। आज अन्याय कर रही शक्तियों को पाप नहीं बल्कि 'ह्रास' कहा जाता है। ह्रास माने जिसका क्षय हो, जो गले। ह्रास कहना स्थितियों की गम्भीरता को कम करके आँकना है। स्थितियों को सह्य बना देने का उपक्रम है। यह इसलिए क्योंकि आलोचनाशील मन निन्दा से भरा हुआ, खुद की जिम्मेदारी से भागता मन है। वह ह्रास में अपने लिए भी पनाह ढूँढ़ लेता है।

यहाँ मुक्तिबोध सीधे-सीधे बुद्धिजीवियों से मुखातिब हैं। अपनी अपनी डेढ़ ईंट की मस्जिद बनाए और उसी में खुदा की सच्ची इबादत का फरमान—यह आज का उतना ही बड़ा सच है, जितना और जैसा मुक्तिबोध देख रहे थे। उनकी संवेदना कोरी संवेदना न थी वह ज्ञानात्मक संवेदना से युक्त रचनाकार थे। मैंने रचनाकार शब्द का प्रयोग विचारपूर्वक किया है। कवि-कृतिकार को रचनाकार कहा ही इसलिए जाता है क्योंकि वह शब्दसंसार का प्रजापति है। वह जिस कल्पना की आँखों से रचना-जगत को देखता है, वह कई बार भविष्य के सत्य को भी उद्‌घाटित करता चलता है। इसीलिए इस कविता को पढ़ते हुए मुझे अपना समय बेतरह याद आया—

ऐसी आज आइडियोलॉजी है
हरेक के पीपल के पास अब बैठा हुआ एक निज
संत निज पीर है
लक्ष्य समाजी है
प्रतिभा का जिन्न आज खूब जिसके पास है
सत्य की सर्चलाइट वह अनायास है!!

सत्य की सर्चलाइट—वाह क्या प्रयोग है। सर्चलाइट अँधेरे में एक प्वाइंट को प्रकाशित करता है। वह सूर्य नहीं जो सब कुछ लगभग एक साथ उद्‌भासित कर दे और देर तक उद्‌भासित रखे। उसमें काला-सफेद और स्लेटी ही नहीं बल्कि अन्य रंग भी प्रकाश पा जाएँ। तो आज के बुद्धिजीवी अपनी-अपनी विचारधारा के अनुरूप, अपने-अपने ज्ञान व संवेदना के अनुरूप सर्चलाइट की तरह अपना

सत्य अभिव्यक्त करते हैं और मान लेते हैं तथा मनवाना भी चाहते हैं कि उनका सत्य ही सम्पूर्ण सत्य है। किन्तु वास्तविकता है कि यह जो सत्य की सर्चलाइट है वही पूर्ण सत्य को देखने नहीं देती। इस पैरा में 'आइडियोलॉजी' और 'सर्चलाइट' जैसे अंग्रेजी के शब्दों का प्रयोग बेहिचक किया गया है। 1959 की रचना के लिए गौरतलब है यह बात।

मुक्तिबोध लेखन के प्रवाह में 'बगासी' जैसे देशज और अंग्रेजी शब्दों का प्रयोग सहजता से करते हैं। ऊपर की पंक्तियों में इसी तरह उल्लू का पट्ठा भी। 'एक नेत्र कौन कहाँ उट्ठा है' पढ़ते हुए शिव के तीसरे नेत्र की याद हो आई। यह मारक मुहावरा निन्दकों के वर्णन को और भी ज्यादा प्रभावी बना देता है।

पीपल के पास बैठा हुआ निज संत और निज पीर को पढ़ें और याद करें मन्दिर, दरगाह आदि। आपका अपना पीपल और अपना संत और आप बन बैठे महंत उस 'स्थान' के। आपकी वाणी ही सत्य है—परम सत्य, जिसका प्रचार-प्रसार करना है।

यहाँ बुद्धिजीवियों के कर्तव्य उल्लंघन को मुक्तिबोध एक बिलकुल दूसरे नजरिये से देखते हैं। उनके हिसाब से बुद्धि और विवेक के मिश्रण से जो ज्ञान प्राप्त होता है, वही पूर्ण सत्य की साधना करता ज्ञान-कार्य है। जब किसी देश के बुद्धिजीवी सत्ता के दलाल हो जाते हैं, तो वे अधूरा सत्य परोसते हैं...अधूरा सत्य पूर्ण का निर्माण तो क्या उसकी कल्पना तक नहीं करता। ऐसे सत्य को मुक्तिबोध काँच की किरचें कहते हैं, जो ज्ञान की प्रक्रिया में हुई पीड़ा की क्षणिक अनुभूति तो देती है, पर तुरन्त ही जुगनू की तरह चमककर अँधेरे को और घना कर देते हैं।

दरअसल मुक्तिबोध की खोज ज्ञान और संवेदना दोनों धरातलों पर चलती है। हमने ऊपर देखा कि वे ज्ञानशून्य संवेदना पर 'दिमाग की मोरी में पानी डाल' कहकर तंज कर चुके हैं और इसी तरह संवेदना शून्य ज्ञान को सौन्दर्य से अछूता मानते हैं। मुक्तिबोध की ज्ञानात्मक संवेदना और संवेदनात्मक ज्ञान की अवधारणा समग्र सत्य तक पहुँचने का रास्ता है।

ऐसे समय में जब बुद्धिजीवी होना आतंकी होने के बराबर मान लिया गया है, उस समय मुक्तिबोध की यह अवधारणा और भी अधिक प्रासंगिक लगने लगती है। और भी प्रासंगिक लगने लगती है उनकी यह पीड़ा कि—

> ऐसी आज आइडियोलॉजी है
> हरेक के पीपल के पास अब बैठा हुआ एक निज
> संत निज पीर है...

हालाँकि मुक्तिबोध की यह कविता भी उनकी बेचैन आत्मा को अभिव्यक्ति देती कविता है, किन्तु इस कविता में कुछ 'लाइट मोमेंट्स' के जरिये गजब व्यंग्य की सृष्टि की गई है। कविता का अन्त ऐसा ही एक पल है—

जब तक न चाय मिले
हमारी न होती कभी
हाय! सुप्रभात है!!

यहाँ सुप्रभात में छिपा श्लेष पढ़ने योग्य है—सुप्रभात माने सुबह और सुप्रभात माने आरम्भ भी। बुद्धिजीवियों की सोच चाय से शुरू होकर चाय पर खत्म हो जाती है। चाय के प्याले में तूफान अंग्रेजी का एक मुहावरा भी है। इसे हम आज के सन्दर्भ में 'फेसबुकिया और ट्विटराटिया क्रांति' भी कह सकते हैं! सब कुछ—सारा चिन्तन-मनन और मोबिलाइजेशन, कन्सेंसस मेकिंग सब कुछ फेसबुक और सोशल मीडिया के माध्यम से। प्रेम-लड़ाई से लेकर सेक्स तक वर्चुअल दुनिया में...

यह दुनिया खयाली पुलावों की दुनिया और तहखाने में अजाने छिपे खजाने को अलीबाबा की तरह खोज निकालने और हासिल कर लेने से कहाँ जुदा है? मुक्तिबोध हमें मिथकों की दुनिया से लेकर कॉफी हाउस तक और गुमटी के चायघर तक की सैर करा देते हैं। वे बीसवीं सदी के पाँचवे-छठे दशक से लेकर इक्कीसवीं सदी की वर्चुअल दुनिया में घूमने का न्योता पाठक को देते हैं और कहते हैं कि भई अपने जमाने का इन्टेलेक्चुअल देख लो। पहले का इन्टेलेक्चुअल पाप के अन्त के लिए रावण-कुम्भकरण को खत्म करने के लिए समुद्धत था पर आज हर पतन को ह्रास कहकर उसे कमतर आँक रहा है। उसकी पाप की अवधारणा ही शायद बदल गई है। किन्तु इसका हल अखंड सत्य की साधना के अलावा कुछ नहीं, जिसके लिए ज्ञान और संवेदना दोनों की ही आवश्यकता है, और यही हो सकता है—एक रग का राग!!!

मुझे लिखो और मुझे पढ़ो

(शमशेर बहादुरसिंह की कविता—'टूटी हुई बिखरी हुई' को पढ़ते हुए)

टूटी हुई बिखरी हुई चाय
        की दली हुई पाँव के नीचे
                पत्तियाँ
                    मेरी कविता

बाल, झड़े हुए, मैल से रूखे, गिरे हुए,
        गर्दन से फिर भी चिपके
        ...कुछ ऐसी मेरी खाल,
        मुझसे अलग-सी, मिट्टी में
        मिली-सी

दोपहर बाद की धूप-छाँह में खड़ी इंतजार की ठेलेगाड़ियाँ
जैसे मेरी पसलियाँ...
खाली बोरे सूज़ों से रफ़ू किए जा रहे हैं...जो
        मेरी आँखों का सूनापन है

ठंड भी एक मुस्कराहट लिये हुए है
        जो कि मेरी दोस्त है।

कबूतरों ने एक ग़ज़ल गुनगुनाई...
मैं समझ न सका, रदीफ़-काफ़िये क्या थे,
इतना खफ़ीफ़, इतना हल्का, इतना मीठा
        उनका दर्द था।

आसमान में गंगा की रेत आईने की तरह हिल रही है।
मैं उसी में कीचड़ की तरह सो रहा हूँ
और चमक रहा हूँ कहीं...
न जाने कहाँ।

मेरी बाँसुरी है एक नाव की पतवार—
जिसके स्वर गीले हो गए हैं,
छप्-छप्-छप् मेरा हृदय कर रहा है...
छप् छप् छप्

वह पैदा हुआ है जो मेरी मृत्यु को सँवारने वाला है।
वह दुकान मैंने खोली है जहाँ 'प्वाइज़न' का लेबुल लिए हुए
दवाइयाँ हँसती हैं—
उनके इंजेक्शन की चिकोटियों में बड़ा प्रेम है।

वह मुझ पर हँस रही है, जो मेरे होंठों पर एक तलुए
के बल खड़ी है
मगर उसके बाल मेरी पीठ के नीचे दबे हुए हैं
और मेरी पीठ को समय के बारीक तारों की तरह
खुरच रहे हैं
उसके एक चुंबन की स्पष्ट परछाईं मुहर बनकर उसके
तलुओं के ठप्पे से मेरे मुँह को कुचल चुकी है
उसका सीना मुझको पीसकर बराबर कर चुका है।

मुझको प्यास के पहाड़ों पर लिटा दो जहाँ मैं
एक झरने की तरह तड़प रहा हूँ।
मुझको सूरज की किरनों में जलने दो—
ताकि उसकी आँच और लपट में तुम
फौवारे की तरह नाचो।

मुझको जंगली फूलों की तरह ओस से टपकने दो,
ताकि उसकी दबी हुई खुशबू से अपने पलकों की
उनींदी जलन को तुम भिगो सको, मुमकिन है तो।
हाँ, तुम मुझसे बोलो, जैसे मेरे दरवाजे की शरमाती चूलें

सवाल करती हैं बार-बार...मेरे दिल के
अनगिनती कमरों से।

हाँ, तुम मुझसे प्रेम करो जैसे मछलियाँ लहरों से करती हैं
...जिनमें वह फँसने नहीं आतीं,
जैसे हवाएँ मेरे सीने से करती हैं
जिसको वह गहराई तक दबा नहीं पातीं,
तुम मुझसे प्रेम करो जैसे मैं तुमसे करता हूँ।

आईनो, रोशनाई में घुल जाओ और आसमान में
मुझे लिखो और मुझे पढ़ो।
आईनो, मुस्कराओ और मुझे मार डालो।
आईनो, मैं तुम्हारी जिन्दगी हूँ।

एक फूल उषा की खिलखिलाहट पहनकर
रात का गड़ता हुआ काला कम्बल उतारता हुआ
मुझसे लिपट गया।

उसमें काँटें नहीं थे—सिर्फ एक बहुत
काली, बहुत लम्बी जुल्फ़ थी जो जमीन तक
साया किये हुए थी...जहाँ मेरे पाँव
खो गए थे।

वह गुल मोतियों को चबाता हुआ सितारों को
अपनी कनखियों में घुलाता हुआ, मुझ पर
एक जिन्दा इत्रपाश बनकर बरस पड़ा—

और तब मैंने देखा कि मैं सिर्फ एक साँस हूँ जो उसकी
बूँदों में बस गई है।
जो तुम्हारे सीनों में फाँस की तरह खाब में
अटकती होगी, बुरी तरह खटकती होगी।

मैं उसके पाँवों पर कोई सिज़दा न बन सका,
क्योंकि मेरे झुकते न झुकते

उसके पाँवों की दिशा मेरी आँखों को लेकर
खो गई थी।

जब तुम मुझे मिले, एक खुला फटा हुआ लिफ़ाफ़ा
तुम्हारे हाथ आया।
बहुत उसे उलटा-पलटा—उसमें कुछ न था—
तुमने उसे फेंक दिया : तभी जाकर मैं नीचे
पड़ा हुआ तुम्हें 'मैं' लगा। तुम उसे
उठाने के लिए झुके भी, पर फिर कुछ सोचकर
मुझे वहीं छोड़ दिया। मैं तुमसे
यों ही मिल लिया था।

मेरी याददाश्त को तुमने गुनहगार बनाया—और उसका
सूद बहुत बढ़ाकर मुझसे वसूल किया। और तब
मैंने कहा—अगले जनम में। मैं इस
तरह मुस्कराया जैसे शाम के पानी में
डूबते पहाड़ गमगीन मुस्कराते हैं।

मेरी कविता की तुमने खूब दाद दी—मैंने समझा
तुम अपनी ही बातें सुना रहे हो। तुमने मेरी
कविता की खूब दाद दी।

तुमने मुझे जिस रंग में लपेटा, मैं लिपटता गया :
और जब लपेट न खुले—तुमने मुझे जला दिया।
मुझे, जलते हुए को भी तुम देखते रहे : और वह
मुझे अच्छा लगता रहा।

एक खुशबू जो मेरी पलकों में इशारों की तरह
बस गई है, जैसे तुम्हारे नाम की नन्ही-सी
स्पेलिंग हो, छोटी-सी प्यारी-सी, तिरछी स्पेलिंग।

आह, तुम्हारे दाँतों से जो दूब के तिनके की नोक
उस पिकनिक में चिपकी रह गई थी,
आज तक मेरी नींद में गड़ती है।

अगर मुझे किसी से ईर्ष्या होती तो मैं
दूसरा जन्म बार-बार हर घंटे लेता जाता
पर मैं तो जैसे इसी शरीर से अमर हूँ—
तुम्हारी बरकत!

बहुत-से तीर बहुत-सी नावें, बहुत-से पर इधर
उड़ते हुए आए, घूमते हुए गुजर गए
मुझको लिए, सबके सब। तुमने समझा
कि उनमें तुम थे। नहीं, नहीं, नहीं।
उसमें कोई न था। सिर्फ बीती हुई
अनहोनी और होनी की उदास
रंगीनियाँ थीं। फकत।

शमशेर मेरे प्रिय कवियों में से एक हैं—बहुत खास क्योंकि शमशेर ने मेरे सामने हरदम ही चुनौती खड़ी की है—उन्हें पढ़ने के धरातल पर और एक कवि की तरह स्वयं कविता लिखने के धरातल पर भी! यह संयोग नहीं कि मेरी 'सीता सीता' शीर्षक कविता ('याज्ञवल्क्य से बहस' में संकलित) की ये पंक्तियाँ :

'सच कहा कवि ने
रखते पग वीर ही अदेखे पथ पर
प्रेरित हो प्रेम से
साहस ही देखता है स्वर्ण मृग को
खोजता है वन वन उस अप्रतिम धन को
लाँघता सीमाएँ
कठिन भविष्य...'

शमशेर की 'सीता' कविता की इन पंक्तियों से प्रेरित है—

'नींद के पहाड़ों के पार
सोने का जागरण है
मौत का एक रंगीन हिरण है,
रात के पहाड़ों के पार
राम, यह पर्ण कुटी छोड़ो
चलो, उधर!'

तो आज चुनौती ली है, उन्हें पढ़ने की!

शमशेर से मिलना और उनकी कविताएँ पढ़ना एकदम जुदा अनुभव हैं। अपनी उपस्थिति में वे मुझे बेहद सादा लगते थे, मुझे उनकी निकटता उपलब्ध नहीं हुई, अत: मैं उनके बारे में ज्यादा क्या, कुछ भी नहीं कह सकती...पर जितनी बार भी मिली उनसे, उसमें वे बहुत सादा लगे। अपने शमशेर होने से सर्वथा बेखबर!

मैंने शमशेर को पढ़ा, उन पर लिखा भी है। 'एक नीला आइना' पर तो पूरा लेख ही ('कथादेश'—अप्रैल, 2010) तथा अन्य कविताओं पर भी ('आलोचना'—जनवरी-मार्च, 2011)। किन्तु पाठ के लिए मैंने 'टूटी हुई बिखरी हुई' इसलिए चुनी क्योंकि यह कविता मुझे बहुत कठिन कविता लगी और इस पर कलम उठाने या सही-सही कहें तो की-बोर्ड पर उँगलियाँ रखने से पहले कम से कम दस-पन्द्रह बार मैंने यह कविता पढ़ी, अभी लिखते-लिखते जाने कितनी बार पढ़ूँगी। कई बार कविता के पास बहुत विनीत भाव से जाना पड़ता है। आपके मन में जैसे ही यह भाव आया कि समझ आ गई...समझिए वह तुरन्त फुर्र हुई। वह कहती है—सीस उतारे भुइं धरे—की मुद्रा में आओ। यह समर्पण नहीं, अहंकार का तिरोहन है। कविता चूँकि ज्ञान एवं भावना का संश्लिष्टतम रूप है, इसलिए उसकी साधना करनी पड़ती है—रचते हुए भी और पढ़ते हुए भी!

'टूटी हुई बिखरी हुई' एक गहरी व करुण प्रेम कविता है। इस कविता में प्रेम लगभग एक डिलेरियम की तरह है, स्वप्न की तरह अस्पष्ट और बिखरा-बिखरा। यह प्रेम—कविता, स्त्री व आत्म सब के प्रति है जिसमें इतनी गहरी पीड़ा है कि प्रेमी टूट-बिखर जाए और उसका नाम भी न हो!

किन्तु कभी पढ़ते हुए लगता है कि यह मृत्यु को सम्बोधित कविता है—उसे पुकारती, उसे जानने की कोशिश करती, उससे प्रेम करने की चुनौती स्वीकारती। गजब फैंटेसी रचती है यह कविता। हर पाठ में अलग। ऐसी ही कविताओं के सन्दर्भ में विलियम एम्पसन ने 'सेवेन टाइप्स ऑफ़ एंबीग्यूटी' को प्रतिपादित किया होगा!

शमशेर की कविताओं की खासियत है, उनका बिम्ब प्रयोग। शमशेर मानो तूलिका से कविता रचते हैं। उनकी कविताएँ वॉनगॉग और हुसैन की चित्रकला की मिली-जुली अभिव्यक्ति-सी लगती हैं। शमशेर की कविता के स्थापत्य में भारतीय मूर्ति कला की ऐन्द्रिकता बिना किसी हिचक के मिलती है—

> चिकनी चाँदी-सी माटी
> वह देह धूप में गीली
> लेटी है हँसती-सी...
> कितनी सुन्दर, वास्तविक-सी स्त्री देह!

एक अन्य कविता है—'एक ठोस बदन अष्टधातु का-सा'

एक ठोस बदन अष्टधातु का-सा
सचमुच?
जंघाएँ दो ठोस दरिया
ठै रे हुए-से

कितनी ठोस अभिव्यक्ति है...

(यहाँ ठै रे के बीच का गैप/ स्पेस देखिए! कविता शब्दों के साथ-साथ गैप में भी है। शमशेर की कविताओं की स्पेसिंग भी पढ़ने की माँग करती है...वे अर्थगर्भित गैप हैं...वाक्यों के बीच के साधारण स्पेस नहीं!)

अब प्रस्तुत कविता में ही देखिए—

वह मुझ पर हँस रही है, जो मेरे होंठों पर एक तलुए
के बल खड़ी है
मगर उसके बाल मेरी पीठ के नीचे दबे हुए हैं
और मेरी पीठ को समय के बारीक तारों की तरह
खुरच रहे हैं
उसके एक चुम्बन की स्पष्ट परछाईं मुहर बनकर उसके
तलुओं के ठप्पे से मेरें मुँह को कुचल चुकी है
उसका सीना मुझको पीसकर बराबर कर चुका है।

शमशेर की कविताओं की एक खासियत यह भी है कि वे आमतौर पर छोटी कविताएँ लिखते हैं। ऐसा नहीं है कि उन्होंने लम्बी कविताएँ नहीं लिखीं, पर उनका हुनर छोटी कविताओं में जितनी सघनता से खुलता है, उतनी सघनता से लम्बी कविताओं में नहीं।

लेकिन यह कविता—'टूटी हुई बिखरी हुई' में एक विशेष ही विधा दिखाई पड़ती है। इसमें प्रत्येक छंद अलग-अलग है लगभग गजल जैसी कविता। कई छंद पिछले छंद से सर्वथा भिन्न हैं। लेकिन उनमें एक तारतम्य है और वह है—क्षोभ, बेचैनी से गुँथा हुआ भाव जो कहीं-कहीं गहरी व्यंग्यात्मकता अख्तियार कर लेता है।

पहले छंद में शमशेर अपनी कविता के बारे में कहते हैं कि उनकी कविता की तुलना उन चाय की पत्तियों से की जा सकती है, जो टूटी हुई, दली पत्तियाँ हैं, जो गिरकर पाँवों के नीचे आ रही हैं। वे पाँवों के नीचे आकर दली जा रही भी हो सकती हैं। चाय की पत्तियाँ—जिनसे रंग तो निकलेगा, मेहँदी सरीखा ही पर वे दली जाकर मेहँदी की तरह का नहीं, बल्कि अगर कपड़े में लग जाएँ तो कभी न उतरने वाला पक्का बदनुमा रंग बन जाएँगी। लेकिन अगर वे कहीं और लगीं तो? तब तो

वे मेहँदी की तरह पक्का नहीं बल्कि उतर जाने वाला रंग हुईं। वे चाय की पत्तियाँ हैं—ठीक मेहंदी की तरह ही खुशबू और रंग से भरी हुईं, किन्तु मेहँदी की तरह उनकी पूछ नहीं है, वे बदनुमा दाग सरीखी होती हैं। क्या ये पंक्तियाँ केवल कविता के लिए हैं, या शमशेर के लिए प्रेम भी एक विशिष्ट आवेग है, किन्तु जिसकी पूछ नहीं हुई? किन्तु कविता और प्रेम को यूँ देखने का अभिप्राय? कविता और प्रेम दोनों की रचनात्मकता में छिपी रहस्यात्मकता के कारण तो नहीं? क्या शमशेर को भान है कि यह प्रेम ज्यादा दिन टिकेगा नहीं, किन्तु फिर भी वे उसे कविता कहते हैं—मेरी कविता। देखें तो यह एक दार्शनिक कथन है। हम सब जानते हैं कि प्रेम बहुत कुछ प्रेमी के मन द्वारा गढ़ा गया भाव होता है। प्रेमी अपने प्रेम को रचता है, अगर वह मन-मुताबिक रच लिया गया तो प्रेम सफल अन्यथा वह चाय की पैरों तले दबी पत्तियों की तरह पल दो पल का रह जाता है, या फिर सदा की टीस की तरह। शमशेर द्वारा चाय की पत्तियों को बिम्ब बनाना कवि समय का अतिक्रमण भी है। कवि समय में पैरों से दली जाकर रंग देने वाली पत्तियाँ प्रायः हिना/मेहंदी की ही होती हैं। यह शमशेर द्वारा किया गया नया प्रयोग तो है ही उनकी तीव्र पर्यवेक्षण क्षमता का भी सूचक हैं। कभी आपने किसी कविता या कहानी में चाय की पत्तियों का रंग के अर्थ में उपयोग पढ़ा है? यही है शमशेरियत—बात को नए-बाँके ढंग से कहने का साहस। प्रेम को एक नए ढंग से कहने का साहस, यानी कि प्रेम में सब कुछ मीठा-मीठा ही नहीं होता, सब कुछ प्रेमी के मनोनुकूल ही नहीं होता—दूसरे का व्यक्तित्व बना रहता है, उसके मन का भी महत्त्व है!

अगली पंक्तियों में वे अपनी धजा का वर्णन करते हैं, मानो खुद से पूछ रहे हों, जैसा कि मैं हूँ, मैं दिखता हूँ, उस दिखने में क्या कोई मुझसे प्रेम कर भी सकेगी? क्योंकि बाल झड़े हुए हैं, रूखे और गिरकर गर्दन से चिपक रहे हैं। किन्तु मेरी खाल बिलकुल जुदा है—अलग और मिट्टी में मिली-सी। मिट्टी में मिली-सी को मैं खेत से सीधे तोड़े हुए, अतः ताजे फल-सब्जी के तौर पर पढ़ रही हूँ। अर्थात् उम्र में कवि भले ही पक गया हो, किन्तु उसकी रचनात्मकता अभी भी बिलकुल ताजी है। और प्रेम पाने का कारण भी उनके कृतित्व का, सोच का यही ताजापन है। मिट्टी लाखों साल पुरानी है पर उसकी पैदावार क्षमता उसे नित नवीन बनाए रखती है, बशर्ते वह जमीन की मिट्टी हो, गमले की नहीं। तो यहाँ भी शमशेर की कविता की खासियत सराहिए, कितनी महीन चोट है, प्रतिद्वंद्वियों पर। वे मुतमईन हैं, अपनी लेखनी और उसकी क्षमताओं के प्रति।

धूपछाँह में इंतजार की ठेलेगाड़ियों को अपनी पसलियों की तरह देखना! गजब! इंतजार में जिस तरह की धुकधुकी रहती है, उसे सुनें और महसूस करें। इन ठेलेगाड़ियों में माल लादते हुए बोरों को सूजों से पहले सिला जाता है। अब कल्पना करें कि इंतजार के बाद, जिसे आना था, वह नहीं आई/आया, तो आँखों

के सूनेपन के साथ दिल भी तो सूना हो जाता है। (मन खाली-खाली बर्तन है...) और उसमें कुछ खो देने का दर्द—यह अनुभव वैसा ही होता है, जैसे कोई बींध/भींच रहा हो दिल को। कितना मारक बिम्ब है यह। और यहाँ बोरों को रफ़ू किया जा रहा है। जो कट-फट जाता है, रफ़ू उसी को किया जाता है। भरे हुए बोरों को सीकर लादा जाता है, किन्तु खाली कटे-फटे को रफ़ू करके काम लायक बनाया जाता है। तो खाली दिल को रफू कर रहे हैं शमशेर। कितनी महीन सिलाई होती है रफ़ू की, धागे से धागा मिलाकर रफ़ूगर यूँ कटा-फटा कपड़ा जोड़ देता है कि साबुत और रफ़ू किए कपड़े का भेद लगभग मिट जाता है। इस बिम्ब की ध्वनि को पढ़ें। प्रेम में चोट खाए मन को कुछ इस तरह से जोड़ लिया है कवि ने कि उसकी चोट लोगों को भरसक नहीं दिखेगी। इसीलिए कविता भी चाय की दली पत्ती है—उसकी सच्ची-ईमानदार प्रशंसा नहीं हुई।

इंतजार करते-करते दोपहर बाद की धूप शाम में ढल गई, किन्तु जिसे आना था, न आया/आई...अब ठंड यह मौका दे रही है कि आप खुद को भींच लें, उसी के बहाने। आप अपने को सँभालते हुए भींचे हुए हैं अपनी छाती को, किन्तु बहाना ठंड का। वह जान रही है, इसलिए दोस्त की तरह साथ देती मुस्कुरा रही है।

यह कैसा प्रेम है, जिसमें इंतजार है बस इंतजार...रचना का? प्रेमिका का?

अब एक तीसरा दृश्य है। कबूतर गजल सुना रहे हैं। प्रेम के जाने-पहचाने बिम्ब हैं, कबूतर। गुटर-गूँ और कबूतर-कबूतरी की प्रेमलीला को भला कौन न जानता होगा। कवि कह रहा है कि वह उनकी भाषा को, उनकी बोली को नहीं जानता किन्तु उनका धीमे स्वर में गुनगुनाना उसे बहुत मीठा लगा। एक मीठे दर्द की अनुभूति। कबूतरों का प्रेम वायवीय प्रेम नहीं होता। वह बहुत ऐन्द्रिक—वासनापूर्ण प्रेम होता है। उस समय उनकी आवाजों की लहरें सुनें। सम्भोग करते हुए मीठे दर्द की कल्पना करें। कवि इन पंक्तियों में हमें उसी का आमंत्रण दे रहा है।

अगला दृश्य आसमान का जिसमें गंगा की रेत आईने की तरह हिल रही है। तारों भरा आसमान और उसमें कीचड़, क्या यह बादल का सूचक है—जो चमक रहा है, बरस रहा है जाने कहाँ? कवि जानता है कि वह कहाँ चमक रहा है, किन्तु वह एक रहस्य के आवरण में उसे छिपा देना चाहता है।

बादल हो, बारिश हो और बाँसुरी न हो—यह कैसे सम्भव है भला। किन्तु यहाँ बाँसुरी नाव की पतवार है। नाव बह रही है और पतवार छप...छप कर रही है, हृदय के सागर में। प्रेम और सागर का सम्बन्ध बहुत पुराना है। नाव की पतवार से पानी का कटना देखिए...*प्रेम को पंथ कराल महा / तलवार की धार पे धावनो है* (बोधा)—किन्तु प्रेमी को यह कराल पंथ ही पसन्द है। कबीर कहते हैं—*हँसि हँसि कंत न पाइए*...प्रेम में हृदय का छप-छप करना उसका मग्न होकर कूदना भी है और गहरे पानी पैठना भी!

यह प्रेम पैदा ही हुआ है मृत्यु को सँवारने के लिए। प्रेम में अगर प्राण भी निकल जाएँ तो क्या गम। मानो जीवन सफल हुआ। तो कवि के जीवन में आया यह प्रेम उसके जीवन को सफल करने वाला और उसकी मृत्यु को सँवारने यानी कि मायने देने वाला है। यह दवा भी है और जहर भी। प्रेम करने वाला जानता है कि इसकी पीड़ा कितनी चुभने वाली, पर मीठी होती है...कोई उससे मुक्त नहीं होना चाहता! उससे डर भी और न छोड़ने का मन भी।

अब ये पंक्तियाँ गजब दृश्य उत्पन्न करती हैं। यह प्रेम है या मृत्यु, जो कवि पर हँस रही है? उसकी भंगिमा देखिए—होंठों पर एक तलुए के बल खड़ी होकर कवि पर हँस रही है। उसने कवि के होंठों पर चुम्बन जड़ा है और अब उसे अपने तलुओं के ठप्पे (थापों) से कुचल रही है—उसे मुहर की तरह अंकित कर देना चाहती है। किन्तु उसका सीना कवि के सीने पर है और उसके बाल कवि की पीठ के नीचे दबे बारीक तारों की तरह पीठ को खुरच रहे हैं। पीठ का बालों द्वारा खुरचा जाना काल का ऐसा रूपक है, जो जितना ऐन्द्रिक है, उतना ही भयंकर भी—धीरे-धीरे मृत्यु घुस रही है रगों में! प्रेम का ऐन्द्रिक, पर विकराल और मोहक रूप। कवि अपने होंठों को तलुए द्वारा कुचल दिए जाने को प्रस्तुत है, अपनी पीठ पर तारों के खुरचन को सहने को तैयार...प्रेम जिलाता भी है और मारता भी। वह चुंबन भी है और खुरच भी।

शमशेर ने इस कविता के माध्यम से प्रेम की परम्परागत अवधारणा को गोया आगे बढ़ाया है। यह प्रेम दे देने वाला प्रेम है—स्वार्थी व आत्ममुग्ध प्रेम नहीं। किन्तु इसमें नवीनता प्रेमपात्र को मुक्त कर देने में है, उसे बाँध रखने में नहीं।

प्यास के पहाड़ों पर लिटा दो, जहाँ मैं झरने की तरह तड़प रहा हूँ। देखिए कितनी विपरीत बात है। पहाड़ प्यास के और स्वयं कवि झरना। जब पहाड़ तपते हैं तभी तो बर्फ पिघल झरना बनती है। पहाड़ों के बीच पानी की लेटी धार...! पर खुद कवि का प्यास क्या यहाँ इंगित है? है अगली ही पंक्तियों में जहाँ वह सूरज की किरणों में स्वयं जलने की बात कहता है और प्रेमिका को फौवारे की तरह आँच व लपट में नाचने की दावत देता है—तो आग और प्यास दोनों ओर हैं...

अब हम पहाड़ों पर हैं—प्रेम के पहाड़ पर...शिखर पर नहीं! पहाड़ों पर ओस से टपकते जंगली फूल। प्रेम के बाद उनींदी पलकों का जलन। यहाँ 'मुमकिन है तो'—बहुत गजब प्रयोग है। एक चुनौती।

प्रेम में नींद न आना। पलकें बोझिल पर मुँदने से इनकार। अगली ही पंक्तियों में हम यथार्थ से टकराते हैं। जैसे दरवाजे की चूलें सवाल करती हैं, वैसे मुझसे बोलो—सवाल करो। कठघरे में खड़ा करो। आमतौर से प्रेम में सवाल पूछना गुनाह है, किन्तु यहाँ कवि सवाल पूछने को कह रहा है। दरअसल ये सवाल खुद कवि के मन में उठे अनगिनत सवाल हैं। प्रेम को दीवाना कोई कितना भी कहता रहे, पर

कोई भी प्रेम मन में सवाल तो उपजाता ही है, और तय मानिए प्रेम में उपजे सवाल बहुत टेढ़े सवाल होते हैं, अकसर ऐसे जिनके जवाब नहीं हुआ करते। इसीलिए लोग प्रेम को जीने की बात करते हैं, उसे सागर कहते हैं, जिसमें जो तिर गया, वो तिर गया और जो डूबा, सो डूबा। न तिरना आसान न डूबना...! इक आग का दरिया और डूब के जाना है। इसमें डूब नहीं जाना, बल्कि डूब के जाना है! प्रेम को जीते हुए, उसके लिए मरते हुए जाना।

चरैवेति...चरैवेति...

अगली पंक्तियाँ सच कहें तो प्रेम का आदर्श है—मछली-सा प्रेम। मछली लहरों से प्रेम करती है पर उसमें फँसती नहीं...तिरती चली जाती है, लहरों के हिंडोलों में। या फिर हवा की तरह—यानी कि प्राण की तरह, जीवन की तरह। बिना हवा के हमारे सीने में धड़कन कहाँ? यानी एक ऐसा प्रेम जो बाँधे नहीं, अपने होने भर से जीवन दे, वैसे ही जैसे मछली के लिए पानी और सीने (जीने) के लिए हवा। कवि आश्वस्त है अपने प्रेम के सन्दर्भ में और इसीलिए कहता है कि उसी तरह तुम प्रेम करो, जैसे मैं तुम्हें करता हूँ—मुक्त और जीवनदायी... सहज-सहल प्रेम।

प्रेम के बारे में यह कहना जितना आसान उतना ही दुष्कर। सहज-सहज सब कोई कहै सहज न चीन्है कोई! यह जो सहजता है उसी को साधना मुश्किल। ऐसा प्रेम बिना कामना के ही किया जा सकता है—ज्यों पुहुपन में बास की तरह।

स्याही में घुलकर आसमान में लिखा जाना—यानी कि कोई दुराव-छिपाव नहीं। दर्पण झूठ नहीं बोलता—ऐसा अकसर कहा जाता है। यानी कि कवि अपने मन के दर्पण में स्पष्ट है। उसे कोई भ्रम नहीं। यह आईना प्रेमिका का चेहरा, उसकी आँखें भी हो सकती हैं, जिनसे कहा जा रहा है मुस्कराने को। और उसकी मुस्कान की छाँव में मर जाना चाहता है कवि। इस आईने की ठाँव कहाँ है—कवि में ही। एक बार फिर इसका रेखांकन कि कवि आश्वस्त है अपने प्रेम के प्रति।

एक फूल/ उषा की खिलखिलाहट पहनकर—आशा का संचार करती, तम के पर्दे खोलती पंक्ति। जैसे सूरज की किरण के संग जीवन का प्रकाश हुआ हो, ऐसा जीवन जिसमें कोमलता भी है और सुगंध भी। प्रेम का वर्णन करते हुए फूल और काँटे का सहसम्बन्ध बहुत लोकप्रिय है। किन्तु कवि, पाठक के मन में कोई शंका छोड़ना नहीं चाहता, वह बताता है कि फूल में इतनी लम्बी जुल्फ थी कि उसके साए में वह सारे तापों से दूर था, जमीन पर पैर खो गए थे, यानी कि दीन-दुनिया से बेखबर हो गया था कवि अपने इस प्रेम के कारण। उस फूल ने सारे तारों को (रात्रि के उपमानों को) छिपा दिया था और जीवन से रात की कालिख मिटा, उसे सुगंधित-सुवासित कर दिया था। सुवास पर इतना बल महत्त्वपूर्ण है। पहले भी लिखा

है—ज्यों पुहुपन में बास...प्रेम की सुगंध हर ओर फैलती है, उसी तरह जैसे किरणों की रोशनी। कितने भी बादल हों आसमान में, दिन का होना पता चल ही जाता है। उसी तरह प्रेम छिपाए नहीं छिपता।

अगली पंक्तियों में एक 'तुम' का आगमन होता है। यह तुम तीसरा-सा प्रतीत हो रहा है इन पंक्तियों में। पर है क्या...जब प्रेम में कवि, प्रेमिका के भीतर साँस की तरह बस गया है, तब वह खटकता है, उस तीसरे के सीने में। कवि सिजदा करना चाहता है, प्रेमिका/ प्रेम पात्र के चरणों में, पर वे पाँव तो उसकी आँखों को लिए लिए दिशा बदलकर चले गए। आँखों को लिए माने, अब उसे देखना सम्भव न था, वह ऐसी दृष्टि-ओझल हुई, कि कवि अन्धा हो गया। यह पढ़ते हुए सूरदास की याद हो आती है। कहते हैं कि कृष्ण के उस अप्रतिम सौन्दर्य को देखने के बाद ही सूरदास ने आँखें फोड़ ली थीं। प्रेम का ऐसा असर कि कुछ और देखने की इच्छा ही न हो। आखिर कवि उसकी साँस बन उसकी बूँदों में बस गया था—बूँदें—यानी कि प्रेमपात्र के वजूद का हिस्सा हो गया था। तभी तो सिजदे में झुका। इतना प्यार कि प्रेम पात्र खुदा हो जाए। और फिर मिले भी न...प्रेम के वियोग में बदलने की सतत पीड़ा! भला कोई खुदा से मिल सकता है, बिना नबी/पैगंबर हुए! किन्तु प्रेम का तो नियम ही है कि द्वैत बना रहे। बिना द्वैत के प्रेम कैसा?

अगली पंक्तियों में उस तीसरे का क्रमशः विलोप हुआ जाता है। ऐसा लगता है कि जो प्रेमपात्र है, वही तीसरा भी है। आपको नहीं लगता कि हर दो के प्रेम में तीसरा उन्हीं दो में बसा होता है। हममें से सभी में एक तीसरा मौजूद है। वही सारे प्रेम को आच्छादित किए रहता है। यह तीसरा शक भी हो सकता है, और भ्रम भी, किसी अन्य के आ धमकने की आशंका भी।

कवि अपने प्रेम के प्रति इतना आश्वस्त है कि वह उसे रोशनाई (स्याही) से आसमान पर लिख देने का हिमायती है—उसने अपने प्रेम का इजहार यूँ किया कि वह खुला लिफाफा हो गया, जिसे कोई भी पढ़ सकता था। यानी कि उसका प्रेम सब ओर उजागर था।

क्या यही उसकी कमजोरी रही?

उसके लिए प्रेम किरण का फूल था—सुवासित...यानी कि उसके प्रेम पर यह बात खरी उतरती थी—इश्क और मुश्क छिपाए नहीं छिपते!

खुला लिफ़ाफ़ा, जिसमें कुछ (रहस्यात्मक) न था और इसीलिए त्याज्य माना गया। जो इतना सहज था कि उसे देखा-समझा ही न जा सका। यूँ ही मिल जाने वाला यूँ भी 'टेकेन फ़ॉर ग्रांटेड' जैसा होता है...उसकी अहमियत वह नहीं होती, जिसे प्रयत्नपूर्वक प्राप्त किया जाए, जिसके खो जाने का डर मन में बना-बसा रहे। जो खुद-ब-खुद आ गया है, उसे तो रहना ही है, चाहे कोई किसी भी तरह का व्यवहार करे। कितना ही उसे अपमानित करे...

अगले छंद में शाम के पानी में डूबते पहाड़ों की गमगीन मुस्कान पर ध्यान दें। हल्का धुँधलका और पानी में डूबती परछाइयाँ...और सलेटी होतीं। गम से जड़ी मुस्कान में चमक नहीं, हल्का सलेटीपन होता है।

रंगों के जादूगर हैं शमशेर...याद है न उनकी कविता—एक नीला आईना बेठोस-सी यह चाँदनी...

या फिर 'उषा' पढ़ें—

> प्रात नभ था बहुत नीला शंख जैसे
> भोर का नभ
>
> राख से लीपा हुआ चौका
> [अभी गीला पड़ा है]

एक बार फिर लिखने से खुद को रोक नहीं पा रही कि शमशेर कविता में भी चित्र बनाते हैं। वे बहुत सजग कवि हैं। भावों में रंग भर देने की कला में सिद्धहस्त!

अब कविता पर दाद देने की बात। हमने देखा है कि कई बार लोग अपनी बात ही कहते रहते हैं, आपकी बात सुने बिना। वे आपकी बात से शुरू कर अपनी बात पर आ जाते हैं, और वहीं टिके रहते हैं। किन्तु प्रेम में डूबा मन भी इसे अपनी कविता पर दी हुई दाद मानता रहा। जिस रंग में लपेटा उसी में लिपटता चला गया। यानी कि जैसा तुमने चाहा, वैसा मैं बना किया और जब तुम मुझे जलाने-मिटाने पर तुले तो वह भी अच्छा ही लगा। क्योंकि प्यार में कभी-कभी ऐसा भी होता है... यानी कि सब कुछ सर-माथे!

अब प्रेम की खुशबू की बात सुनें। खुशबू पलकों में इशारों की तरह बस गई है। और आँखों में गड़ गई है—तिरछी...याद आई आपको सूर की कविता, जिसमें हृदय में श्याम की छवि तिरछी गड़ गई है, जिसे निकालना आसान नहीं। इसी तरह नाम की स्पेलिंग तिरछी बसी है नयनों में। क्या बात! परम्परा से जुड़ने का इतना सुन्दर तरीका। आधुनिक कविता में सूर भाव!

कोई भी बड़ा कवि खुद को अपनी विरासत से जोड़ता है। शमशेर की यह प्रेम कविता भला सूरदास से खुद को जोड़े बगैर कैसे पूरी हो सकती थी। कृष्ण आद्य प्रेमी हैं और राधा प्रेमिका। सूर उस प्रेम के अमर गायक।

यहाँ पुन: मैं मृत्यु को पढ़ रही हूँ। गौर कीजिए मृत्यु की स्पेलिंग-वर्तनी पर। अजीब-सा घुमाव-किन्तु कितनी कलात्मक संयोजना। ऊपर कहा भी है कि यह कविता मुझे मृत्यु को सम्बोधित कविता भी लगती है। प्रेम और मृत्यु की द्वंद्वात्मकता को भी पढ़िए।

अगला छंद फिर से एक दृश्य उत्पन्न करता है—नाटक के दृश्य जैसा—दाँत

में दूब के तिनके की नोक का चिपका रह जाना। क्या ऑब्जर्वेशन है—याद में दाँत में दूब का तिनका चिपका रह गया...बात पिकनिक की है—एक सहज आनन्द के समय की! गोया तिनके की ओट से देखा हो प्रेमिका ने पहले-पहल...फिर वह ओट गायब हो गया किन्तु याद में वही छवि बसी रह गई, क्योंकि प्यार बीच में ही छूट गया। कितना दुःख...कैसी वेदना! अब वह दाँत में चिपकी दूब कवि के नींद में गड़ती है। आह—मुझको न मिला रे कभी प्यार!

जयशंकर प्रसाद की यह कविता जरा याद करें—

चित तृषित कंठ से तृप्त विधुर
वह कौन अकिंचन अति आतुर

धीरे से वह उठता पुकार
मुझको न मिला रे कभी प्यार

शमशेर की इस कविता में यह चीत्कार बार-बार सुनाई पड़ती है—बावजूद उनकी सधी काव्य रचना के!

भले ही कवि अपने प्रेम के प्रति अब भी आश्वस्त है। उसे ईर्ष्या नहीं है, इसलिए वह ईर्ष्यादग्ध होकर बार-बार मरता नहीं बल्कि वह और सृजन कर रहा है। प्रेम ने उसे अमर कर दिया!

यह प्रेम का वह रूप है, जो प्रतिदान नहीं माँगता, अपने प्रेम में ही मगन रहता है...

बहुत कम शब्दों में बोलने वाले, इशारों में ही कह देने वाले कवि शमशेर जब 'टूटी हुई बिखरी हुई' लिखकर अपनी रचनाशीलता के अमर होने की घोषणा जैसी करते हैं तो वे गोया व्यक्ति से बहुत दूर चले जाते हैं—एक विराट का हिस्सा बन जाते हैं, जिसमें ईर्ष्या नहीं किन्तु खुद को साबित करने की अदम्य इच्छा है। यह रचनात्मकता भी है और प्रेम की आध्यात्मिकता भी—टू ट्रांसेंड...

यानी कि इस प्रेमकथा में बीते हुए कुछ लम्हे थे, उदास भी और रंगीन भी...

उसमें कोई न था। सिर्फ बीती हुई
अनहोनी और होनी की उदास
रंगीनियाँ थीं। फकत।

तो कवि ने प्रेम किया लिखा, क्या उसी अन्दाज से कि जिसमें कि 'बात बोलेगी हम नहीं/ भेद खोलेगी बात ही...'?

मेरे मन ने कहा किया कि यह प्रेम उसी तरह का प्रेम है, जिसे कबीर इन शब्दों में व्यक्त करते हैं—

प्यंजर प्रेम प्रकासिया अन्तरि भया उजास
मुख कस्तूरी महमही बानी फूटी बास...

कविता के बिम्बों को सराहिए। उसमें छिपे रंगों में रँग जाइए। प्रेम पढ़िए और टीस को महसूसिए और फिर रचनात्मकता में डूब जाइए—वहीं से जीवन-सागर तिरा जा सकता है।

मरने के बहाने रहने के उपाय पूछती

(श्रीकांत वर्मा की कविता—'हस्तक्षेप')

कोई छींकता तक नहीं
इस डर से
कि मगध की शान्ति
भंग न हो जाए,
मगध को बनाए रखना है, तो,
मगध में शान्ति
रहनी ही चाहिए
मगध है, तो शान्ति है

कोई चीखता तक नहीं
इस डर से
कि मगध की व्यवस्था में
दखल न पड़ जाए
मगध में व्यवस्था रहनी ही चाहिए
मगध में न रही
तो कहाँ रहेगी?
क्या कहेंगे लोग?
लोगों का क्या?
लोग तो यह भी कहते हैं
मगध अब कहने को मगध है,
रहने को नहीं

कोई टोकता तक नहीं
इस डर से

कि मगध में
टोकने का रिवाज न बन जाए
एक बार शुरू होने पर
कहीं नहीं रुकता हस्तक्षेप—

वैसे तो मगध निवासियों
कितना भी कतराओ
तुम बच नहीं सकते हस्तक्षेप से—
जब कोई नहीं करता
तब नगर के बीच से गुजरता हुआ
मुर्दा
यह प्रश्न कर हस्तक्षेप करता है—
मनुष्य क्यों मरता है?

इतिहास में कभी श्रेष्ठ रहा कोई स्थान कैसे एक व्यापक व्यवस्था का प्रतीक बन जाता है, एक ऐसी व्यवस्था जो कभी श्रेष्ठ व्यवस्था के रूप में प्रसिद्ध थी, किन्तु जो क्रमश: अन्दर ही अन्दर खोखली होती रही है, लेकिन जिसे ताकतवर दिखाने के लिए सत्ताएँ ही नहीं बल्कि वहाँ के बाशिंदे तक एकमति हो जाते हैं। यानी कि जो उस व्यवस्था से लाभ उठा रहे हैं, जिनके हित के लिए वह बनी हुई है, केवल वही नहीं बल्कि लगता तो यही है कि जैसे उस व्यवस्था की निरन्तरता में ही सबकी—उनकी भी, जो परेशान हैं, रजामन्दी है। जिनका हित साधन कर रही है वह व्यवस्था, उसे तो इसकी निरन्तरता बनाए रखनी ही चाहिए किन्तु बाकी लोग क्योंकर उस ढह रही व्यवस्था की सड़ाँध से अनजान बने रहना चाहते हैं, उन शुतुरमुर्गों की तरह जो रेत में सर घुसाकर सोचते हैं कि खतरा नहीं है, या फिर उन कबूतरों की तरह जो आँखें मूँदकर बिल्ली को अनदेखा कर देते हैं, यह सोचने की बात है। इसी सन्दर्भ में श्रीकांत वर्मा की कविता 'हस्तक्षेप' आज हमें बाध्य कर रही है कि उसे पढ़ा जाए...बार-बार...मगध की अन्य कविताओं के साथ... और अलग अकेले भी!

जब भी मैं 'मगध' का नाम लेती हूँ या मगध के बारे में सोचती हूँ तो मुझे जवाहरलाल जी के जीवन से जुड़ी एक घटना याद आ जाती है। पहले तो बेसाख्ता हँसी छूटती थी पर इन दिनों मैं व्यथित-व्याकुल हो जाती हूँ। आजादी के बाद की बात है। नेहरू जी पटना गए थे, किसी सभा को सम्बोधित करने। गांधी मैदान और बला की भीड़। लोग नेहरू जी को न केवल सुनना चाहते थे, बल्कि नजदीक से देखना और मौका मिलने पर उन्हें छू तक लेना चाहते थे। क्या इसके पीछे उन

आम भारतवासियों की यह मंशा थी कि वे इस बात की ताईद कर लें कि यह आदमी सचमुच उन्हीं की तरह का हाड़-मांस का प्राणी है, किसी दूसरे ग्रह से आया 'एलियन' नहीं? जब नेहरू जी के बोलने की बारी आई तो उनका स्वागत करते हुए बाबू जगजीवन राम ने कहा कि वे नेहरू का स्वागत चन्द्रगुप्त मौर्य के मगध में कर रहे हैं, सम्राट अशोक के मगध में कर रहे हैं आदि..। बाबू साहब विस्तार से नेहरू का स्वागत करना चाहते थे, और इधर जमावड़ा अपने प्रिय नेता को सुनने के लिए बेताब हो रहा था। कुछ लोग बाकायदा मंच पर चढ़ने की और नेहरू के नजदीक आने की चेष्टा में थे। घनघोर अव्यवस्था की स्थिति थी। नेहरू जी ने अपनी बात शुरू ही इससे की, 'जगजीवन बाबू ने कहा कि वे उनका स्वागत सम्राट अशोक के मगध में कर रहे हैं, किन्तु मुझे तो लगता है कि मैं जरासंध के मगध में खड़ा हूँ!' यह सुनना था कि बेकाबू भीड़ को मानो साँप सूँघ गया। लोग एकदम चुप हो गए। लोग सकते में थे कि उनकी हरकतों ने उनके प्रिय नेता के मन में कितनी खराब छाप छोड़ी थी!

जरासंध का मगध...

महाभारतकालीन योद्धा, कंस के ससुर, जरासंध का मगध वही मगध था न, जिसने तमाम विरोधी राजाओं को कारागार में डाल दिया था। यानी कि जिसे मतान्तर बिलकुल स्वीकार न था। जरासंध का शाब्दिक अर्थ होता है, जरा (बुढ़िया) द्वारा जोड़ा गया किन्तु इसका जरा भावार्थ देखें—यह व्यक्ति या सत्ता उसी से जुड़ेगा/जुड़ेगी, जो उसके अनुकूल-अनुरूप हो। और अगर उसे विपरीत विचारों से जोड़ा जाए, तो वह नष्ट हो जाएगी।

ऐतिहासिक दृष्टि से मगध बुद्धकालीन समय में एक शक्तिशाली राजतंत्रों में से एक था। यह दक्षिणी बिहार में स्थित था जो, कालान्तर में उत्तर भारत का सर्वाधिक शक्तिशाली महाजनपद बन गया। चौथी शती ई.पू. में मगध के शासक नव नन्द थे। इनके बाद चन्द्रगुप्त मौर्य तथा अशोक के राज्यकाल में मगध की शक्ति अपने उच्चतम गौरव के शिखर पर पहुँची और मगध की राजधानी पाटलिपुत्र भारत भर की राजनीतिक सत्ता का केन्द्र बिन्दु बनी। मगध का महत्त्व इसके पश्चात् भी कई सदियों तक बना रहा और गुप्त काल के प्रारम्भ में काफी समय तक गुप्त साम्राज्य की राजधानी पाटलिपुत्र में ही रही। गुप्तवंश के पतन के साथ ही मगध का पतन भी हो गया।

श्रीकांत वर्मा की कविता 'हस्तक्षेप' को पढ़ते हुए लगा कि एक बार जरा मगध के बारे में भी जान लिया जाए। बिम्बसार, चन्द्रगुप्त और अशोक के मगध के साथ-साथ जरासंध के मगध के बारे में भी। इतना तो हम जानते ही हैं कि मगध जितना इतिहास में है, उतना ही मिथक में भी। श्रीकांत जी ने कविताओं के कथा

बिन्दु, वातावरण और शब्दावली उस ऐतिहासिक/मिथकीय मगध से उठाए हैं, पर कविताएँ सिर्फ उस अतीत के मगध की बात नहीं करती, वे गजब का अर्थ विस्तार करते हुए समकालीन राजनैतिक और सामाजिक स्थितियों पर गहरा प्रहार करती हैं। यदि वे इतिहास और मिथक तक सीमित रहतीं तो श्रीकांत जी की मगध में संकलित कविताएँ हमें गाहे-बगाहे यूँ याद न आतीं और वे मुहावरा तो कतई न बनतीं। आज हिन्दी का थोड़ा भी पढ़ा-लिखा व्यक्ति अचानक कह उठता है—

'कोसल अधिक दिन नहीं टिक सकता
कोसल में विचारों की कमी है।'

या फिर ये पंक्तियाँ—

'यह वह मगध नहीं
तुमने जिसे पढ़ा है
किताबों में
यह वह मगध है
जिसे तुम
मेरी तरह गँवा
चुके हो।'

यह गँवाना क्या है?और वह कौन-सा मगध है, जिसे हम गँवा चुके हैं? क्या हम उस मगध को पुनः पा सकते हैं? यह नॉस्टेल्जिया है या संकल्प?

तो मगध की यात्रा—शिखर से पराभव तक की यात्रा है। पराभव काल में कोई भी सत्ता अपनी पकड़ को मजबूत करती है, विरोधियों को दबाकर, उनकी आवाज का गला घोंटकर! होता यह है कि आम लोग डर से चुप हो बैठते हैं और हर तरह के अत्याचार को इस आशा से झेलते हैं कि शायद देववश एक दिन सब सही हो जाएगा। किन्तु सही होता है—विरोध से स्वरों के गूँजने पर...सत्ताएँ विरोध होने पर विद्रोह के भय से ही बदलती हैं या यह कहें कि विद्रोह उन्हें बदल डालता है!

इन कविताओं में मगध उस लगभग आदर्श शासनतंत्र की फैंटेसी की तरह है, जिसमें अनेक विचारों का, विरोधी विचारों का भी स्वागत है। आमतौर से राजसत्ताएँ जिस धर्म, विचार की समर्थक होती हैं, उससे इतर कुछ भी राष्ट्रद्रोह के दायरे में आने लगता है। सत्ता खोज-खोज कर विरोधियों को खत्म करने लगती है। अपने और अपने जैसों के अलावा सब कुछ सन्देह के दायरे में आ जाता है। अगर कोई एक ही बोले और सब उसके समर्थन में चुपचाप सिर हिला दें, तो लग सकता है कि उस राज्य में शान्ति और व्यवस्था कायम है, क्योंकि सब कुछ नियमानुसार, सुचारु रूप से चल रहा दिखता है। चुपचाप। किन्तु अगर एक ही तरह का विचार

मान्य हो तो बहुत जल्दी उसमें सड़ाँध पैदा हो जाती है। तालाब में पानी नहीं बदलने से वह बदबू मारने लगता है, बहने वाली नदी नित्य नवीन रूप धारण करती है।

अब चलिए कविता पढ़ी जाए—

कविता शुरू ही होती है छींक से (जैसे किसी ने छींक दिया हो और सब कुछ रुक/ (रोक दिया) गया हो!) : छींक माने बाधा—रुकावट। तो छींकना माने यथास्थिति में बाधा। यानी कि जो काम होता चला जा रहा है, बिना प्रश्नचिन्हित किए सदियों से, उसे कोई टोककर रोक दे! कोई भी व्यवस्था 'शान्ति' चाहती है। यहाँ 'शान्ति' शब्द पर ध्यान दें। यहाँ सचमुच के सन्तोष वाली शान्ति की बात नहीं हो रही, कि सब सन्तुष्ट हैं इसीलिए शान्ति है। बल्कि यहाँ बात हो रही है, उस शान्ति की, जो सन्तोष हो या असन्तोष एक जैसी बनी रहती है, कोई अपना मन/मत प्रकट नहीं करता। ऊपर-ऊपर से सब कुछ सामान्य दिखाई पड़ता है। लोग चुपचाप स्थितियों को स्वीकार कर लेते हैं। उसी को अपना भाग्य मान लेते हैं। कोई छींकता नहीं, कोई चीखता नहीं। चीख माने अस्वीकार या गुस्सा। तो कोई किसी बात के खिलाफ अपनी असहमति जताने के लिए भी चीखता नहीं है। क्योंकि मगध 'व्यवस्था' का पर्याय हो चुकी है और 'व्यवस्था' माने जैसा चल रहा है, उसे सुचारु, और अधिक सुचारु रूप से चलाते रहने की कवायद! मैंने कवायद शब्द का प्रयोग समझ-बूझकर किया है। कवायद में एक तरह की यांत्रिकता व ठंडापन होता है। श्रीकांत जी 'व्यवस्था' का प्रयोग उसी यांत्रिकता को, व्यवस्था के ठंडेपन को रेखांकित करने के लिए कर रहे हैं। यानी हर काम वैसे ही करने की कोशिश जैसे कि वह होता आया है। उसमें किसी तरह के बदलाव की गुंजाइश नहीं, क्योंकि बदलाव किसी वैकल्पिक सोच की स्थिति को प्रकट करते हैं, अव्यवस्था उत्पन्न करते हैं और 'मगध' व्यवस्था का प्रतीक है, और उस व्यवस्था से किसी तरह का समझौता नहीं किया जा सकता। इन पंक्तियों को पढ़ते हुए मुझे वैज्ञानिक प्रबन्धन (साइंटिफ़िक मैनेजमेंट) के जनक फ्रेड्रिक विन्स्लॉ टेलर याद आ गए। 19वीं सदी के अन्त और 20वीं सदी की शुरुआत में टेलर ने कारखानों में काम के विश्लेषण और संश्लेषण के आधार पर समय व गति का अध्ययन करते हुए मजदूरों से ज्यादा से ज्यादा काम कम से कम समय व ऊर्जा के खपत में कैसे करवाया जाए, इसका अध्ययन व सैद्धान्तिकीकरण किया था। एक मजदूर लगातार एक ही काम करता हुआ इतना दक्ष हो जाता था, कि वह मशीन पर काम करते हुए स्वयं मशीन में तब्दील हो जाता था। सत्ताएँ अपने सिस्टम द्वारा अपने कर्मचारियों को ऐसे ही मशीन में बदलती हैं। और वे मशीनें फिर सारी जनता को मशीन बनाने में तुल जाती हैं। 'मगध' अपनी व्यापकता में इसी यांत्रिकीकरण का, रोबोकरण का प्रतीक है!

अगली पंक्तियाँ गोया कविता का अगला परिदृश्य उत्पन्न करती हैं। अगर शान्ति और व्यवस्था न हो, तो लोग क्या कहेंगे। ये कौन लोग हैं जो कहेंगे कि मगध में व्यवस्था न रही तो कहाँ रहेगी? ग़ौर कीजिए ये लोग यथास्थितिवादी लोग हैं, जो चाहते हैं कि मगध ऐन वैसा ही चलता रहे, जैसा चलता आया है। किन्तु उसकी अगली ही पंक्ति, जो, यूँ तो पिछली पंक्ति का विस्तार लगती है, पर न केवल वह विस्तार नहीं है, बल्कि कविता में बिलकुल नया स्वर उत्पन्न करती है। ये लोग बोलते हैं तो बिलकुल अलग बात, सच कहें तो अभी तक कही जा रही बात के बिलकुल विपरीत क्यों कि यह स्वर कह रहा है—

> मगध अब कहने को मगध है,
> रहने को नहीं

यानी कि मगध केवल नाम भर को मगध है, वह वैसा मगध नहीं जो कभी था, या जिसकी परिकल्पना थी। यह वह जगह नहीं जहाँ रहा जा सके। कहने और रहने में कितना फर्क होता है। यानी कि मगध अब बस नाम भर रह गया है।

लेकिन ऐसी बात कहने वाले कि अब मगध रहने की जगह नहीं है, भी मुट्ठी भर ही हैं। वे कह रहे हैं, पर गलत होते देख,रोकना तो दूर वे किसी को टोक भी नहीं रहे, क्योंकि मगध में टोकने वाला भी कोई नहीं है। रोकना और टोकना दो क्रियाएँ हैं। टोकना किसी की गलती पर उसे सावधान करने जैसा काम है, किन्तु रोकना टोकने से आगे का काम—यानी कि काम को रोक देना, न होने देना है। टोकने से जरूरी नहीं कि काम रुक जाए पर रोकने से रुक सकता है। टोकने से कुछ देर को ही सही, व्यवधान की स्थिति उत्पन्न हो सकती है। टोकने से विवाद हो सकता है, जो यथास्थिति को कुछ देर के लिए ही सही, प्रश्नांकित कर देता है। इसीलिए मगध में कोई टोकने वाला भी नहीं, क्योंकि प्रश्न किसी को नहीं चाहिए, सबको मौन सहमति ही चाहिए। अगर टोकने लगें लोग, तो टोकने को रिवाज बनते देर न लगेगी। यहाँ 'रिवाज' शब्द पर ध्यान देने की जरूरत है। हमारे यहाँ का यह रिवाज है, यानी चलन है—चलन माने चलना—यथास्थिति से भिन्न—गति की स्थिति। अर्थात् कोई भी बिना टोके काम न करेगा। वह काम का आकलन करेगा—आकलन माने, मूल्यांकन। मूल्यांकन के लिए एक पैमाना चाहिए, जो हो सकता है, मगध के उस आदर्श से प्राप्त हो, जो वह था, या जिसकी परिकल्पना थी। यहाँ मुझे युक्लिड की सरल रेखा की परिभाषा याद आती है—वह रेखा जिसमें चौड़ाई न हो! अब भला कोई रेखा ऐसी कभी हो सकती है? किन्तु युक्लिड का पैमाना तो उस असम्भव को सम्भव करना ही है। उसी तरह 'मगध' व्यवस्था के आदर्श की ऊँचाई का प्रतीक है! और जब तक 'मगध' की अवधारणा है, तब तक कोई भी व्यवस्था चाहे जितनी भी कोशिश कर ले कि कोई टोके नहीं, कोई चीखे

नहीं, कोई छींके नहीं, कोई न कोई तो उसके विरुद्ध हस्तक्षेप करेगा! कोई जीवित व्यक्ति न करे तो मुर्दा करेगा कि—

तब नगर के बीच से गुजरता हुआ
मुर्दा
यह प्रश्न कर हस्तक्षेप करता है—
मनुष्य क्यों मरता है?

यहाँ हमें नौजवान सिद्धार्थ (गौतम) की बरबस याद आती है—संन्यास से पहले यही तो उनका अन्तिम प्रश्न था—कि मनुष्य क्यों मरता है? और उस मृत्यु से होने वाले चिरविरह के दु:ख के कारण को ढूँढ़ने के लिए ही तो उन्होंने घरबार, स्त्री-पुत्र, राज-पाट सब त्याग दिया था!

यहाँ हम एक बार फिर मगध के सम्राट अशोक के जीवन की ओर पीछे मुड़कर देखेंगे। कलिंग के युद्ध में हुई हजारों मौतों को देखने और स्वयं को उन तमाम मौतों का कारण मानकर अशोक ने बौद्ध धर्म को अंगीकार करके, चंड अशोक से स्वयं को धम्म अशोक में बदला था और राज्यविस्तार के सारे प्रतिमान बदल दिए थे। तो श्रीकांत वर्मा इन दो पंक्तियों के माध्यम से हमें उस अतीत की ओर अनायास लिए जाते हैं, वही अतीत जिसमें उस 'आदर्श' मगध के बीज छिपे हुए हैं!

इन्हीं पंक्तियों में एक गजब विडम्बना भी प्रतिध्वनित होती है। हमारी स्मृति में यह प्रश्न सिद्धार्थ ने पूछा था। यहाँ इस कविता के अन्त में इस प्रश्न को पूछने वाला नगर के बीच से गुजरता हुआ मुर्दा है—

मुर्दा जिससे न बोलने का अन्देशा है, न टोकने का। किन्तु वही प्रश्न पूछ रहा है। गजब विरोधाभासी स्थिति है।

क्या यहाँ कबीर की यह पंक्ति—'साधो यह मुर्दों का गाँव' क्या आपको याद नहीं आ रही?

इस पद में सब मरते हैं—पीर, पैगम्बर, तैंतीस कोटि देवता और यहाँ तक कि चन्दा-सूरज भी! किन्तु एक है जो जीवित रहता है, और वह क्या है—

नाम अनाम अनन्त रहत है
दूजा तत्त्व न होई
कहे कबीर सुनो भाई साधो
भटक मत मरो कोई...

नाम अनाम को मैं 'शब्द-ब्रह्म' पढ़ती हूँ—यानी कि शब्द बचे रहेंगे और उन्हीं में बची रहेंगी—स्मृतियाँ-मगध की! उस आदर्श तंत्र की जिसमें गजब का खुलापन और लचक है। जिसमें समावेश की अथाह सम्भावनाएँ हैं।

वे ही 'शब्द' मुर्दों के गाँव को जिला देंगे। यानी कि अन्तत: शब्द में ही 'हस्तक्षेप' की—परिवर्तन की सम्भावना है। मुर्दे का बोलना माने शब्द से शक्ति पाना, पुनर्जीवन पाना।

श्रीकांत वर्मा की यह कविता बड़े गहरे में हमें एक ऐसे सत्य का साक्षात्कार कराती है, जो सत्ता के जंजाल में कहीं खो-सा जाता है।

एक बात यहाँ नोट करने की यह है कि यह पूरी कविता एक वक्तव्यनुमा (स्टेटमेंट) कविता है। प्रश्न करती कविता—कहाँ, क्या, क्यों? आप अन्त में आकर चौंकते हैं कि इस बार प्रश्न पूछने वाला कोई सिद्धार्थ नहीं एक मुर्दा है। यह मुर्दा श्मशान में जाकर ईहलोक-परलोक के सवाल नहीं पूछता, जैसा कि मुर्दे से अपेक्षित है। वह अकेला पड़ जाने की व्यथा भी नहीं कहता। वह तो एक मूलभूत सवाल पूछता है—मनुष्य क्यों मरता है? माने मरने या मारे जाने का कारण जानना चाहता है और यही सवाल हम मनुष्यों को हर व्यवस्था से पूछना चाहिए!

मरने वाला वृद्ध है—यानी कि जीवन भरपूर ढंग से जीकर मरा है या अकाल मृत्यु का शिकार हुआ युवा है या व्यवस्था ने उसे अपना विरोधी मानकर उसे मार डाला है—यानी कि मौत का कारण क्या है?

कविता पढ़ते हुए ऐसा लगता है कि मानो सारी कविता इस एक सवाल के लिए ही रची गई है। एक पूरा वितान खड़ा किया गया है, कि आप व्यवस्था से मूलभूत सवाल पूछें, उसे इधर-उधर उलूल-जुलूल भ्रम फैलाने का मौका न दें! उससे ठेठ कारण पूछें और उसका पड़ताल करें। जान लें कि—

> मगध अब कहने को मगध है,
> रहने को नहीं

और फिर सवाल पूछकर उसे फिर से रहने लायक बनाएँ।

इस पूरी रचना में कविता के दो क्षण हैं—एक तो यही कहने-रहने वाली पंक्तियाँ और दूसरा अन्तिम निर्णायक प्रश्न पूछती पंक्तियाँ।

किसी भी 'मगध' में मशीनीकरण करने और प्रश्न पूछने की आदमीयत वाले, दोनों तरह के बीज होते हैं। सवाल यह है कि आप किस बीज में खाद-पानी डालते हैं... किसे वृक्ष बनाते हैं...

श्रीकांत वर्मा को प्रश्न पूछता मनुष्य चाहिए—हस्तक्षेप करता मनुष्य चाहिए! ताकि मगध मगध बना रह सके—रहने के लिए एक जगह!

भाषा को सहूलियत से प्रयोग करना सिखाती

(कुँवर नारायण की कविता—'बात सीधी थी पर')

बात सीधी थी पर एक बार
भाषा के चक्कर में
जरा टेढ़ी फँस गई।

उसे पाने की कोशिश में
भाषा को उलटा पलटा
तोड़ा मरोड़ा
घुमाया फिराया
कि बात या तो बने
या फिर भाषा से बाहर आए—
लेकिन इससे भाषा के साथ-साथ
बात और भी पेचीदा होती चली गई।

सारी मुश्किल को धैर्य से समझे बिना
मैं पेच को खोलने के बजाय
उसे बेतरह कसता चला जा रहा था
क्योंकि इस करतब पर मुझे
साफ सुनाई दे रही थी
तमाशबीनों की शाबाशी और वाह-वाह।

आखिरकार वही हुआ जिसका मुझे डर था—
जोर-जबरदस्ती से
बात की चूड़ी मर गई

और वह भाषा में बेकार घूमने लगी!
हार कर मैंने उसे कील की तरह
उसी जगह ठोंक दिया।
ऊपर से ठीक-ठाक
पर अन्दर से
न तो उसमें कसाव था
न ताकत।

बात ने, जो एक शरारती बच्चे की तरह
मुझसे खेल रही थी,
मुझे पसीना पोंछती देखकर पूछा—
"क्या तुमने भाषा को
सहूलियत से बरतना कभी नहीं सीखा?"

कुँवर नारायण की कविताओं को पढ़ते हुए हमेशा लगा कि कोई कवि इतनी समसामयिकता और उससे इतना सहज अतिक्रमण दोनों एक साथ कैसे साध सकता है? यह बात मैं पूरी शिद्दत के साथ कहना चाहती हूँ कि उनकी यह विशेषता इक्का-दुक्का कविताओं में नहीं बल्कि अनेक कविताओं में दिखाई पड़ती है! वे नितान्त समसामयिक विषय को उठाते हुए कविता शुरू करेंगे और अगले ही पल हम परम्परा और उससे दूर-आगत तक के भवसागर में खुद को डूबता-उतराता पाएँगे। वे सहज ही एक दीर्घ वितान रच देते हैं—अर्थपूर्ण—सन्दर्भगर्भित!

यहाँ मैं उनकी कविता 'बात सीधी थी पर' को पढ़ रही हूँ।

ध्यान दें पूरी कविता एक लम्बी उपमा है!

जरा सोचें और लिखते हुए मैं स्वयं महसूस कर रही हूँ कि (...इसे मैं लिख कर डिलीट कर चुकी हूँ...लगा बात बन जाएगी पर बनी नहीं!...) कोई भी बात अपने बीज रूप में कितनी सीधी, कितनी सरल लगती है। 'मैं तुमसे प्यार करता/करती हूँ' इन पाँच शब्दों को बोलने में कई बार उम्र कम पड़ जाती है और कई बार ये शब्द खोखल में बदल जाते हैं—अनेक पुनरावृत्तियों के बावजूद! कई बार यह सिद्ध करने में हम तन, मन, धन सब लगा देते हैं।

जैसा कि चौदहवीं सदी के तर्कशास्त्री विलियम ओक्हाम ने कहा है कि सबसे अच्छा सिद्धान्त वही होता है, जो सरलतम हो, वैसे ही इस कविता में कुँवर जी कहते हैं कि 'बात सीधी थी पर' यहाँ इस अधूरी पंक्ति में 'पर' ही सर्वाधिक महत्त्वपूर्ण है क्योंकि सरलतम का गुणगान करने वाले ओक्हाम अगले ही पल यह कहते सुनाई पड़ते हैं कि इस सरलता को साधना विकट है, क्योंकि सरलतम के

मूल में अक्सर विकट (कठिन) होता है। यानी कि मूल विकट है और इसीलिए उसे समझने के लिए उसे इतना खोला-विग्रह/ विच्छेद (याद करें संधि विच्छेद) किया जाता है कि उसका अणु-अणु खुलकर अपने मूलरूप में हमारे सम्मुख आ जाता है। और हम मूल को पकड़े-पकड़े कठिन से कठिन सिद्धान्त को समझ लेते हैं।

किन्तु भाषा का खोल पहनाकर ही तो कोई बात कही जा सकेगी! और वहीं यह मुश्किल पैदा हो जाती है, जिसे महाकवि तुलसीदास ने बहुत सुन्दर ढंग से कहा है—गिरा अनयन नयन बिनु बानी...वैसे तो किसी भी इंद्रिय के पास बानी नहीं है, छोड़ जिव्हा के, किन्तु हाय जिव्हा को भी अगर स्वाद लेकर गुण गाना हो तो उसे भी भाषा की मध्यस्थता लेनी ही होगी...यानी कि भाषा के घुमावदार पेच को तो साधना ही होगा और यही बात कितने सहज ढंग से शमशेर कह जाते हैं—

'बात बोलेगी हम नहीं
भेद खोलेगी बात ही...'

तो बात को, सही-सही यानी कि बिलकुल वही जो आँख ने देखा, जो त्वचा ने महसूस किया या जो स्वाद जीभ ने पाया, या जो मन ने महसूस किया...वही, कहने के लिए भाषा का जितना सहारा लिया गया, बात टेढ़ी होती चली गई...तो बात सीधी थी पर...भाषा के चक्कर में फँसकर टेढ़ी हो गई...जैसे कि कभी-कभी शिशु हो जाता है, गर्भ में आड़ा-टेढ़ा, जिसे निकालने में दाई-माई दोनों पस्त हो जाती हैं (सीज़ेरियन की नौबत आ जाती है।)...पर क्या भाषा को भी काटा-पीटा जा सकता है? बावजूद इसके कि कवि उसे उलट-पलट रहा है, तोड़-मरोड़ रहा है, घुमा-फिरा रहा है...कि वह भाषा से बाहर निकले...किन्तु हुआ क्या कि बात और भाषा दोनों ही और पेचीदा होती चली गईं, वैसे ही जैसे कभी फ़ैज़ अहमद फ़ैज़ ने महसूस किया था—दिल से तो हर मुआमला करके चले थे साफ़ हम/ कहने में उनके सामने, बात बदल बदल गई!!

किन्तु आमतौर पर ऐसे समय पर क्या होता है? बजाय धैर्य धरकर सोच-विचार के बाद उपयुक्ततम समय और शब्द चुनने के, हम भाषा के घुमाओं में समाधान ढूँढ़ते हैं और फँसते चले जाते हैं...अनन्त चक्रव्यूहों में, जिसे कुछ लोग बढ़ावा देते हैं अपनी वाहवाही से। यानी अगर बात ऐकेडेमिक-दार्शनिक न हो, जिसमें महीन से महीन कताई तर्क को और तर्कपूर्ण व प्रभावी बनाती हो, आम बातचीत में मौका-माहौल देखना, उपयुक्त समय का धैर्य से इंतजार करना जरूरी है! अक्सर हम देखते हैं कि कविता के नाम पर नारेबाजी या कोई चुटीला वाक्य लिखकर लोग वाहवाही पा लेते हैं। कुँवर जी कहना चाहते हैं कि कविता न तो

सीधे सीधे कहा गया नारा है न चुटीला वाक्य। उनका सहज वैसा ही है, जैसा कबीर का सहज—*सहज सहज सब कोई कहे/ सहज न चीन्हैं कोय*। कुँवर जी इस अर्थ में विरले ही हैं।

कुँवर नारायण द्वारा प्रयुक्त पद—'धैर्य से समझे बिना' बहुत मानीखेज है, तब और भी जब हम आगे पढ़ते हैं, कि 'चूड़ी टूट गई!' अब यहाँ पेच और पेचकश का गहरा सम्बन्ध देखिए—पेच की चूड़ी टूटी नहीं कि वह कील हो जाती है—कील जिसे ठोंककर टिका दिया तो जाता है, पर जब भी उसे उखाड़ा जाता है, वह अपने साथ लकड़ी का कुछ हिस्सा तोड़ लाती है। अब इस बात को मनुष्यों के बीच सम्बन्ध स्थापित करने से जोड़कर पढ़ा जाए। कवि ने उसे पढ़ा है—'उसमें ताकत न थी, न था कसाव' और चूड़ी के बिना बात गोल-गोल घूमने लगी—वही जिसे हम आमतौर से फेंटना कहते हैं—एक ही बात फेंट रहे हो, आगे क्यों नहीं बढ़ते? गोल-गोल घूमना, कस नहीं पाना—पेच के सन्दर्भ में...। देखिए, कितनी सटीक उपमा—बिलकुल आसपास के जीवन की—पर बात कितनी गहरी, कितनी दूरगामी!

बात ने एक शरारती बच्चे की तरह, कवि से खेलते हुए पूछा कि "क्या तुमने भाषा को सहूलियत से बरतना कभी नहीं सीखा?" भाषा को सहूलियत से बरतना—यानी कि बात को गुन कर अपने मन में पहले स्थिर कर लेना, सटीक शब्दों में भरसक उसे बाँध लेना, कि बात रूपी नाव भव सागर में सहज ही तिर सके...

धैर्य—यह की वर्ड—कुंजी है, जो किसी भी बात को सही-सटीक रखने में मददगार साबित होती है—कमान से निकला तीर और जुबान से निकली बात वापस नहीं लौटती!! और जो बात घाव करे गम्भीर, तो क्या तो रहे भाव और क्या रहे, उसी पर निर्भर सम्बन्ध!

कितनी ही बातें कितने ही अर्थ-सन्दर्भ गुँथे हुए हैं, इस छोटी सी कविता में—सबसे मार्मिक है—'बात' का बच्चे की तरह कवि से खेलना। यहाँ ध्यान करें कि जैसे ही कोई बात हमारे मन में आती है, हम किस कदर व्याकुल हो जाते हैं, उसे कह देने के लिए। चाहे वह बात प्रेम से निस्सृत हो या क्रोध और घृणा से, जितना अधिक भावावेग उतनी अधिक उतावली उसे कह देने की। बच्चे के उतावलेपन से उसे जोड़िए। रवीन्द्रनाथ ठाकुर की कहानी 'काबुलीवाला' की मिनी याद आ गई मुझे तो—"जब से मिनी ने बोलना सीखा है, तब से जागते रहने पर बिना बोले उसने एक पल भी नहीं गँवाया..."

यह कविता कहती है कि भाषा कितनी भी कम जानें बच्चे, वे अपनी बात बिलकुल सटीक ढंग से, बड़ी सहूलियत से कह देते हैं—राजा नंगा है—एक बच्चा ही तो बोला था! बिना निहितार्थ जाने!!

किन्तु हम जैसे-जैसे बड़े होते जाते हैं, चाहे उम्र में या सभ्यता में या दिखावे में या कहें तो साम्राज्य की हवस में ही, भाषा बरतने की सहूलियतें जटिलता के जंजाल में फँसती जाती हैं...जिसे कोई बहादुर शाह ज़फ़र यूँ याद करता है—

बात करनी मुझे मुश्किल कभी ऐसी तो न थी
जैसी अब है तेरी महफ़िल कभी ऐसी तो न थी...

पचखियाँ फेंकता वसन्त-सा बनारस

(केदारनाथ सिंह की कविता—'बनारस' को पढ़ते हुए)

इस शहर में वसन्त
अचानक आता है
और जब आता है तो मैंने देखा है
लहरतारा या मडुवाडीह की तरफ से
उठता है धूल का एक बवंडर
और इस महान पुराने शहर की जीभ
किरकिराने लगती है

जो है वह सुगबुगाता है
जो नहीं है वह फेंकने लगता है पचखियाँ
आदमी दशाश्वमेध पर जाता है
और पाता है घाट का आखिरी पत्थर
कुछ और मुलायम हो गया है
सीढ़ियों पर बैठे बन्दरों की आँखों में
एक अजीब-सी नमी है
और एक अजीब-सी चमक से भर उठा है
भिखारियों के कटोरों का निचाट खालीपन

तुमने कभी देखा है
खाली कटोरों में वसन्त का उतरना!
यह शहर इसी तरह खुलता है
इसी तरह भरता
और खाली होता है यह शहर
इसी तरह रोज रोज एक अनन्त शव

ले जाते हैं कन्धे
अँधेरी गली से
चमकती हुई गंगा की तरफ

इस शहर में धूल
धीरे-धीरे उड़ती है
धीरे-धीरे चलते हैं लोग
धीरे-धीरे बजते हैं घंटे
शाम धीरे-धीरे होती है

यह धीरे-धीरे होना
धीरे-धीरे होने की सामूहिक लय
दृढ़ता से बाँधे है समूचे शहर को
इस तरह कि कुछ भी गिरता नहीं है
कि हिलता नहीं है कुछ भी
कि जो चीज जहाँ थी
वहीं पर रखी है
कि गंगा वहीं है
कि वहीं पर बँधी है नाव
कि वहीं पर रखी है तुलसीदास की खड़ाऊँ
सैकड़ों बरस से

कभी सई-साँझ
बिना किसी सूचना के
घुस जाओ इस शहर में
कभी आरती के आलोक में
इसे अचानक देखो
अद्‌भुत है इसकी बनावट
यह आधा जल में है
आधा मंत्र में
आधा फूल में है

आधा शव में
आधा नींद में है

आधा शंख में
अगर ध्यान से देखो
तो यह आधा है
और आधा नहीं भी है

जो है वह खड़ा है
बिना किसी स्तम्भ के
जो नहीं है उसे थामे है
राख और रोशनी के ऊँचे ऊँचे स्तम्भ
आग के स्तम्भ
और पानी के स्तम्भ
धुएँ के
खुशबू के
आदमी के उठे हुए हाथों के स्तम्भ

किसी अलक्षित सूर्य को
देता हुआ अर्घ्य
शताब्दियों से इसी तरह
गंगा के जल में
अपनी एक टाँग पर खड़ा है यह शहर
अपनी दूसरी टाँग से
बिलकुल बेखबर!

बनारस—एक पुराना, संसार का सबसे पुराना, निरन्तर बनता-बदलता चला आ रहा शहर। वह शहर जो अपनी पहचान को बनाए रखे है, सैकड़ों सालों से। वह बदला है, पर क्या सच में? वहाँ रहने वाले एक साथ ही अपने भीतर एक पूरा अतीत, एक पूरी संस्कृति को समेटे रहते हैं, बिलकुल बनारसी ठसक के साथ और नए के प्रति कभी शंकित तो कभी किंचित् जागरूक भी। तभी तो आचार्य हजारीप्रसाद द्विवेदी बिलकुल सहज भाव से कहते हैं—"संस्कृति में सब कुछ अविशुद्ध है, शुद्धता बस बात की बात है।" यानी कि नए को कुछ ऐसे ग्रहण करो कि वह पानी में पानी-सा मिल जाए...ठीक गंगा की तरह! सच कहूँ तो बनारस और गंगा पर्याय हैं—जाने कितनी संस्कृतियों का सम्मिलन स्थल, पर फिर भी बनारस बनारस है और उसी तरह जैसे जाने किन-किन नदियों-नालों का जल मिल जाए पर गंगा रही गंगा ही!

केदार जी ने बहुत सही विशेषण का प्रयोग किया है—'बहुत पुराने महान!' और नयापन इस महान पुराने शहर की जीभ को किरकिरा देता है...यानी सहज ग्राह्य नहीं...नए को अपने लिए जगह बनानी पड़ती है—जगह के लिए संघर्ष करना पड़ता है।

इस शहर में वसन्त
अचानक आता है

वसन्त माने नए की शुरुआत। नव गति नव लय ताल छंद नव...की तरह। हम यह भी याद करें कि सर्दी बीतते न बीतते कितनी तेज हवाएँ चलने लगती हैं और गुनगुनी सर्दी में उन हवाओं के साथ धूल का उड़ना आम बात है, बशर्ते कंकरीटों के जंगल में न रह रहे हों हम।

यह तो हुई भौगोलिक स्थिति, गंगा के मैदानों की, किन्तु क्या यहाँ कविता की आरम्भिक पंक्तियों में यही बात कही जा रही है? जरा गौर कीजिए कि ये धूल के बवंडर उठ कहाँ से रहे हैं—लहरतारा माने कबीर के जन्म स्थान और मडुआडीह माने वह जगह जहाँ के लिए उत्सुकता हरेक के मन में होती है, पर बात करने की हिम्मत कम में, स्वीकार तो शायद कोई विरला ही करता होगा। समझ ही गए होंगे आप—वेश्याओं का स्थान। इस स्थान ने बनारस को खूब चुनौती दी और संस्कृति भी। यह संयोग ही है कि मडुआडीह के निकट बनारस हिन्दू विश्वविद्यालय भी है! यानी कि नई सोच, नई दृष्टि,नए आन्दोलन के शुरुआत की जगहें, जिनका विरोध किया पुराने शहर ने, पुरातन पंथियों ने। कबीर को काशी के ब्राह्मण और मुल्ला दोनों ने दुत्कारा। अनन्तदास ने लिखा है कि सिकंदर लोदी के दरबार में ब्राह्मण और मुल्ला दोनों ने जाकर अपील की थी—

एहि बिधि सब लोक बिगारा
हींदू मुसलमान तें न्यारा
तातैं हमें माने न कोई
जब लग जुलहा कासी होय...

दिखावे-पाखंड के बरक्स कबीर अनुभवसम्मत विवेक की बात करते थे, तो वे पुरातन पंथियों को सुहाते कैसे? तो कबीर की बात यथास्थितिवादियों को धूल के ऐसे बवंडर के समान लगी, जो आँखों में किरकिराती भी है और अपने साथ बारिश की सम्भावना भी लाती है—जल माने जीवन...कुछ नूतन, कुछ सुन्दर! तो परम्परा वादी मुल्ला-ब्राह्मण कबीर का कितना भी विरोध करें, आम जनता तो उनकी बात सुनने लगी थी, व्यवस्था से तर्क करने लगी थी।

नए तर्क लोगों के मन में सुगबुगाहट भर देते हैं और सोच की कुछ नई

पचखियाँ—कोंपलें दिखाई पड़ने लगती हैं। वसन्त में पेड़ों को याद करें...कैसे कैसे ठूँठों में से पचखियाँ रातों-रात फूटने लगती हैं। सब कुछ नया हो जाता है। वसन्त माने प्राणवान। और उससे पहले की सर्दी—मारक। तो जब धर्म, कर्मकांड से आक्रान्त हो गया था, उसे कबीर ने भक्ति के रूप में नए ढंग से प्रस्तुत किया। कबीर के कनिष्ठ समकालीन गागरौन के राजा पीपा ने बहुत सही लिखा है—

> जो कलिनाम कबीर न होते
> तो लोक वेद अरु कलिजुग मिलि करि
> भगति रसातल देते।

कवि, वसन्त की शुरुआत में बनारस के घाट पर मानो चहलकदमी कर रहा है और पाता है कि दशाश्वमेध घाट का पत्थर कुछ मुलायम हो उठा है। कैसे? सूर्य की किरणों के कारण, जो अब धुंध रहित घाट पर सब कुछ आलोक से भर रही हैं। जिससे पत्थरों की ठिठुरन पैदा करने वाली शीतलता कम हो गई है। या फिर वसन्त में झुंड के झुंड आने वाले सैलानियों की वजह से। और इन्हीं वजहों से वहाँ रहने वाले भिखारियों का घर भी रोशन है। उनमें भी जीवन की आशा का संचार हो रहा है।

अब इन पंक्तियों की अर्थान्विति का सौन्दर्य देखें और देखें लय का सौन्दर्य!

> तुमने कभी देखा है
> खाली कटोरों में वसन्त का उतरना!

वाह...जो खाली है उसे भरते देखने का आनन्द अद्भुत होता है। जो भरा है, उससे तो कोई भी सामग्री बाहर गिरेगी। इस खालीपन में पहाड़ों की तलहटी में आते वसन्त का सौन्दर्य भी देखें। सूर्य की किरणों के सम्पर्क में आते ही वहाँ जीवन का जो राग शुरू होता है, उसकी कल्पना करें। कवि समीर वरन् नन्दी के कविता संग्रह का शीर्षक ही है—'तलहटी में वसन्त' पहाड़ के वसन्त से अलग है तलहटी का वसन्त। तो सर्दी खत्म होने का जो सुख निर्धन को होता है, वह समझना बहुत कठिन है उन लोगों के लिए, जो सर्दी में खाते अघाते नहीं और उसके खत्म होने का मातम-सा करने लगते हैं। किन्तु गरीब के लिए सर्दी का जाना ठिठुरन के काँटों से मुक्ति है। अगर उनके वश में ऋतुओं पर रोक लगाना होता तो वे सर्दी को सबसे पहले रोकना चाहते। और इसीलिए वसन्त को जीवन का राग माना जाता है। कवि केदारनाथ अग्रवाल की कविता 'वसन्ती हवा' को यहाँ याद करना समीचीन होगा—

> 'हवा हूँ, हवा मैं
> बसन्ती हवा हूँ।

सुनो बात मेरी—
अनोखी हवा हूँ।
बड़ी बावली हूँ,
बड़ी मस्तमौला।
नहीं कुछ फिकर है,
बड़ी ही निडर हूँ।'

तो यह निडरता है, जिसे कवि देख रहा है। किन्तु कवि इससे भी आगे जाता है। काशी में मृत्यु मुक्ति की गारंटी है। याद करें कबीर का तर्क—जो कासी तन तजै कबीरा तो रामहि कौन निहोरा रे और बचपन की नगरी कासी छोड़कर बुढ़ापे में मगहर जा बसने की पीड़ा देखिए—

सकल जनम शिवपुरी गवाया
मरती बार मगहर उठि आया॥
बहुत बरस तप कीया कासी।
मरन भया मगहर को बासी॥

यह वेदना अपने प्रिय शहर को छोड़ने की वेदना है, किन्तु परम्परागत मुहावरे में कही गई है। इसीलिए मरण वाली बात पर बल है।

किन्तु यह सच है कि लोगों में यह धारणा बनी हुई है कि काशी में मृत्यु से लोक-परलोक सुधरता है। वे सीधे शिव नगरी जा पहुँचते हैं। तो, कोई ऐसा दिन नहीं हुआ होगा जब गंगा के घाटों पर शवों का सिलसिला पल-भर को भी थम गया हो। मणिकर्णिका की तो प्रसिद्धि ही इसीलिए है। वहाँ तो जल, अग्नि और आकाश सदा एक-दूसरे को थामे रहते हैं। नया जीवन आता है, पुराना नष्ट होता है, यह क्रम बना ही रहता है। जो भरा है, वह खाली होगा और फिर भरेगा, सृष्टि का यही नियम है और बनारस के घाट इसका सबसे सुन्दर प्रतीक।

जो बनारस जाता है, सृजन उसके लहू में मानो रचने-बसने लगता है। स्वयं मैंने बनारस के घाटों पर 'मणिकर्णिका' शीर्षक से कुछ कविताएँ रची हैं। उनमें से एक है—वही, जिसके कारण केदार जी बनारस को 'महान पुराना शहर' कहते हैं—

यहाँ आग कैसी?
मन घबराया
तत्क्षण लपटों की कौंध में
चमका
'हरिश्चन्द्र'
दूर कोई स्त्री

बिलख रही थी
रोहिताश्व...रोहिताश्व
गंगा बह रही थी
नाव तले ('मोनालिसा की आँखें' से)

पाठ की जा रही अगली पंक्तियाँ बनारस के स्वभाव को व्यक्त करती पंक्तियाँ हैं। बनारस में कोई भी बदलाव बहुत धीरे-धीरे होता है, कुछ इतना धीरे कि बदलाव के क्रम में ही तन-मन उसका अभ्यस्त होता चलता है। और फिर बनारस उसी बदलाव को स्वीकार करता है, जो उसके स्वभावानुसार है। दरअसल कोई भी स्थायी बदलाव स्वभावानुसार एवं धीरे-धीरे होता है। हम सोवियत रूस के विघटन से वाकिफ हैं। क्रान्तियाँ स्थायी बदलाव लाने में प्रायः असफल होती हैं। 'धीरे-धीरे रे मना धीरे सब कुछ होय माली सींचे सौ घड़ा ऋतु आए फल होय...।' दरअसल बनारस का जारी रहना उसके इसी विलम्बित गति के कारण है। टूट-फूट नहीं बल्कि धीरे-धीरे तह दर तह निर्माण। और इस धीरे में सभी शामिल हैं—कवि के शब्दों में 'सामूहिक लय'!

और कवि यह बात अगले छंद में कह भी देता है—

यह धीरे-धीरे होना
धीरे-धीरे होने की सामूहिक लय
दृढ़ता से बाँधे है समूचे शहर को
इस तरह कि कुछ भी गिरता नहीं है
कि हिलता नहीं है कुछ भी

गंगा जिस तरह चिरंतन है, उसी तरह बनारस भी, उसके घाट और वहाँ बँधी नाव भी। तुलसीदास का बनारस के घाट से गहरा सम्बन्ध है। कहा जाता है कि उन्होंने मानस की रचना वहीं की और अस्सी घाट पर ही उनका देहावसान भी हुआ। साहित्य संसार से जुड़ा हर व्यक्ति बनारस में अस्सी घाट पर एक बार तो जाना चाहता ही है। और यह घाट सिरे पर है, जिसे आप चाहें तो अन्तिम कहें, चाहें तो प्रथम। तुलसीदास हमारी जातीय संस्कृति के सबसे बड़े कवि हैं। केदार जी का उन्हें याद करना कहीं न कहीं उनकी इस साध को रेखांकित करता है कि वे भी ऐसी कविताएँ रचें कि वे तुलसी की तरह अमर हो जाएँ। सैकड़ों बरस से तुलसीदास की खड़ाऊँ वहीं रखी है—क्या यह खड़ाऊँ राम के खड़ाऊँ को प्रतिध्वनित नहीं करती। भरत का राम के खड़ाऊँ को सिंहासन पर रखना जिन मूल्यों का परिचायक है, वे आज राजनीति में दुर्लभ नहीं, असम्भव हैं। लेकिन ये खड़ाऊँ कविता के पथ-प्रदर्शक भी तो हो सकते हैं। निराला ने स्वयं तुलसीदास पर कविता लिखी है। उन्हीं की 'राम की शक्तिपूजा' केदार जी की प्रिय कविताओं में से एक थी। उसे पढ़ाते हुए केदार

जी वाल्मीकि रामायण से लेकर, तुलसीदास और कृत्तिवास तक का उल्लेख करना नहीं भूलते थे। वे भारतीय स्वाधीनता संग्राम में गांधी की मूल्यपरायणता को भी रेखांकित करते थे और शक्ति की नई परिकल्पना को सीधे अहिंसा व असहयोग से जोड़ देते थे। दरअसल बनारस के सन्दर्भ में कबीर और तुलसी दोनों को याद करना भक्ति-आन्दोलन के वृहद् आकाश को सामने रख देना है।

बिना किसी सूचना के शहर में पहुँचना, माने बिना अधिक तैयारी या जानकारी के बनारस के घाटों पर पहुँचकर वहाँ की आरती का हिस्सा होना अपने में एक अद्भुत अनुभव है। सैकड़ों दीयों के टिमटिमाते प्रकाश में घाट की इमारतों के हिलते-डुलते बिम्ब सचमुच एक मंत्रजाल-सा बुन देते हैं। चारों ओर से आती मंत्रों की ध्वनियाँ, एक-दूसरे को काटते शब्द-स्वर और वाद्ययंत्र, कल-कल बहती और नावों के रुकने-चलने से नाद उत्पन्न करती गंगा—यह सब मिला-जुला कर ही तो बनारस बनता है। बनारस इन सबमें विद्यमान है, आधा-आधा, चाहे वह गंगा जल हो, या फूल, शव कुछ भी। शव के सन्दर्भ में 'फूल' पारिभाषिक शब्द भी है—'फूल चुनना' के अर्थ में। यहाँ मुझे कबीर के देह का फूलों में बदलना याद आता है। वे फूल जो आधे-आधे दोनों समुदायों ने बाँट लिये!

बनारस जल और थल से मिलकर ही बनता है—माने आधा जल और आधा ही बनारस शहर, आदि। ये सारे तत्त्व मय बनारस के एक पल को अधूरे लग सकते हैं और इनका समुच्चय पूरेपन का सूचक हो सकता है, लेकिन ये अपने आप में पूरे हैं। गंगा का जल पूरा है, पूरे हैं गंगा आरती के मंत्र, फूल, अस्थियाँ, इमारतें, शव, शंख की ध्वनि सब और बनारस भी अपने पूरेपन में एक पूरा शहर है।

यहाँ अनायास ही ईशावास्योपनिषद् शुक्ल यजुर्वेद संहिता का यह श्लोक याद आता है—

> ॐ पूर्ण मदः पूर्ण मिदं पूर्णात पूर्णमुदच्यते।
> पूर्णस्य पूर्ण मादाय पूर्ण मेवावशिष्यते॥

यहाँ बात तो पूर्ण की हो रही है, परन्तु सोचें कि अगर किसी तत्त्व में से कुछ निकाला जाए, तो मस्तिष्क को तो लगेगा न कि कोई क्षति हुई, कुछ कम हुआ, किन्तु पदार्थ के गुणों को देखें तो वह कभी भी पूर्ण से कम नहीं होता। यानी वहाँ आधा कुछ है ही नहीं।

और कविता में हर तत्त्व को आधा बताने के बाद कवि ने कह दिया है—

> अगर ध्यान से देखो
> तो यह आधा है
> और आधा नहीं भी है

यही है परम्परा से गहरा जुड़ाव, जहाँ भाषा केवल आज और अभी की न होकर पूरी परम्परा की वाचिक हो जाती है। कोई भी कविता तभी महान या महत्त्वपूर्ण कविता बनती है, जब उसमें आपकी जातीय स्मृति, आपकी चिन्तन परम्परा और सोच का समावेशन हो जाता है। बनारस ऐसी ही कविता है।

और कवि अगले छंद में बनारस के घाट का बहुआयामी चित्र पाठकों के सामने रख देता है। जल में इमारतें खड़ी हैं, बिना स्तम्भ के, क्योंकि स्तम्भ तो धरती के भीतर है, जल में तो वे प्रतिबिम्बित हैं। उनका प्रतिबिम्ब हिलता है, पर बना रहता है, बिखरता नहीं। कैसे बिखरेगा वह भला, बिखरेगा तो तब जब वह धरती पर बिखरेगा। अग्नि बनारस की गंगा की सहचरी है। वहाँ मरने के लिए, जलने के लिए जाना एक चिरंतन क्रिया है। यह अग्नि चिता में भी है और दीये की लौ में भी। घाटों पर बने मन्दिरों और आरती के धुएँ से आती गंध, शवों के जलने के गंध को मानो ढके रखती है, किन्तु मृत्यु की असम्भाव्यता की व्याप्ति को नकारती नहीं। और ऊर्जा के मूल स्रोत को अर्घ्य देना हमारी परम्परा है। सूर्य को जल...

यही जल जो बादल बनकर वापस धरती पर आएगा, जीवन व नवजीवन देने। कैसा गहरा सम्बन्ध है सूर्य और जल में।

फिर हम पढ़ते हैं कि यह शहर एक टाँग पर खड़ा है, दूसरे के होने से बेखबर...।

यह पढ़ते ही मुझे शिव का तांडव नृत्य याद आया। उसमें आरम्भ में शिव एक पैर पर खड़े हैं...और जब वे दूसरा पाँव जमीन पर रखकर नृत्य करते हैं तो वह उनकी विध्वंसक मुद्रा है। कहते हैं काशी शिव के त्रिशूल पर टिकी है। उसका यूँ अविचलित खड़े रहना और धीरे-धीरे बदलना, नित्यप्रति निरन्तर लगभग अव्यक्त भाव से नवीन होते रहने का प्रतीक है। और यही है उसके बने रहने का कारण भी बना रहता है रस जिसका, वही है बनारस...

धीरे-धीरे और आधा-आधा वाली पंक्तियों को एक बार फिर पढ़िए—उसके लय को साधिए और डूब जाइए एक पुराने शहर और एक नैरन्तर्य को अपने में थामे संस्कृति के प्रवाह में, याद कीजिए बनारस बनारस इसीलिए है कि उसमें कबीर भी हैं और तुलसीदास भी, उसमें जल भी है और मृत्यु भी। एक संस्कृति तभी तक बचती है जब तक वह समावेशी होती है।

कवि केदारनाथ सिंह का बनारस वसन्त की तरह है...चुपके से पंचखिया फेंकता वसन्त, जिसमें बवंडर भी उठता है, तो वसन्त का बवंडर...भीषण गर्मी का अन्धड़ नहीं...

समय को कविता से पहचानने के निकष गढ़ती

(अशोक वाजपेयी की कविता—'कवि')

मैं एक खिड़की खोलता हूँ :
पत्थर में फूटी हैं
जड़ें एक वृक्ष की—
जड़ों में लिपटा है प्राक् अन्धकार
अन्धकार में धीरे-धीरे सरकता है काल।
नदी में बह रहा है खून, आँसू,
सपने और आशाएँ,
नावें शव और फूल—
अपने लदान से झुकी हुई
अदृश्य हो रही है शताब्दी।

तोपें गरज रही हैं, फटते हैं बम,
मौत के घाट उतारी जा रही हैं स्त्रियाँ—
एक बच्चा अनजान
फिर भी, समय की धार पर
बहा रहा है कुछ शब्द, कागज की नाव, अपना भविष्य, उनका अतीत।

चकाचौंध और चौक के हाशिये पर
इतिहास के चिकने चुपड़े भवन के बाहर
वे जो कुछ लोग खड़े हैं
मुझ कवि के साथ
अपनी अपनी जगह पर
मैं उन पर सिर्फ एक खिड़की खोलता हूँ।

हमारे यहाँ समय की अवधारणा वह नहीं है जो पश्चिम में है। यहाँ समय व्यतीत हो अतीत नहीं हो जाता, यहाँ समय चक्रीय है—वर्तुल जबकि पश्चिम में वह लीनियर है माने सीधी खींची लकीर में दौड़ता चला जाता है।

पर अशोक वाजपेयी नाम के एक कवि जो पूरब और पश्चिम को एक साथ देख रहे हैं, जी रहे हैं, जो समय को पीठ दिए नहीं खड़े, उनके सामने शताब्दी का अन्त कैसे प्रश्न खड़ा कर रहा होगा, उनके लिए बीसवीं शताब्दी के क्या मायने होंगे? खासतौर से उस कवि के सामने जो कविता को कुछ यूँ देखने का हिमायती हैं—'कविता समय का विस्तार करती है, उसे सम्पन्न बनाती है...कविता मुक्ति नहीं जिजीविषा है जो जितनी भाषा में है, उतनी ही समय में...'

और भी कि 'कविता को अक्सर समय से पहचानने की कोशिश होती है। समय को कविता से पहचानने का रिवाज नहीं है। वह तब जबकि कविता समय की ऐसी पहचान विन्यस्त करती है, जो अन्यत्र सम्भव नहीं। समय कविता में अपने को ऐसा देख पाता है जैसा कि वह कहीं और नजर नहीं आता, आ सकता।'

ऐसा सोचने-लिखने वाले कवि के लिए शताब्दी के अन्त के निकट होना...

'समय के पास समय'—सन् 2000 में छपे इस संकलन में 'शताब्दी के अन्त के कगार पर' शीर्षक से एक ऐसी लम्बी कविता संकलित है, जहाँ एक ने सात रूप धारण कर लिखा है। रचयिता यूँ तो एक ही है पर क्या सच में वो एक है या उसने सात अलग-अलग रूप धारण किए हैं अपने समय को देखने के लिए! और रूप भी उनके, जो थे...हैं...और रहेंगे किसी न किसी रूप में तब तक, जब तक यह सभ्यता शेष है—कवि, कुम्हार, लुहार, बढ़ई, मछुआरा, कबाड़ी और कुँजड़ा।

यानी परकाया प्रवेश के लिए चुने गए सभ्यता-सर्जक...

प्राणी मनुष्य कहलाया ही तब होगा जब उसने कल्पना से कुछ सिरजा होगा... जब वह मन के अथाह सागर में उतरा होगा...

मन के अथाह सागर में तिरने पर ही तो सभ्यता का बीज पड़ा होगा इस धरती पर...धरती के परे भी...

तो कवि देख रहा है समय को शताब्दियों वाले लेंस से...और उस लेंस के इतर भी क्योंकि खुद कवि के शब्दों में शताब्दी का अन्त नहीं हो रहा वह अन्त के कगार पर है...यानी एक आस्था कि शायद अन्त होने से बच जाए...क्या समय या समय में रह रहे लोग...या कुछ और जो मनुष्य ने अब तक सिरजा है...कुछ ऐसा जो उसे प्राणी से मनुष्य होने में रूपान्तरित करता है...

> बीसवीं सदी माने समाज को, इतिहास को बदल डालने की महत्त्वाकांक्षा
> की सदी...
> बीसवीं सदी माने दिए हुए सत्यों को परखने की सदी...
> बीसवीं सदी माने लोकतंत्र के विजय की सदी...

बीसवीं सदी माने पृथ्वी के गुरुत्वाकर्षण को पछाड़कर आगे बढ़ जाने की सदी...एक अव्यक्त की सम्भावना को फिर से सामने लाने की सदी...एक नए धरातल पर पाँव रखकर खड़े होने की कोशिश की सदी...

> बीसवीं सदी माने सारे जीवन को फर्राटे से नष्ट कर देने वाले भयानकतम सच्चाई की सदी...
> महायुद्धों की सदी...

फासीवादी ताकतों के उत्थान की, पराकाष्ठा तक पहुँचने और हर तरह के विश्वासों को प्रश्नचिन्हित कर देने की सदी...

> भारी असहिष्णुता की सदी...
> साथ ही
> अहिंसा के प्रयोग की सदी...
> विज्ञान एवं तकनीक के उत्थान की सदी...दूरियों को कम कर देने वाली सदी...
> पर्यावरण के प्रति जागरुकता की सदी...
> हाशिये पर रहने वालों के सशक्तिकरण की सदी...
> और भी कई बातें...

कवि अशोक वाजपेयी के सम्मुख ये सब उजागर है तभी तो वे अन्त नहीं कह रहे बल्कि अन्त का कगार कह रहे हैं...यानी कि विश्वासों के दरकने और फिर से पनपने की सम्भावना की सदी...

इस सीरीज़ की सब कविताओं में कवि मौजूद है—'हूँ' के रूप में...सबके अनुभवों को महसूसते, उनकी तरह सोचने का प्रयास करते। और यह कतई अनायास नहीं कि 'शताब्दी के अन्त के कगार पर' सीरीज़ की कविताओं का आरम्भ होता है—'कवि' शीर्षक कविता से। यही स्वाभाविक भी है क्यों सर्वोपरि रचयिता तो यहाँ स्वयं कवि ही है। वही देख रहा है सबको। कवि खिड़की खोलता है और जीवन को देखता है—वृक्ष के रूप में और बच्चे के रूप में। और तरह-तरह के सिरजनहारों के रूप में।

यूँ तो इस पाठ में अन्य रूपों पर भी कुछ चर्चा होगी, किन्तु मुख्यत: यह पाठ 'कवि' शीर्षक कविता पर केन्द्रित रहेगा।

बीसवीं शताब्दी—सपनों और आशाओं की सदी, पर साथ ही—

> नदी में बह रहा है खून, आँसू,
> सपने और आशाएँ
> नावें, शव और फूल—

अपने लदान से झुकी हुई
अदृश्य हो रही है शताब्दी।
तोपें गरज रही हैं
फटते हैं बम,
मौत के घाट उतारी जा रही हैं स्त्रियाँ—

हम जानते हैं कि यूँ तो मनुष्य का इतिहास खून से लिखा गया इतिहास है। यहाँ भोजन और गोधन को लूटने से लेकर कभी धर्म तो कभी सोने (गोल्ड रश) और अन्य जिन्सें तो कभी बाजार के विस्तार को लेकर लगातार युद्ध हुए हैं। और केवल युद्ध ही नहीं हुए, बल्कि रक्त शुद्धि के नाम पर भी जनसंहार और जाति संहार हुए हैं तो हम पढ़ेंगे कि समय की धार में खून है, आँसू तो हैं ही किन्तु इस धार में नावें भी हैं और सपने तथा आशाएँ भी। यदि यह सदी ऑटोमन साम्राज्य तथा नाजियों द्वारा और फिर नागासाकी-हिरोशिमा में परमाणु बम द्वारा किए भीषण रक्तपात की सदी है, क्रान्ति के नाम पर चीन और रूस में लाखों को मार देने की सदी है, शीतयुद्ध के दौरान वियतनाम है तो यह सदी पूँजीवाद और मार्क्सवाद द्वारा सपने दिखाने वाली सदी भी है। इसी सदी में मनुष्य ने आकाश में उड़ना सीखा, रात को दिन के से प्रकाश से उजला कर दिया, उसके पैर चाँद पर पड़े और चिकित्सा आदि क्षेत्रों में बड़ी उपलब्धियाँ हासिल हुईं। इस तरह बीसवीं सदी में खून भी है तो मनुष्य की ऊर्जा का अदम्य विस्तार भी। हम देख रहे हैं कि कवि की दृष्टि अधिकतर विनाश पर है। वह बीसवीं सदी में हुए विनाश से आक्रांत है। कविता में भी वृक्ष है, खिड़की खोलते ही निगाह पत्थर में फूटी वृक्ष की जड़ों पर जाती है पर कवि देख रहा है, उसमें प्राक् अन्धकार। और उसी अन्धकार में काल सरक रहा है। यहाँ प्राक् अन्धकार और काल के प्रयोग पर जरा ध्यान दें। यह अन्धकार ऐसा नहीं है कि उजाला होते ही खत्म हो जाएगा, बल्कि यह मूल अन्धकार—मनुष्य के स्वभाव में बसे श्यामपक्ष की ओर इंगित करता अन्धकार है। उसके लोभ, उसकी हिंसक वृत्तियों की ओर इंगित करता, जिसके चलते, समय काल में बदलता है। यहाँ काल के श्लेष को पढ़ें—समय और काल दोनों को पढ़ें। इसी तरह फूल में फूल भी पढ़ें और हड्डियों के अवशेष भी। कवि ने नाव का प्रयोग किया है, इसीलिए लदान को पढ़ते हुए समय की नाव की कल्पना करें। समय पानी की तरह बह रहा है, इसीलिए उसमें सम्भावना बनी हुई है कि वह खून के धब्बों को धो सके, शव आदि को बहा करके जल को पुनः शुद्ध कर सके। जिस तरह से समय को धारा की तरह देखना कवि-समय का सूचक है, उसी तरह बच्चे की उपस्थिति भी। बच्चा आशा का प्रतीक है, भविष्य का प्रतीक है। बच्चा बीसवीं सदी और उससे पहले हुए युद्ध और हिंसा से अनजान है, इसीलिए वह समय की धार पर कागज की नाव के

साथ-साथ अपनी तोतली जुबान में कुछ शब्द भी बहाता है। कवि की माँग है कि इन पंक्तियों की दृश्यात्मकता को उसकी पूर्णता में देखा जाए। नदी में शव हैं, खून है और उसी में बह रही है कागज की नाव। वहाँ रोने, चीखने की आवाजें हैं तो उसमें तोतली जुबान से कुछ कहने की भी आवाज है, बच्चे की तालियाँ और किलकारियाँ हैं। याद करें कि नाव जरा-सा बहे तो बच्चा किस तरह से कूदने-उचकने लगता है। कितनी उत्तेजना और ऊर्जा से वह भर जाता है। आसपास का सारा वातावरण एक नए उमंग से भरने लगता है, सारी मनहूसियत कुछ देर के लिए दूर हो जाती है। यहाँ पर पुन: अपना भविष्य और उनका अतीत महत्त्वपूर्ण पद-बंध हैं। भविष्य अग्रगामी होता है—वह आगे है और अतीत पश्चगामी। उसे व्यतीत होना चाहिए। बच्चा भविष्य है। अशोक वाजपेयी शब्दों के प्रयोगों के प्रति बेहद सचेत कवि हैं। यहाँ 'शब्द' मानीखेज ढंग से उपस्थित है। शब्दमय बोली मनुष्य की पहचान है और बच्चा उसे सजग-सचेत रूप से प्राप्त करता है, भाषा उसे अनायास नहीं मिलती। बच्चा अपना भविष्य बहा रहा है—पढ़ें उसे 'बना' रहा है—बहा तो वह अतीत रहा है।

कवि का खिड़की खोलना बेहद महत्त्वपूर्ण बिम्ब है। यहाँ अनायास ही विनोद कुमार शुक्ल का लिरिकल पर बहुत महत्त्वपूर्ण उपन्यास—'दीवार में खिड़की रहती थी' याद आता है। वहाँ भी खिड़की सम्भावनाओं की खिड़की थी और यहाँ भी वह आशाओं और सम्भावनाओं की खिड़की है—इस खिड़की से नदी में खून और शव भी दिखाई पड़ते हैं और बच्चा भी और वे लोग भी जो कवि के साथ 'अपनी अपनी जगह' पर खड़े हैं—क्या वे लोग अगली कविताओं में प्रकट होने वाले—कुम्हार, बढ़ई, लुहार, कुँजड़ा आदि हैं या कोई और? यहाँ यह स्पष्ट नहीं कहा गया बल्कि संकेत किया गया है कि वे लोग चकाचौंध उत्पन्न करने वाले राजे-महाराजे, नायक-खलनायक नहीं हैं, बल्कि वे लोग हैं, जो हमें गाँव-कस्बे-शहर के चौक में सहज मिल जाते हैं, रोजी तलाशते। कवि को खिड़की के बाहर ये ही दिखाई पड़ते हैं, जो सही मायनों में सभ्यता सर्जक हैं, भले ही इन्हें बीसवीं सदी के लोगों ने हाशिये पर रख दिया है। चूँकि बीसवीं सदी को नाना प्रकार के अन्वेषणों-खोजों के रूप में देखते हुए हम उपलब्धियों की सदी की तरह देखते हैं, इसीलिए प्राक् काल से जो हमारे साथ हमारे जीवन को बेहतर और मनुष्यवत् बनाए हुए हैं, उन्हें हमने अब हाशिए पर ढकेल दिया है। कवि अशोक खिड़की खोलकर हम सबकी निगाहें इन पर डालना चाहते हैं।

यूँ तो इस कविता का पाठ यहीं खत्म हो जाता है, किन्तु चूँकि यह एक लम्बी कविता है, अत: सीरीज़ की अगली कविताओं पर कुछ चर्चा लाज़िमी है। आपको इतना तो करना होगा कि कवि का संकलन 'समय के पास समय' उठाएँ और अगली कविताओं को स्वयं पढ़ें!

यहाँ एक बात नोट करना आवश्यक है और वह है इन कविताओं में प्रयुक्त

हुए—'की वर्ड्स'! इस सीरीज़ की हर कविता में किसी न किसी शब्द या पद का प्रयोग एक से अधिक बार हुआ है। जैसे कि 'कवि' शीर्षक कविता में 'खिड़की' शब्द एकाधिक बार आया है। पहली पंक्ति में और अन्तिम पंक्ति में। और दोनों बार वह खोलना जैसे क्रिया के संग प्रयुक्त हुआ है। क्रियमान है कवि का प्रयास।

यह अनायास नहीं कि सीरीज़ की दूसरी कविता 'कुम्हार' है। मनुष्य का पहला काम। आज भी पुरातात्त्विक स्थलों की स्थायी सम्पदा। जब मानव ने पहली बार कुछ बचा रखने का प्रयास किया होगा तो वह और कुछ नहीं अन्न या कोई खाद्य ही होगा और होगा थोड़ा पानी जो सम्भव है लाया हो अपनी सन्तान के लिए... रखने-लाने के पात्र बनाए होंगे तब के कुम्हार ने, भले ही बनाए हों पत्ते के या मिट्टी के...। सम्भव है कि तब सभी कुम्हार हों और सभी लुहार और कवि भी तो सब होंगे...सब मिलकर सामूहिक कुछ रचते होंगे...

तो इस कविता—'कुम्हार' की सबसे मार्मिक पंक्तियाँ हैं—

> मैं अपने काम में लगा हूँ
> और किसी की प्रतीक्षा नहीं कर रहा हूँ।
> कीचड़ से उबरे हुए लोग जब आएँगे
> तो उनके लिए घड़ों में पानी और बर्तनों में गुड़ होगा
> और मैं या मेरा बेटा या मेरा पोता या कोई और
> चके पर समय को
> मिट्टी को
> सपनों या यादों को
> मिट्टी के लौंदे-सा रखकर
> कोई न कोई आकार दे रहा होगा...

ध्यान दें, यहाँ कुम्हार बर्तन गढ़ने वाले से कहीं अधिक है। वह सपनों या यादों को भी कोई आकार दे रहा हो सकता है!

यह है कवि की आशा और मनुष्य की जिजीविषा में गहरी आस्था। कीचड़ यहाँ भी खून, नफरत और वहशतों का है, पर विश्वास भी कि इस कीचड़ से लोग उबरेंगे। या विश्वास नहीं शायद यह कवि की सदिच्छा है जो आस्था के स्वर में उभरी है। कुम्हार कविता में हुमसना की-वर्ड है। चका कीचड़ में धँसा है और उसे हुमसाना है।

कवि में एक और आश्वस्ति की किरण है और वह है—'अभी वक्त है और मेरे पास इतना हुनर भी बचा है/ कि उनके लिए कुछ बर्तन, घड़े वगैरह गढ़कर रख सकूँ'—यह आश्वस्ति इस सबके बावजूद है कि 'न तो आहट हो रही है आने

वालों की और न यकीन इस बात का कि कीचड़ से चका आखिरकार हुमस ही जाएगा'...पर कवि का तो काम ही है कि वह आशा पर आकाश टिकाए रखे। अगर वह इससे चूक गया तो क्या सृष्टि बची रहेगी? शायद नहीं...फिर कुम्हार का काम है लौंदे को मनचाहा आकार देना, पात्र के तन पर (इसे पाठक मन पढ़ें) खिड़की खोल देना, उसे नक्षत्रों से सजा देना—गुरु कुम्हार सिस कुम्भ है...गढ़ना चाहता है कवि ऐसे मन जिनमें अपने से परे जाकर दूसरों को समझने की प्रवृत्ति ही नहीं, साहस भी हो।

यह बात इस सीरीज़ की सभी कविताओं में अपने-अपने ढंग से दिखाई पड़ती है। 'लुहार' कविता को पढ़ते हुए जाना कि लोहे में भी सपना देखने की ताब है और उसका भी कुछ सच हो सकता है! अशोक वाजपेयी की कविताओं में यह सामर्थ्य है कि वे पाठक को अबूझे जगत में ले जाती हैं। अशोक जी पिघले लोहे के सन्दर्भ में लाल रंग की बात करते हैं, पर मुझे याद आती है, कई वर्ष पहले की गई दुर्गापुर लौह संयंत्र की यात्रा। शाम हो चली थी जब हम वहाँ पहुँचे थे। एक जगह लोहा पिघलाया जा रहा था। पिघले लोहे के रंगों को, उसकी आभा और ताब को शब्दों में व्यक्त करना उतना ही कठिन है जितना पल-पल रंग बदलते सागर जल को। कहीं सिंदूरी लाल तो कहीं सूरजमुखी-सा पीला...कहीं-कहीं आभा मयूर पंखी...। पिघला लोहा कल्पना के अबूझ लोक में ले जाता है, सौन्दर्य में भी भय में भी! यहाँ भी यही है। इस कविता में जो शब्द दुहराए गए हैं, वे हैं इतिहास और सपना। इतिहास की अशुद्धताएँ—बीभत्सताएँ गलकर खत्म हो जाएँगी। लोहे के मन में कोमल सपना पलता है पर मनुष्य ने लोहे और अन्य धातुओं को पुकारना बन्द कर दिया है क्योंकि अब मनुष्य नाश की ओर बढ़ चला है। उसके सपने कोमल नहीं खूँखार हो चले हैं। इसीलिए कवि को—

'लोहे पर तो भरोसा है
आदमी पर नहीं
भले ही आदमी के काम का होना लोहे का अदम्य सपना है।
यह सदी इतनी अधिक आदमी की न होकर कुछ
लोहे की होती
तो शायद ज्यादा भरोसेमन्द साबित होती।'

इस कविता में जब कहा जाता है कि मनुष्य ने 'धातुओं को पुकारना बन्द कर दिया है/ लोहे की क्या बिसात अब तो/ लगता है कोई/ धरती आकाश आग हवा पानी को ही कहाँ पुकारता है', तो मन उद्विग्न होने लगता है...सच में हम प्रकृति से, ऋत से कितने दूर हो गए हैं। कितने अमानव हो गए हैं। क्या ये कविताएँ हमें कुछ और आदमी बना पाएँगी... मन में यह सवाल कई बार उठा।

यहाँ सौ सुनार और एक लुहार वाले मुहावरे का प्रयोग भी बखूबी किया गया है।

'बढ़ई' कविता, जिसका की-वर्ड 'छीलना' है, उसमें भी कवि की मंशा है—'अभी परसों ही रंदा चलाते हुए मुझे खयाल आया कि/ लोगों के बीच जो मन-मुटाव है/ उसे रंदे से छीलकर फेंका नहीं जा सकता है?...पर दुनिया को अपनी नजर से ठोंक-पीट कर/ मनमाफिक बनाने की कोशिश करने वाले तो बहुत हैं/ पर इन दिनों उसे छीलकर कायदे का रूप देने वाला कोई नजर नहीं आता।' खिड़की का प्रयोग यहाँ भी है—'मैं जानता हूँ कि दुनिया को किसी खिड़की से नजर आते/ हरे भरे दृश्य में नहीं बदला जा सकता...'

तो एक गहरी वेदना की छाप इन कविताओं में अनवरत दिखाई पड़ती है—विषय के अनुरूप भी और समय की चाल को देखते हुए भी, पर साथ ही चलती है एक जिद...अशोक जी के व्यक्तित्व की पहचान—'पर मैं क्या करूँ कि मेरे हाथ इस सूखी बेजान लकड़ी को छीलते हुए/ हरे-भरेपन का एक सपना देखते हैं और कुढ़ते हैं/ कि चकाचौंध से भरी दुनिया में/ वह सम्भव नहीं?

और यह सम्भव करती है एक बच्ची जो 'सजाती है अपने नए-पुराने खिलौने अलमारी में—/ कितनी सारी गरमाहट, आत्मीयता और प्यार-दुलार/ वहाँ टिकता, थमता और रमता है जहाँ मेरी बनाई चीज़ें हैं।' और फिर कवि की कामना कि इस बीत रही शताब्दी को छील-ठोंक-पीटकर किसी ऐसी चीज में बदला जाए—'जिसमें सारी दुनिया और सारे लोग/ एक साथ समा जाएँ—एक दूसरे के पड़ोसी हो जाएँ,/ और एक को पुकारे तो दूसरा दौड़े, / एक माँगे तो कई देने को आएँ, / एक घबरा कर उठे तो कई सहारा देने आगे बढ़ें / एक सपना देखे तो कई वैसा ही सच बटोर कर सामने ले आएँ...'

इन पंक्तियों को पढ़कर कोई अशोक वाजपेयी को कैसे रूपवादी कह सकता है...यह सपना क्या रूपवाद भर है?

इस कविता में ईश्वर और बढ़ई के सम्बन्ध की बात भी की गई है—'यों भी शुरू में भी, ईश्वर बढ़ई कहाँ था?' और एक जगह कवि आसमान के बराबर मेज बनाकर सबको—ब्राह्मण—अछूत, गिलहरियों-सिंहों, नक्षत्रों आदि सभी को खाने पर न्योतना चाहता है—उन दोनों ही जगह ईसा मसीह की बरबस याद आती है—बढ़ई के पुत्र और 'द लास्ट सपर' के रूप में...। यानी जो बढ़ई हो सकता था वह भी अन्ततः ईश्वर का बेटा बन गया और 'द लास्ट सपर' में भी नफरत, विद्वेष, क्रूरता, लापरवाही तो खत्म न हुई। शायद इन्हें खत्म कर दुनिया को रहने लायक जगह अन्ततः मनुष्य ही बना सकता है—कोई दैवी शक्ति नहीं—यदा-यदा ही धर्मस्य ग्लानिर्भवति के बावजूद। और कवि भी शायद इससे अवगत है तभी तो वह अन्तिम पंक्तियों में स्पष्ट करता है कि बढ़ई यानी आदमी!

'शताब्दी के अन्त के कगार' को 'मछुआरा' भी अपने तईं देखता है। उसी तरह जैसे कि वह पानी में डूबे, पर धड़कते अपार जीवन का पसारा देखता है। उसके सामने भी बीत रही सदी खूँखार सदी है, जिसमें मछली-सा फँसा वह बाहर आने को छटपटा रहा है। यह मछुआरा इस सदी के मगरमच्छ को नष्ट कर, अगली शताब्दी के बारे में सपने सँजोता है—'और फिर जाल फेंकना होगा ताकि/ अगली शताब्दी एक सुन्दर मछली की तरह आए/ जिसे हम बगैर खाए वापस समुद्र में कुछ दुलार से छोड़ सकें...' मछुआरे के लिए यह एक बड़ा सपना है—ऐसा सपना जिसमें खुद उसका अपना पेशा दाँव पर लगा हुआ है। पर ऐसे समय में जब सब कुछ भकोस लेने को ही विकास का पर्याय बना दिया गया है, उस समय क्या ऐसी सोच जरूरी नहीं? कवि को भरोसा है मछुआरे पर कि—'सबसे पहले मछुआरे में भी ममता थी' (ममता भाव पर ध्यान दें—जन्म देने और पालन-पोषण करने वाली माँ का मूल भाव ममत्व है। यहाँ मछुआरा, जो पेशे से मछलियाँ पकड़ता है, पानी से बाहर ले जाकर उन्हें तड़पा-तड़पा कर मार देता है, उसके लिए इसका प्रयोग किया गया है!) / 'और बिलकुल आखिरी मछुआरा भी / सुन्दर को कुछ न कुछ बचाएगा,/ तभी न आदमी कहाएगा।' ये पंक्तियाँ अपनी मार्मिकता में हृदय में अंकित होकर रह जाती हैं। पाठक के मन में अपने को साबित करने के भाव उठते हैं—नहीं क्या?

मछुआरे का पेशा मनुष्य के मूलभूत पेशों में से एक है—कृषि, लुहारगिरी, बढ़ईगिरी की तरह का पेशा। मछुआरे जानते हैं कि कब और कहाँ उन्हें जाल नहीं फेंकना...सुन्दर यहाँ सौन्दर्य के अर्थ में नहीं, शिव यानी मंगलकारी के अर्थ में आया है। इस कविता को समझने के की-वर्ड्स हैं—जाल, बिछलना-फिसलना...जाल में हम फँसे हुए हैं और समय बिछल-फिसल रहा है हमारे हाथ से। क्या कुछ सुन्दर बच सकता है हमारे प्रयासों से? अब भी कुछ समय है और हुनर भी है...

'कबाड़ी' कविता में भले ही 'सारी दुनिया दरअसल ईश्वर का कबाड़खाना' हो और 'यह सदी आदमी के इतिहास में खुद एक कबाड़खाना है' पर उसके पास भी कुछ ऐसा बच निकलता है जिसे बचाया जा सके, जैसे कि हमेशा 'धूप में दमकने वाले राज को दरकाने वाले अधनंगे फकीर की लाठी और चश्मा!' यहाँ अशोक जी अपनी पक्षधरता को बेखटके प्रकट करते हैं। बीसवीं शताब्दी के घुप्प अँधेरे में कंदील के समान है गांधी की उपस्थिति। इस सारी निराशा में आशा की किरण। हमेशा धूप में दमकने वाले—यानी जिस राज्य का सूरज डूबता नहीं, उस राज की जड़ों को दरका दिया—अहिंसा ने। अगर साध्य के निर्धारण में साधन की शुचिता पर बल दें तो क्या ऐसा होना असम्भव है कि सब एक-दूसरे के प्रति संवेदनशील हो जाएँ। दुनिया की अराजकता में कुछ कमी हो जाए। कवि ने कबाड़खाने को एक

महत्त्वपूर्ण भूमिका भी सौंपी है और वह है न्याय करने की उसकी सामर्थ्य—'इतिहास न्याय न करता हो, कबाड़खाना करता है। / जैसे जिन्दगी को वैसे ही कबाड़खाने को सारा समय एक साथ चाहिए!'

यहाँ समय को अनेक रूपों में दिखाने का प्रयास है। समय की-वर्ड भी है। कबाड़खाना भी इतनी संवेदनशीलता से कविता का विषय बन सकता है, यह इसे पढ़कर ही ज्ञात होता है।

मेरी समझ में यूँ तो 'कबाड़खाना' इस सीरीज़ की अन्तिम कविता होनी चाहिए थी क्योंकि वह समय को न्याय दिलाने की बात करती कविता है, पर कवि ने 'कुँजड़ा' को इस सीरीज़ की अन्तिम कविता के तौर पर रखा है। सम्भवतः इसलिए कि यह कविता आज के समय के बाजारवाद को अपरोक्ष रूप में व्यक्त करती कविता है या शायद इसलिए कि यह मूल मानवीय वृत्ति—रंग और आस्वाद की बात करती कविता है, जो सदा रहेगी—'सदी तो हमारे लिए बीत रही है/ गाजर, अदरक, धनिया और ककड़ी आदि इस सदी से, किसी भी सदी से बाहर हैं : उनका अगर इतिहास नहीं तो उनका समय भी नहीं है।'

कुँजड़ा समय से बाहर, सदी से बाहर एक अदना-सा दुकानदार है—वह स्वयं में कुछ रच-गढ़ नहीं रहा। बस जो है उसे बेच रहा है, उसके लिए ग्राहक से लड़-झगड़ रहा है। इस पाठ में, व्यापार मनुष्य का मूल तो क्या महत्त्वपूर्ण काम भी नहीं है। क्या किसी बनी हुई, रची-गढ़ी चीज का अस्तित्व इसी पर निर्भर नहीं करता कि वह माकूल हाथों जाए, ताकि सर्जक को उसे फिर से गढ़ने की, और बेहतर रचने की प्रेरणा हासिल हो? क्या असली समय के परे भी सारे साल मिलने वाली सब्जियों के पीछे मनुष्य की रचनात्मक प्रेरणा नहीं है...ये कुछ सवाल 'कुँजड़ा' पढ़ते हुए, समय पर सोचते हुए, इतिहास को देखते हुए उठते हैं—अगर मनुष्य अपने मूल स्वरूप में ही होता यानी आदिम रूप में तो क्या आज यानी कि यह वर्तमान वैसा ही होता जैसा है—अनेक समस्याओं के संग कुछ उम्मीदें जगाता—कवि के अपने शब्दों में 'आदमी' बनता!

'शताब्दी के अन्त के कगार' सीरीज़ की कविताएँ, कवि की अपने समय से मुखामुखम की कविताएँ हैं। ये उन पात्रों को लेकर रची गईं कविताएँ हैं, जिनके नाम देशभाषा में लोग भूलने लगे हैं। आज की पीढ़ी के कितने लोग कुँजड़ा शब्द समझ सकेंगे, यह कहना मुश्किल ही है। कवि पोयट हो गया है और बढ़ई कारपेंटर। हुमसना, चका, उकताना, लौंदा, गँड़ासा, धंधई, सुनार-सुतार, रंदा, छल्ला, नातियों-पंतियों, आइनाखाना, हिलगा, मुबहम-सा, रोज़ीना आदि शब्द कितने पढ़ने-सुनने में आते हैं? अशोक जी की यह खासियत है कि वे अपने लेखन और खासतौर पर कविताओं में ऐसे देशज शब्दों का प्रयोग सहज रूप में करते हैं। सहज कहने से उनका ऐसे प्रयोगों के प्रति सचेत होना कम नहीं होता। वे सहज ही सचेत हैं।

यह उनके कविकर्म का एक महत्त्वपूर्ण योगदान है। भाषा की समृद्धि के प्रति सचेतता। अशोक वाजपेयी की कविताएँ हमारे समय के प्रश्नों से जूझती कविताएँ हैं—परम्परा-पोषित भी और परम्परा से परे जाकर भी! पर एक बात और—'मैं उन पर सिर्फ एक खिड़की खोलता हूँ' जैसे प्रयोग भाषा पर अंग्रेजी का प्रभाव दिखाते हैं। कुछ अजीब लगता है यह प्रयोग।

बहरहाल,ये कविताएँ बीतते समय की खोजबीन करतीं, व्याकुल होतीं और फिर उठकर आशा को बीनतीं-सहेजतीं कविताएँ हैं। अशोक वाजपेयी की कोशिश है कि समय को कविता से पहचाना जाए। उससे पार जाने के लिए भी कविता के पास आया जाए। एक बेहतर आदमी बनने के लिए भी कविता के पास बहुत अवकाश है, बहुत अवसर...।

एक सचेत कवि को पढ़ते हुए

(केदारनाथ अग्रवाल की कविता—'रात में रवि सो गया है')

रात में
रवि सो गया है
तोम तम में खो गया है
कान जैसे
पेड़ के पत्ते लटकते
टाप सुनते,
ओस पड़ती है टपाटप

साँस साधे
रात रोती
मौन—
अन्धी

वायु पेड़ों पर टँगी है
भूत बन कर

नींद है निश्चेष्ट
पहरे पर डटी निःस्वप्न,
प्यार के पंछी
पड़े बेहोश
नीड़ों में अजान,
अस्मिता गत मेदिनी है!
शून्य सन्नाटा प्रबल है!!
सृष्टि की सीतापुरी सूनी पड़ी है।

काल का कौतुक अहेरी ओट में है,
नहीं मालूम कहाँ कैसे
खोट में है।

जल अकंपित,
थल सशंकित,
आग हत है।

रात की ये वेदना
मैं भोगता हूँ।

चेतना मेरी
मुझे जिन्दा किए है।

केदारनाथ अग्रवाल की कविताओं को पढ़ते हुए या तो हम उनकी सीधे-स्पष्ट राजनैतिक कविताओं को सामने पाते हैं, अथवा प्रकृति को देखती, उसके भेद खोजती-खोलती कविताओं को। कुछ कविताएँ नितान्त व्यक्तिगत भी हैं, जैसे कि पुत्र को मिले फिल्म पुरस्कार सम्बन्धी। केदार जी की राजनीति स्पष्ट है। वे प्रगतिशील त्रयी के कवियों में से एक हैं। उनकी कविता कहीं मजदूरों को जगाती-ललकारती है तो कहीं किसानों को। डॉ. रामविलास शर्मा उन्हें 'किसान चेतना के कवि' कहते हैं।

मैंने अपने पाठ के लिए केदारनाथ अग्रवाल की जो कविता चुनी है, वह न तो किसानों पर है न ही मजदूरों के बारे में। यह प्रकृति से संवाद करती कविता है। केदार जी से मेरा पहला परिचय अत्यंत अल्प आयु में अपनी पाठ्यपुस्तक में संकलित उनकी कविता—बसन्ती हवा—से हुआ था। हवा हूँ हवा मैं बसन्ती हवा हूँ—लगभग पूरी कविता मुझे आज भी कंठस्थ है। हवा की शोखी और उसका खिलंदड़ापन देखते ही बनता है। कहीं हवा चिड़िया-तितली-सी लगती है तो कहीं चुलबुली लड़की-सी। उस बाल्यावस्था में मेरा तादात्म्य हवा से ऐसा हुआ कि वह आज भी मन के किसी कोने में ताजा है। मुझे केदार जी की राजनैतिक कविता से कहीं ज्यादा उनकी प्रकृति सम्बन्धी रचनाएँ प्रिय हैं।

'रात में रवि सो गया है' शीर्षक कविता उनके संकलन 'अपूर्वा' में संगृहीत है, जिसमें 1968 से लेकर 1982 तक की उनकी कविताएँ संकलित हैं। केदार जी ने इस संग्रह को डॉ. रामविलास शर्मा को समर्पित किया है—'धीर-मति' डॉ. रामविलास शर्मा को आदेह दीपित 'अपूर्वा' सस्नेह'। इस कविता पर 16.11.1981

की तारीख दी गई है। जितनी छोटे कलेवर की कविताएँ इस संकलन में दी गई हैं, उनकी तुलना में यह कविता किंचित् दीर्घ ही मानी जाएगी।

कविता रात के वर्णन से शुरू होती है। रात यानी कि अन्धकार। कवि कल्पना करता है कि रात के अन्धकार का कारण रवि का सो जाना है। तम के साथ तोम का प्रयोग अधिक अन्धकार, अन्धकार की राशि का सूचक है—गहनता का। तोम कुछ अल्प-प्रयुक्त अपरिचित शब्द है, जिसका प्रयोग अनुप्रास की छटा के साथ ही कविता के लय को सम्भव करता है। यह शब्द-विन्यास के सौन्दर्य को बढ़ाने वाला प्रयोग है। इसकी व्युत्पत्ति संस्कृत के 'स्तोम' से हुई है। रात में ओस पड़ रही है, उसकी ध्वनि मानो रवि के रथ में जुते हुए घोड़ों की टापों की तरह हैं, जिसे प्रकृति सुन रही है पेड़ों के लटकते पत्तों के कान से! एक दृश्य-सा मन में उभरता है, रात का, उसके धुँधलके अँधेरे में पेड़ों के लम्बे नीचे झुके पत्तों का, जो कवि को कान की तरह दिखाई पड़ रहे हैं। इस अन्धकार में ओस टपकने की आवाज सुनाई पड़ती है। ये पत्ते गोया उसी आवाज को सुन रहे हैं। यहाँ प्रयुक्त—'टपाटप' पर ध्यान दें। घोड़ों के चलने की आवाज कुछ ऐसी ही सुनाई पड़ती है। रवि सो गया है और ढेर अन्धकार में खो गया है। उसके रथ के घोड़े गोया खो गई दिशा को ढूँढ़ रहे हैं।

दूसरा दृश्य रात की विवशता का है। सब ओर एक दम मौन है मानो रात ने भी साँस साध ली है, रोक ली है। आहटों को सुनने के लिए रात्रि निःस्तब्ध है, चुप है। किन्तु उसकी आँखों से जल बह रहा है—चुप्पे वह रो रही है—ओस के रूप में आँखें बह रही हैं। पहले ओस का गिरना घोड़े के टापों की ध्वनि थी, अब वे रात के आँसू हैं। अन्धी में पुन: अँधेरा-गहन अँधेरा पढ़ें। अगर रात की आँखें होतीं तो वे चमक करके तोम तम को कम कर देतीं! अगली ही पंक्तियों में पत्ते जो कान की तरह लटक रहे थे, अब वे भूत की तरह दिख रहे हैं और वे अब पत्ते नहीं—वायु हैं। ओस पड़ने से हो रही पत्तों की थिरकन अँधेरे में पत्तों का हिलना नहीं बल्कि हवा के भूत का होना बताते हैं। क्योंकि वे पेड़ों पर टँगे हुए हैं, लगे नहीं। दिख तो रहा नहीं कुछ—इस स्थिति में अदृश्य तो कोई अप्राकृतिक ही हो सकता है—ध्वनि और गति के साथ। तो वह भूत के अतिरिक्त क्या होगा? हवा का प्रयोग यूँ भी भूत आदि के लिए किया जाता है। यहाँ केदार जी ने वायु का प्रयोग किया है। अगर यहाँ वायु का नहीं बल्कि हवा का प्रयोग होता तो कविता का सौन्दर्य और बढ़ता। आप वायु की जगह हवा रखकर पढ़कर देखें।

रात नींद के लिए होती है, इसीलिए बिना किसी चेष्टा के सारा जगत सो रहा है। 1981-82 में रातें अपेक्षाकृत शान्त होती थीं। 'नाइट-लाइफ़' जैसी अवधारणा अभी भारत के कस्बों-नगरों में तो सोच के भी परे थी, वह तो महानगरों से भी कुछ दूर ही थी। गाँवों में तो आठ बजे के बाद रात पसर ही जाती थी। यहाँ ऐसी नींद की बात हो रही है, जिसमें सपने तक नहीं है। सपने चेष्टा जगाते हैं। जहाँ सपने न हों

वह जिन्दगी भी निश्चेष्ट हो जाती है। वह जी जाती है बिना सपनों के, उम्मीदों के। यहाँ निश्चेष्ट और पहरे पर डटी का प्रयोग खासा मानीखेज है। यह समय सूचक है। बाजार और उससे जुड़ी आपाधापी और सपने एवं कल्पनाएँ अभी भविष्य के गर्त में हैं। यह मेरा पाठ है। जरूरी नहीं कवि का उद्देश्य यह हो। कविता समय के साथ भी अर्थ ग्रहण करती है, अगर पाठक के पास उपकरण हों तो। अपने समय को अभिव्यक्त करती कविता भी पाठ के साथ नए अर्थ ग्रहण कर लेती है। प्यार के पंछी अपने नीड़ों में अजान और बेहोश—यानी कि निश्चेष्ट पड़े हैं। मनुष्य हों या पशु-पक्षी सब रात के, नींद के हवाले हैं। मेदिनी अर्थात् पृथ्वी ने इस अन्धकार में अपनी पहचान खो दी है—कुछ भी साफ नहीं है। कोई चीज़ कब कैसी दिखाई पड़ने लगे। कोई आवाज कब कोई अन्य ध्वनि धारण कर ले, इसका कुछ पता नहीं। सब ओर सन्नाटा है। अन्धकार ने सब कुछ को लील लिया है। सृष्टि समूचे तौर पर सो गई है। सीतापुरी का सूना होना दिन के कामों से होने वाले सूनेपन की अभिव्यक्ति है।

'अस्मिता गत मेदिनी है!
शून्य सन्नाटा प्रबल है!!
सृष्टि की सीतापुरी सूनी पड़ी है।'

ये पंक्तियाँ सुन्दर अर्थगर्भित काव्य पंक्तियाँ हैं। सृष्टि के लिए सीतापुरी का प्रयोग एक ओर रोचक है, तो दूसरी ओर रूपक के तौर पर बहुत मानीखेज, खासतौर से मेदिनी के साथ। सीता को पृथ्वी-पुत्री कहा जाता है।

'काल का कौतुक अहेरी ओट में है'—यहाँ से कविता एक अलग ही रूप ले लेती है। वह प्रकृति से बाहर आकर समाज से मुखातिब है। यहाँ अन्धकार का अर्थ समाज, व्यवस्था आदि में फैली असमानता, शोषण व आक्रोश हो जाता है, दुर्नीतियाँ हो जाती हैं। और कौतुक अहेरी अर्थात् सत्ता-तंत्र इसी ताक में है कि वह कैसे हर प्रकार से अधिकाधिक शोषण करे। खोट में है, इसी का द्योतक है।

अगली पंक्तियाँ पंचतत्त्वों में से तीन का स्मरण है। वायु तत्त्व की बात ऊपर हो चुकी है। यहाँ जल, थल यानी कि क्षिति और अग्नि को लिया गया है—सब निश्चेष्ट है—जल अकम्पित यानी कि ठहरा हुआ है। ठहरा जल बासी होता है, रोग-शोक उत्पन्न करने वाला। यह जीवन के ह्रास का द्योतक है। थल आशंका से गोया स्तब्ध है और आग हत है, बुझी-बुझी-सी है—तेज का अभाव है उसमें। ऐसा काल है यह—काल—शब्द पर ध्यान दें—काल माने मौत! इस वेदना को कवि भोग रहा है। अजीब समय है, जब कुछ भी अच्छा नहीं घट रहा। जब चारों ओर काल की मार है। इस वेदना को कवि जी रहा है। क्योंकि कवि समय को देख-पहचान रहा है—वह चेतनायुक्त है। यहाँ बरबस कबीर याद आते हैं—

'सुखिया सब संसार है, खावे अरु सोवे
दुखिया दास कबीर है, जागे अरु रोवे।'

जो जान रहा है, देख रहा है, परिवर्तन का अभिलाषी है, उसी को चिन्ता भी है और दु:ख भी।

केदारनाथ अग्रवाल की यह कविता प्रकृति का वर्णन करते-करते समाज का वर्णन और उसमें कवि की भूमिका को रेखांकित करने वाली कविता है। एक स्तर पर यह केदार जी की उन सीधी कविताओं से बिलकुल भिन्न है, जिसमें क्रान्ति का स्वर एकदम स्पष्ट है। यह कविता व्यजंना की कविता है, अर्थपूर्ण और अर्थगर्भित! यहाँ पुन: केदारनाथ अग्रवाल की इसी संकलन की भूमिका को याद करना समीचीन होगा। ऐसा लगता है कि यह बात मुख्यत: इसी कविता और इस सरीखी अन्य कविताओं के सन्दर्भ में कही गई है। ध्यान देने की और आज भी सोचने-विचारने की बात यह है कि ये बातें वह कवि कर रहा है, जो प्रगतिशील त्रयी का एक स्तम्भ माना जाता रहा है, और यह भी कि बाकी दोनों कवि अर्थात् त्रिलोचन व नागार्जुन की कविताएँ भी इन्हीं बातों को रेखांकित करती हैं, फिर जाने क्यों प्रगतिशीलता का अर्थ मात्र राजनीतिक वर्णन हो गया :

'लोग तो प्रगतिशील कविता में केवल राजनीति की चर्चा मात्र ही चाहते हैं। वे कविताएँ जो प्रेम से, प्रकृति से, आसपास के आदमियों से, लोकजीवन से, सुन्दर दृश्यों से, भू-चित्रों से, यथावत् चल रहे व्यवहारों से और इसी तरह की अनेकरूपताओं से विरचित होती हैं, प्रगतिशील नहीं मानी जातीं। मेरी प्रगतिशीलता में इन तथाकथित वर्जित विषयों का बहिष्कार नहीं है।...मेरा विवेक कहता रहा है कि समग्र जीव में पैठो—भीतर बाहर का निरीक्षण परीक्षण करो—वैज्ञानिक दृष्टि से सत्-असत् को समझो और आदमी को ऐसा कृतित्व दो, जो उसे नेक आदमी बनाए। ...अच्छी कविता आदमी के विकास क्रम की मानवीय गरिमा की कविता होती है।'

केदारनाथ अग्रवाल की यह कविता इस बात पर पूरी तरह से खरी उतरती है!

हौसला 'वक्त का हाथ थाम' लेने का

(गोपालदास नीरज का गीत—'कारवाँ गुजर गया गुबार देखते रहे')

सन् 2013 की वो शाम मेरे लिए बहुत खास हो गई थी, जब मुझे पता चला कि आकाशवाणी के उस कार्यक्रम में मैं नीरज जी के साथ कविता पढ़ रही हूँ। एक हल्की-सी घबराहट भी थी, क्योंकि लगभग 90 वर्ष के हो जाने के बावजूद नीरज जी की मौजूदगी लोगों को प्रेरित-उत्तेजित कर रही थी। कई श्रोता तो दर्शक बने बस उनके होने भर से वहाँ मौजूद थे और बार-बार इसका जिक्र कर रहे थे कि उन्होंने नीरज जी को किन-किन कवि सम्मेलनों में सुना था। कितने हजार लोग मौजूद थे और किस तरह उन सम्मेलनों में तालियों की गड़गड़ाहट बादलों की गड़गड़ाहट से टक्कर लेने वाली होती थीं!

मेरे लिए ये सब बातें एक सपने के सच हो जाने वाली थीं—नीरज जी को उस मंच से सुनना, जिस मंच से मुझे भी कविता पढ़ना-सुनाना था...

मुझे याद आए बहुत बचपन के वे दिन! हालाँकि तब मुझे नहीं मालूम था कि इस गीत के रचयिता नीरज जी हैं—मैं तो उस गीत के बोल और उसकी धुन पर फिदा थी—गाया-गुनगुनाया करती—और अन्त्याक्षरी में तो मजाल कि हमारी टीम को 'स' से गाना हो और मैं चूक जाऊँ—यह 1965 में बनी फिल्म 'नई उमर की नई फसल' का मोहम्मद रफ़ी की आवाज में गाया गीत था—

'स्वप्न झरे फूल से,
मीत चुभे शूल से,
लुट गए सिंगार सभी बाग़ के बबूल से,
और हम खड़े-खड़े बहार देखते रहे
कारवाँ गुजर गया, गुबार देखते रहे!...'

उस शाम मंच पर बैठी मैं चाहती थी कि नीरज जी बचपन से ही मुझे बहुत प्रिय इस गीत को सुनाएँ...पर जाने किस संकोचवश मैं उनसे कह नहीं पाई और यह अवसर हाथ से निकल जाने दिया। मुझे इस बात का अफसोस सदा रहेगा कि मैंने हाथ आया सुअवसर यूँ ही गँवा दिया।

यह गीत उस बाल मन को क्योंकर अच्छा लगा...और अब भी यह मेरे प्रिय गीतों में क्योंकर शामिल है कि आज नीरज जी पर लिखने का मौका मिलते ही मैं बचपन की बगिया में घूमने निकल पड़ी। इसकी पड़ताल मैं आप लोगों के संग करना चाहती हूँ!

तो चलिए सबसे पहले हम इस गीत के बोलों को (इसके बोल लिखे हैं— 'गोपालदास नीरज ने' की तर्ज़ पर!) हम एक बार फिर पढ़ें—

स्वप्न झरे फूल से,
मीत चुभे शूल से,
लुट गए सिंगार सभी बाग़ के बबूल से,
और हम खड़े-खड़े बहार देखते रहे
कारवाँ गुजर गया, गुबार देखते रहे!

नींद भी खुली न थी कि हाय धूप ढल गई,
पाँव जब तलक उठे कि जिन्दगी फिसल गई,
पात-पात झर गए कि शाख़-शाख़ जल गई,
चाह तो निकल सकी न, पर उमर निकल गई,
गीत अश्क बन गए,
स्वप्न बन दफन हुए,
साथ के सभी दिये धुआँ-धुआँ पहन गए,
और हम झुके-झुके,
मोड़ पर रुके-रुके
उम्र के चढ़ाव का उतार देखते रहे
कारवाँ गुजर गया, गुबार देखते रहे।

क्या शबाब था कि फूल-फूल प्यार कर उठा,
क्या सुरूप था कि देख आईना मचल उठा
इस तरफ जमीन और आसमाँ उधर उठा,
थाम कर जिगर उठा कि जो मिला नजर उठा,
एक दिन मगर यहाँ,
ऐसी कुछ हवा चली,
लुट गई कली-कली कि घुट गई गली-गली,
और हम लुटे-लुटे,
वक्त से पिटे-पिटे,

साँस की शराब का खुमार देखते रहे
कारवाँ गुजर गया, गुबार देखते रहे।

हाथ थे मिले कि जुल्फ चाँद की सँवार दूँ,
होंठ थे खुले कि हर बहार को पुकार दूँ,
दर्द था दिया गया कि हर दुखी को प्यार दूँ,
और साँस यूँ कि स्वर्ग भूमि पर उतार दूँ,
हो सका न कुछ मगर,
शाम बन गई सहर,
वह उठी लहर कि ढह गए किले बिखर-बिखर,
और हम डरे-डरे,
नीर नयन में भरे,ओढ़कर कफन, पड़े मजार देखते रहे
कारवाँ गुजर गया, गुबार देखते रहे!

माँग भर चली कि एक, जब नई-नई किरन,
ढोलकें धुमुक उठीं, ठुमक उठे चरण-चरण,
शोर मच गया कि लो चली दुल्हन, चली दुल्हन,
गाँव सब उमड़ पड़ा, बहक उठे नयन-नयन,
पर तभी जहर भरी,
गाज एक वह गिरी,
पुँछ गया सिंदूर तार-तार हुई चूनरी,
और हम अजान से,
दूर के मकान से,
पालकी लिए हुए कहार देखते रहे।
कारवाँ गुजर गया, गुबार देखते रहे।

बचपन में तो धुन और स्वर माधुरी ने ही पहले-पहल आकर्षित किया और एक अजानी वेदना ने! खो देने की सतत वेदना जो हम मनुष्यों के डीएनए का हिस्सा है! और जन्म से ही मृत्यु की ओर अग्रसर जानकर, मृत्यु के प्रति मानव का स्वाभाविक आकर्षण भी—नींद भी खुली न थी कि हाय धूप ढल गई...उम्र के चढ़ाव का उतार देखते रहे...और हम डरे डरे, नीर नयन में भरे, ओढ़कर कफन, पड़े मजार देखते रहे...आदि! कोई माने न माने मृत्यु का बोध बचपन में ही होने लगता है, आसपास की बातों को सुनकर, किसी सगे-पराए को खोकर...।

यह गीत सुनना और उसे गाना-गुनगुनाना सम्भवतः इन्हीं सबका प्रमाण था।

क्रमशः यह गीत अपने अर्थ का विस्तार करता गया।

स्वप्न को फूल कहना और उनके झड़ने से बाग का उजड़ जाना। बगीचा भी बबूल का, जिसके फूल झड़ जाने के बाद केवल काँटे बचे थे, बिंधने के लिए। इस बिम्ब के प्रभाव को महसूस कीजिए। यह बेहद आधुनिक प्रयोग है, वरना फूल और काँटों की बात अकसर होती है, लेकिन फूल को पहचान नहीं मिलती। और अगर मिलती भी है, तो ऐसे में फूल गुलाब होता है। यहाँ नीरज बबूल के फूल की बात कर रहे हैं। याद रहे कि बबूल का पेड़ सही मिट्टी और जल मिलने पर सघन हो जाता है। उसका हरापन आँखों को भाता है। उसके फूल वातावरण को एक विशिष्ट सौन्दर्य से भर देते हैं। फूला बबूल सहज ही आकर्षित करता है। अब इस पद के लय के सौन्दर्य को देखें।

अगले पदबंध में नींद खुलने से पहले ही दिन का ढल जाना, दरअसल मौका गँवा देने का सूचक है। और चाहतों की पूर्ति के पहले ही उम्र ढल जाने की व्यथा। पहले पद में सपना झड़ा था, यहाँ आते-आते वह दफ्न हो गया। पेड़ की मौजूदगी है, किन्तु शाखाएँ और पत्ते जल चुके हैं। अगला पदबंध भी फूल और कलियों के बिम्ब को लेकर चला है। कन्टीन्यूटी देखिए और सराहिए। अब हवा ऐसी चली है कि कलियाँ घुटकर रह गईं। कलियों को खिलने का मौका ही न लगा। यहाँ ये कौन-सी कलियाँ हैं, इसकी सूचना नहीं है। अब उन मौकों का जिक्र है जिससे दुखियों का दुःख दूर होता, किन्तु ऐसा हुआ नहीं। अन्तिम पदबंध दुल्हन के विदा होने का है, जिसे देखने के लिए सारा गाँव उमड़ पड़ता है, किन्तु उसके जाने के वक्त ही ज्ञात होता है कि उसका सुहाग नहीं रहा। तब जैसे दुःख के पहाड़ टूट पड़ते हैं, उसे देखना सम्भव नहीं।

इस गीत का मुखड़ा—कारवाँ गुजर गया गुबार देखते रहे, दरअसल बेहद मानीखेज मुखड़ा है, जो वक्त के फिसलते जाने और जीवन में चुकते चले जाने का सूचक है। महत्त्वपूर्ण यह है कि यह एक व्यक्ति के जीवन को भी वाणी देता है और राष्ट्र के जीवन को भी व्यक्त कर देता है। इस मायने में यह गीत हमारे समय की अभिव्यक्ति का प्रभावी माध्यम बन जाता है।

1965 में लिखा गया ये पदबंध नेहरू युग के सम्मोहन की समाप्ति के भी संकेतक हैं। स्वाधीनता के बाद सारे देश में जिस आशा का संचार हुआ था, उसमें चाँद के जुल्फों को सँवार देने का उत्साह और तमाम दुःखों को दूर कर पूरे समाज की किस्मत को सँवार देने का हौसला था। धीरे-धीरे इस आशा में कमी आती गई और चीन युद्ध ने सचमुच में हमारे तमाम हौसलों पर गाज गिरा दी। देश के लिए यह समय सुबह के शाम में बदलने जैसा समय था और नेहरू के लिए तो उम्र के चढ़ाव का उतार और जिन्दगी फिसल जाने का समय था। इस गीत को

पढ़ते-सुनते हुए नेहरू की असमय मृत्यु की वेदना भी सहज सुनाई पड़ती है। हम याद करें स्वाधीनता प्राप्ति के समय देश की खस्ता हालत को और फिर स्वतंत्र होने पर योजनाबद्ध तरीके से किए गए विकास को। जो देश विभाजित होकर न केवल आर्थिक रूप से चोट खाए हुए था, बल्कि साम्प्रदायिक दंगों से भी आक्रान्त था, वहाँ अब बड़े कारखाने थे, न्यूक्लियर शोध थे, बाँध थे और लोगों की आयु और स्वास्थ्य में रिकॉर्ड वृद्धि थी। उसी समय चीन का युद्ध होता है और नेहरू के विश्वास को गहरा धक्का लगता है। उनकी मृत्यु बारात के दूल्हे की तरह लगती है। लगता है मानो पूरा देश अनाथ हो गया है। कवि नीरज इस वेदना को बखूबी प्रकट करते हैं। मैंने इस गीत को इस तरह पढ़ा, हो सकता है, कोई अन्य इसे अलग ढंग से पढ़े। अच्छी रचना अनेक पाठ आमंत्रित करती है। यह गीत इसका उदाहरण है।

यह गीत इस तरह से अपने समय का आईना बनकर मेरे मन में उतरा।

आज जब मैं इस गीत को याद करती हूँ और यू-ट्यूब पर गाहे-बगाहे सुनती हूँ तो यह गीत मुझे मेरे अपने जीवन और अपने समय का रूपक नजर आता है... यह समय जो भयानक विद्वेष और असहिष्णुता का समय है। चारों ओर अविश्वास के बबूल उग आए हैं और राह चलना दूभर होता जा रहा है। अपने ही देश के, समाज के लोग एक-दूसरे के दुश्मन बन गए हैं। कुछ भी कहना-लिखना कठिन से कठिनतर होता जा रहा है कि जाने कौन-सी बात किसे नागवार गुजरे, और इस तरह आवाजें दबा देने का समय। निरन्तर भय पैदा करने की कवायद।

कहाँ तो दावा था कि अपने दुःख-दर्द को भुला सारे जगत के दुःखों को दूर करने का—'दर्द था दिया गया कि हर दुखी को प्यार दूँ।' और कहाँ बदले की भावना से आक्रान्त मनुष्य अपने विरोधी को कल्पनातीत दुःख और कष्ट देकर सन्तुष्ट हो रहा है...

लगता है गोया सभी किसी न किसी के विरोध में खड़े हैं, और जो विरोध में नहीं हैं, जो संवाद की बात करना चाहते हैं, वे सर्वाधिक सन्देहास्पद हैं। उन पर किसी को किसी तरह का भरोसा नहीं है। शब्द अपने मायने खो रहे हैं। भाषा भोथरी होती जा रही है। लक्षणा और व्यंजना को पीछे घसीट अभिधा, सर्वोपरि होती जा रही है और उस पर विडम्बना यह कि वह सर्वाधिक अविश्वास का माध्यम बनती जा रही है, क्योंकि जो कहा जा रहा है, वह किया नहीं जा रहा...और इस तरह भाषा निरर्थक प्रलाप में बदलती जा रही है।

इसी तरह सौन्दर्य के मानदंड बदलते जा रहे हैं—विरूप ही सुन्दर होता जा रहा है। यह अभूतपूर्व ढंग से विनाश के जश्न का समय है—लोगों को बेघरबार बनाने और उन्हें हिंस्र जानवरों में बदल देने का समय है।

तर्काधारित विज्ञानजनित प्रगति का दावा तो हर आँख से आँसू पोंछकर, भूमि पर स्वर्ग उतारने देने का ही था...और हुआ क्या?

इस गीत को सुनते हुए मन जाने कहाँ-कहाँ डोलने लगता है...

तुकान्त रचनाएँ कई बार तुकबन्दियाँ बन जाया करती हैं, यानी कि तुक साधने का बन्धन कवि को बन्दी-सा जकड़ लेता है। कितनी ही बार ऐसी रचनाएँ कमजोर हो जाती हैं, उनकी अर्थवत्ता 'कम्प्रोमाइज़' हो जाती है। इस लिहाज से भी यह रचना बहुत अच्छी और सार्थक है। रचना की यही सार्थकता मन को उम्मीद देती है।

कोशिश तो बहुत है कि नीरज जी के से हौसले के साथ 'हम वक्त को थाम' कर उसे सचमुच के लोकतांत्रिक वक्त में बदल दें...और समय का गुबार देखते रह जाने को अभिशप्त न हों...

आमीन...

एक बेहद महत्त्वपूर्ण गीत का प्रतीक न बन पाना

(प्रदीप का गीत—'हम लाए हैं तूफान से कश्ती निकाल के...')

स्वतंत्रता दिवस हो या गणतंत्र दिवस, एक गीत जो देश के कोने-कोने में गूँजता है, वह कवि रामचन्द्र द्विवेदी उर्फ़ 'प्रदीप' का लिखा मशहूर गीत—'ऐ मेरे वतन के लोगों' है। इस गीत का इतिहास भी तो गजब का है। चीन से युद्ध और पराजय की छाया में लिखा, यह वही गीत है, जिसे लता मंगेशकर जी ने इतने मनोयोग से गाया था कि खुद जवाहरलाल जी अपने आँसू रोक न सके थे। और आज भी यह गीत, सुनने वालों की आँखों में हर बार आँसू ला ही देता है। यह गीत हमारे राष्ट्रीय चेतना का सहज प्रतीक बन गया है।

दरअसल इस गीत में हमारे देश के दुश्मन और उनसे युद्ध कर, देश की सीमाओं को बचाते हमारे सैनिकों का करुण जीवन बहुत साफ ढंग से उभरकर सामने आ जाता है। इस गीत की अखंड लोकप्रियता में इस तथ्य की अकाट्य भूमिका स्पष्ट दिखाई पड़ती है। यह भी सही है कि कोई भी राष्ट्र अपने सैनिकों का सम्मान उन्हें अपने देश की सीमाओं का रक्षक मानते हुए करता है और ऐसा करते हुए उनके मनोबल को, राष्ट्र के प्रति उनकी निष्ठा को बढ़ाता चलता है। सैनिकों के सम्मान को जब-तब देशवासियों के कर्तव्य के तौर पर भी देखा जाता है, खासतौर पर तब जब सत्ताधारी, देशवासियों का ध्यान मूलभूत मुद्दों से हटा देना चाहते हों।

लेकिन इसी के साथ यह गीत मनुष्य चित्त के इस गहरे मनोवैज्ञानिक सत्य का भी उद्घाटन कर देता है कि 'स्व' से इतर किसी भी वृहत्तर लक्ष्य की जिम्मेदारी किसी 'अन्य' को सौंपकर हम निश्चिन्त होना चाहते हैं। ऐसा करते ही हम किसी भी प्रकार की जवाबदेही से भी खुद को मुक्त कर देते हैं। कोई अन्य है जो हर तरह की जिम्मेदारी का जोखिम उठाने को मौजूद है और अब हम सुख-चैन की नींद सो सकते हैं। 'ऐ मेरे वतन के लोगों' का कथ्य यही तो सम्प्रेषित करता है।

प्रसिद्ध मनोवैज्ञानिक ऐरिक फ्रॉम की 'फ़ीयर ऑफ़ फ्रीडम' अर्थात् स्वचेतना के स्वायत्त प्रयोग के प्रति मनुष्य में निहित भय की बात यही तो बताती है कि जानते- बूझते हुए मनुष्य किसी भी सत्ता का अनुगामी होकर अपनी चेतना की कुंजी

उस सत्ता को इसीलिए सौंप देता है, क्योंकि वह अपने निर्णयों की जिम्मेदारी खुद लेने से घबराता है। मनुष्य द्वारा खुद की एजेंसी का सचेत रूप से त्याग दिए जाने के मूल में यही 'फ़ीयर ऑफ़ फ्रीडम' है! 'ऐ मेरे वतन के लोगों' की सार्वकालिक-सर्वव्यापी स्वीकार के पीछे कहीं न कहीं यह बात है।

किन्तु इन्हीं कवि प्रदीप का एक और गीत है—

'हम लाए हैं तूफान से कश्ती निकाल के
इस देश को रखना मेरे बच्चों सँभाल के...'

1954 में बनी फिल्म 'जागृति' का यह गीत धीरे-धीरे नेपथ्य में चला गया है। यह गीत हमारे स्वाधीनता संग्राम को पृष्ठभूमि में रखते हुए रचा गया है और इसमें कर्ताभाव के रूप में सभी भारतीय शामिल हैं, कश्ती रूपी देश को बचाकर रखने की जिम्मेदारी किसी एक, दो या अधिक एजेंसियों पर नहीं, बल्कि हम सभी पर है, आने वाली पीढ़ियों समेत। यह गीत तब और अर्थगर्भित हो जाता है, जब हम यह याद करते हैं कि देश के तत्कालीन प्रधानमंत्री नेहरू का बच्चों से एक खास नाता था। वे सभी—अमीर-गरीब, शहरी-ग्रामीण, हर जाति, धर्म और सम्प्रदाय के बच्चों के चाचा थे। वे चाचा थे, मामा नहीं, क्योंकि मामा दुलार में बच्चे की कमियों को अनदेखी कर सकता है, या वह कंस सरीखा मामा भी हो सकता है, जबकि चाचा में बच्चे के सही विकास की जिम्मेदारी आयद होती है। दूसरे यह भी कि चाचा कहते ही वह व्यक्ति पिता से छोटा दर्जा अख्तियार कर लेता है। नेहरू सहज ही मानवचित्त की इन बातों को समझ लेते थे। उन्हें भारतीय समाज और परिवार की गहरी समझ थी।

तो इस पृष्ठभूमि में यह गीत कई रंगों में सामने आता है।

आइए आगे बढ़ने से पहले हम इस गीत को एक बार यहीं पढ़ें—

पासे सभी उलट गए दुश्मन की चाल के
अक्षर सभी पलट गए भारत के भाल के
मंज़िल पे आया मुल्क हर बला को टाल के
सदियों के बाद फिर उड़े बादल गुलाल के

हम लाए हैं तूफ़ान से कश्ती निकाल के
इस देश को रखना मेरे बच्चों सँभाल के
तुम ही भविष्य हो मेरे भारत विशाल के
इस देश को रखना मेरे बच्चों सँभाल के

देखो कहीं बरबाद ना होए ये बगीचा
इसको हृदय के खून से बापू ने है सींचा
रक्खा है ये चिराग शहीदों ने बाल के, इस देश को...

दुनिया के दाँव पेच से रखना ना वास्ता
मंज़िल तुम्हारी दूर है लम्बा है रास्ता
भटका ना दे कोई तुम्हें धोखे में डाल के, इस देश को...

एटम बमों के जोर पे ऐंठी है ये दुनिया
बारूद के इक ढेर पे बैठी है ये दुनिया
तुम हर कदम उठाना ज़रा देख भाल के, इस देश को...

आराम की तुम भूल भुलय्या में ना भूलो
सपनों के हिंडोलों पे मगन होके ना झूलो
अब वक़्त आ गया है मेरे हँसते हुए फूलो
उठो छलाँग मार के आकाश को छू लो
तुम गाड़ दो गगन पे तिरंगा उछाल के, इस देश को...

आज जब हमारा देश एक अजीब किस्म के आपसी द्वेष, अनास्था और अविश्वास के दौर से गुजर रहा है। आज जब अपने तात्कालिक लाभ के लिए राजनीति से लेकर समाजनीति और अर्थनीति तक लोगों को काट-बाँट रहे हैं, तब इस गीत का मर्म और अधिक स्पष्ट हो जाता है।

यूँ तो इस गीत में प्रतिपादित 'अन्य' भी काफी हद तक बाहरी है, क्योंकि इसमें युद्ध के खतरों की बात है, पर गहराई से देखें, तो यह गीत 'दुनिया के दाँव पेच', 'आराम की भूल-भुलैया' और 'सपनों के हिंडोलों' के माध्यम से विकास की मूल अवधारणा की बात करने वाला गीत है।

यदि गीत के पहले ही शब्द पर ध्यान दें, तो पासे पढ़ते ही महाभारत की याद आती है। उस समय फेंके गए पासे अन्ततः विनाश की कहानी रचते हैं, क्योंकि वे पासे स्वार्थ और केवल स्वार्थ भाव से फेंके गए पासे थे। वे दूसरों को नीचा दिखाने और उन्हें अपमानित करने के लिहाज से फेंके गए थे। और यहीं गांधी जी द्वारा सुझाए गए रास्ते की महिमा समझ में आती है, जब वे साधन और साध्य दोनों की नैतिकता पर जोर देते हैं। हिंसा, छल-कपट अन्ततः और अधिक हिंसा, छल-अविश्वास को पैदा करते हैं। आज इसी का तो बोलबाला है। हर अन्य 'दूसरा' अर्थात् पराया है, जो स्वभावतः दुश्मन सरीखा है। जहाँ विकास की तमाम सोच और जद्दोजहद

कुछ गिने-चुने लोगों के लिए सुख-सुविधाएँ उपलब्ध कराना हो, वहाँ साधनों की अनउपलब्धता दूसरे के प्रति अविश्वास ही पैदा करेगी, नोच-खसोट को सही करार देते हुए। विकास के इस मॉडल में रोटी दिनों-दिन केक में बदलती जा रही है, और केक का साइज़ छोटा होता जा रहा है। हम ऐसे आराम की भूल-भुलैया में पड़ गए हैं, जहाँ अपनी नाक के आगे का सब कुछ बेमानी हो गया है।

गांधी जी का मूलमंत्र कि किसी भी काम का पैमाना यह होना चाहिए कि उससे समाज के सबसे गरीब व्यक्ति की आँख का आँसू पोंछा जा सके, अब हमें ध्यान ही नहीं आता। यहाँ तक कि पायदान की अन्तिम सीढ़ी पर खड़े उस वर्ग के लिए चलाई जा रहीं परियोजनाएँ तक अफसरों-नेताओं की तिजोरी भरने का काम करती हैं।

स्वतंत्रता संग्राम के दिनों के संकल्पों और आजादी के बाद हमारी सोच और तद्ज़नित कर्म में आ गए इस आमूलचूल बदलाव के लिए हम भी तो जिम्मेदार हैं। हम भी तो केवल अपने हित की बात सोचते हैं। हमने भी तो इंडिविजुअल स्पेस—व्यक्तिगत स्वतंत्रता के नाम पर अपने पड़ोसी ही नहीं बल्कि अपने परिवार की अन्य शाखाओं तक को 'अन्य' अर्थात् पराया बना दिया है। हमारा मूल मंत्र ही है—अपनी सोचो...

ऐसी स्थिति में खुद के अधिकार नहीं बल्कि कर्तव्यों की ओर इंगित करने वाला गीत कितना और किस तरह महत्त्वपूर्ण हो जाता है, यह ठहरकर सोचने-गुनने की बात है...

गांधी के लहजे में कहूँ तो कहना ही पड़ेगा कि शुरुआत खुद से करनी चाहिए। किन्तु अफसोस कि हम 'प्रदीप' के इस गीत को जो अहमियत मिलनी चाहिए थी, वह नहीं देते!

'डी-जेंडरिंग' का अन्यतम उदाहरण

(विष्णु नागर की कविता—'किसी दिन उनकी स्त्री बनकर रहना')

किसी दिन उनकी स्त्री बनकर रहना

हाँ मुझे स्त्रियाँ अच्छी लगती हैं
उनकी सुन्दरता, उनका यौवन, उनका उत्साह, उनका आग्रह
उनकी मुस्कुराहट, उनकी बातें, उनका संग-साथ
उनका पास से गुज़र जाना, उनका स्पर्श पा जाना
उनका सपने में चले आना, उनकी याद में खो जाना
उन्हें कनखियों से देखना, आड़ से छिपकर देखना
कभी उनके साथ चलना, कभी उनके पीछे-पीछे
उनके नेतृत्व में चलने में गौरव महसूस करना
कभी उनके साथ चाय पीना, कभी उनकी शिकायतें सुनना
उनके साथ गाना, उन्हें संगीत की तरह सुनते चले जाना
उनके क्रोध, उनकी निराशाओं में साझा करना
उनके क्रोध, उनकी मुखरता में उनका साथ देना
उनकी बातों में छिपे अर्थ खोजने में
कभी-कभी बहुत दूर चले जाना, कभी ज़ल्दी हार जाना
कभी उन्हें समझकर न समझना, कभी उनसे उलझना-लड़ना और हारना
कभी उनका पहल करना, कभी उनका भ्रम में रखना
कभी उनका भावुक हो जाना, कभी रोने लग जाना
उनके लिए इंतजार करना, उनसे कभी इंतजार करवाना
उनके संघर्षों में साथ देना, उनके लिए जगह बनाने के लिए खड़े हो जाना
उनकी आजादियों पर खुश होना
उनकी गुलामियों के खिलाफ खुलकर बोलना
उनके कन्धे पर हाथ रखना, उन्हें अपने में समेट लेना, उनमें सिमट जाना

और कभी-कभी उनके साथ खुद भी
स्त्री की तरह सोचने-देखने लग जाना

किसी दिन ख़ुद भी उनकी स्त्री बनकर, उनके साथ रहना

विष्णु नागर की कविता—'किसी दिन उनकी स्त्री बनकर रहना' मुझे बहुत प्रिय है।

अगर कोई सिर्फ इस कविता का शीर्षक भर पढ़े, तो सोचेगा कि यह कविता किसी पुरुष के बारे में लिखी गई है...क्या नहीं?

किन्तु यह कविता तो 'डी-जेंडरिंग' का गजब प्रस्ताव करती कविता है। डी-जेंडरिंग की बेहतरीन नमूना कविता है!

क्या है 'डी-जेंडरिंग'?

माने अपने जेंडर या लिंग का अतिक्रमण (ट्रासेन्डेन्स)

यहाँ 'उनकी' पुरुष नहीं—स्त्री का द्योतक है। और स्त्री जिसे बनना है वह स्त्री नहीं—पुरुष है!! यानी कि किसी पुरुष को किसी स्त्री की स्त्री बनना है—स्त्री माने पत्नी, प्रेयसी, पार्टनर(?) आदि-आदि...जो चाहें बन जाएँ, बना दें/लें...

कवि एकदम शुरू यानी पहली ही पंक्ति में घोषणा कर देता है कि उसे स्त्रियाँ अच्छी लगती हैं! और अच्छे लगने में उनकी सुन्दरता, यौवन, स्पर्श, संग-साथ, उनकी निकटता सब शामिल है। यही नहीं उसमें उनके नेतृत्व में पीछे चलना तक शामिल है, चाय पीना, उनके क्रोध या दुःख को सुनने के साथ-साथ।

स्त्री के नेतृत्व में पीछे चलना 'अच्छा लगने' वाला काम है—यह एक महत्त्वपूर्ण वक्तव्य है। इस पर ध्यान दिया जाना चाहिए, क्योंकि अक्सर ही पुरुष मन एक पिछलग्गू स्त्री—अनुगामिनी की तलाश में रहता है! यहाँ कवि आम सोच से बिलकुल विपरीत बात कर रहा है। वह बीबी का गुलाम मुहावरे की मानो धज्जियाँ उड़ा रहा है। उसे परवाह नहीं कि लोग क्या कहेंगे। किन्तु ठहरिए, यहाँ बात स्त्री की हो रही है, पत्नी/बीबी की नहीं। क्या लोगों ने दुर्गावती, लक्ष्मीबाई, इंदिरा गांधी का नेतृत्व नहीं माना। यह अलग बात है कि हम लक्ष्मीबाई को खूब लड़ी मर्दानी कहते हैं और इंदिरा की कैबिनेट के बारे में यह कहते हुए मुस्काते हैं कि उसमें केवल एक ही पुरुष था! यानी कि हमने, हमारे समाज ने नेतृत्व के गुण को पुरुषोचित मान लिया है। यहाँ नागर जी की खूबी यह है कि वे क्वालिफाई करते हैं कि वे 'उनके (स्त्रियों के) नेतृत्व में चलने में गौरव महसूस' करते हैं! यानी कि वे उन्हें मर्द या पुरुष बनने के लिए नहीं कहते। वे औरते हैं, औरत होकर ही नेतृत्व कर रही हैं और उनके नेतृत्व में नागर जी का कवि गौरवान्वित अनुभव कर रहा है। और उनसे हार जाने में भी उन्हें कोई मलाल नहीं, जैसे कि उन्हें हरा देने में, उनसे झगड़ने में, समझकर भी उन्हें न समझने में। यानी कि

विष्णु नागर के लिए स्त्रियाँ, स्त्री होने भर से न महान हैं और न पैर की जूती।

नागर जी के लिए स्त्रियाँ मर्दों की तरह ही व्यक्ति हैं—एक पूरमपूर व्यक्ति!!! व्यक्तित्व से युक्त, व्यक्ति-सत्ता सम्पन्न!

इतना सब करते हुए कवि की मुद्रा एकदम बदलती है, वह उन्हें एकदम नई दृष्टि से देखता है—

'उनके संघर्षों में साथ देना, उनके लिए जगह बनाने के लिए खड़े हो जाना
उनकी आजादियों पर खुश होना
उनकी गुलामियों के खिलाफ खुलकर बोलना
उनके कन्धे पर हाथ रखना, उन्हें अपने में समेट लेना, उनमें सिमट जाना
और कभी-कभी उनके साथ खुद भी
स्त्री की तरह सोचने-देखने लग जाना'

कोई स्त्री के नेतृत्व को स्वीकार करके भी जरूरी नहीं कि उनके लिए जगह बना दे, (फिर याद करें—खूब लड़ी मर्दानी...यानी कि लाखों-करोड़ों में एक ऐसी औरत...यानी कि अपवादस्वरूप, स्वाभाविक नहीं!!!)।

केवल यही नहीं, कवि उनकी आज़ादी पर खुश होना चाहता है! औरत की आजादी पर खुश होना...बहुत बड़ी बात और उतनी ही बड़ी चुनौती क्योंकि तभी कहा जा सकता है—'स्त्री की तरह सोचने-देखने लगना'...यानी कि कवि विष्णु नागर इसे खुलेआम स्वीकारते हैं कि स्त्री की सोच पुरुषों से अलग होती है। तभी तो वह गुलाम (कत बिधि सृजीं नारि जग माहीं/ पराधीन सपनेहुँ सुखु नाहीं!) हो जाती है। नागर उसकी गुलामी के खिलाफ खुलकर बोलने के हिमायती हैं, उसकी तरह सोचकर उसके दु:ख को, उसके आँसुओं को समझने के हिमायती।

जिस दिन पुरुष औरतों की तरह देखने-सोचने लग जाएगा, उस दिन दुनिया की तस्वीर बदल जाएगी। कुछ ऐसी ही बात तो गांधी ने कही और की थी। वे तत्त्वत: स्त्रियों के सद्गुणों को अपने भीतर उतारने का प्रयत्न भी करते थे। तभी तो मनुबेन लिखती हैं—बापू मेरी माँ...बापू यानी कि पिता—पुरुष, लेकिन वह माँ के समान है—ममतामयी-करुणामयी! विष्णु नागर की यह कविता उसी राह पर चलने का साहस व उपक्रम है।

और ऐसा सोचने-कहने वाला कवि ही लिख सकता है ('बोलने से जुबान नहीं कटती पर लिखने से हाथ कट जाते हैं!'—हिन्दी के एक बड़े नामी आलोचक) मैं रेखांकित करना चाहूँगी—लिख सकता है—

'किसी दिन खुद भी उनकी स्त्री बनकर, उनके साथ रहना'...!!

यहाँ उनकी स्त्री बनकर रहना माने परम्परागत अर्थों में अनुगामिनी बनकर,

सेविका बनकर, उनका नाम धारण करके, वस्तुत: अपने नाम तक को खो देने का खतरा लेकर, उनके साथ रहना...

ऐसा नहीं कि उनकी स्त्री बनकर उनसे अलग रह अपना व्यक्तित्व उजागर करना बल्कि बिलकुल वैसे ही रहना जैसे सैकड़ों सालों से औरतें रह रही हैं, पति की, स्वामी की स्त्री बनकर...

किन्तु क्या सच में यही भर अभिप्रेत है या कवि का मन्तव्य कुछ आगे का है—हाँ, नि:सन्देह आगे का है—यह सच्ची बराबरी का आह्वान है—स्त्री-पुरुष की दिखावटी नहीं बल्कि—प्रेम, करुणा और विवेक पर आधारित बराबरी के सम्बन्धों की खोज। उसे रचने का उपक्रम और यह कहने/ लिखने का साहस कि मुझे स्त्रियाँ अच्छी लगती हैं, इसीलिए मैं उनके दु:ख-दर्द को समझते-बूझते, उनके नेतृत्व को सराहते, उनसे बराबरी से लड़ते-झगड़ते,अन्तत: उनकी तरह देखना-सोचना चाहता हूँ और किसी स्त्री का स्त्री बनकर रहना चाहता हूँ—मुझे यह अच्छा लगेगा...वैसे ही जैसे कि स्त्री मुझे अच्छी लगती है!

यही है डी-जेंडरिंग...यही है समानता!!

इस कविता के विन्यास को देखिए। तीसरी पंक्ति के बाद हर पंक्ति 'ना' पर खत्म होती है। कविता छंदमुक्त है—लय मुक्त नहीं। इस तरह के विन्यास से कवि अपनी बात को बलपूर्वक कहना चाहता है। यदि पूरी कविता के एक-एक शब्द को ध्यान से पढ़ें, तो स्त्री-जीवन की गाथा ही नहीं, एक पुरुष का स्त्री को देखने का नजरिया भी उद्घाटित होता है। यही इस कविता की ताकत भी है। नागर जी सहज बोलचाल की भाषा का प्रयोग करते हैं। ऐसी भाषा का प्रयोग विष्णु नागर जी की काव्य-कला की विशेषता है। वे बड़ी से बड़ी बात सीधे-सीधे बहुत साधारण भाषा में लगभग वक्तव्य की तरह कह देते हैं, और उसके बावजूद कविता रच देते हैं।

बेहद की हदों के ख्वाब देखने की लालसा तथा हद में बेहद को देखने का प्रयास

(लीलाधर मंडलोई की कविता—'अमूर्त' को पढ़ते हुए)

अमूर्त

जो होता है विसर्जित
मैं लाता हूँ स्मृति में
कोई बड़ा खयाल नहीं है भीतर

मैं बहुत छोटी चीजों से बनाता हूँ
अपनी इक जुदा दुनिया
जिस पर निगाह जाना कम हो जाता रहा है
मैं देखता हूँ वहाँ और
इक पत्ती में अमूर्त के भीतर भी होता है अमूर्त बहोत
इक पूरा ब्रह्मांड विस्मय

यह जो अदेखा अद्‌भुत है
आधार है मेरी कला का
आधा-अधूरा बिन पहचाना
बिखरा आस-पास बिना किसी नाम के
उसे ही अपने सौन्दर्य बोध से
देता हूँ इक पहचान और
इक नाम

इक सूखे-बिखरे फूल को
मुरझाए पौधे को

पेड़ के खोखल में उभर आई आकृति को
जैसे मिल गए मुझे गांधी, मुक्तिबोध, शमशेर,
देवताले, ऋतुराज अपने लिखे से बाहर दरख्तों में

मिल गई माँ की अमूर्त छवि
पिता का बिम्ब
गाँव के कोटवार का खो गया चेहरा
मैसो डुकरिया का झुर्रियों से भरा पोर्ट्रेट
पत्थर-चट्टान में

जंगल से गुजरने से बार-बार चूका मैं
रुका रहा एक परिंदे की खातिर
जो उड़ गया नजर में आकर
मैं उसके इंतजार में रहा

मैं रुका कितनी-कितनी चीजों के लिए
और खुलती गई तिजोरी कायनात की
चीजों ने ही खोले रहस्य इस अनाड़ी को
अनाम रंगों, त्वचाओं, आकारों, टोन के अजूबों, बोलती लयों,
संरचनाओं के आश्चर्य और
वे चित्र नसीब में, जो सिर्फ कुदरती थे

मेरी कल्पनाओं को जो उड़ान मिली
वो इस तरह जिन्दगी में कभी न थी
मैं न था कोई कवि, कोई कलाकार
लेकिन कुछ बदलता रहा भीतर

और मैं इक कोई दूसरे दीवाने शख्स में बदलने लगा, मैं था सूखी
मिट्टी का ढेला
मैं भीग रहा था कुछ और होने को

जो कुछ भी खो रहा था
मैं जीने लगा अमूर्त से मूर्त और
इसका उलट

देखा जिस किसी जीव को
उससे अधिक अमूर्त कुछ न था
यहाँ तक मनुष्य

मैंने पंखों को अबेरने का पागलपन जिन्दा रखा
और रंगों में डूबता गया
उनके स्पर्श ने मुझे कोमल बनाया
मैं जो बदनाम था अपनी बेजा लड़ाइयों
और मार-पीट के लिए
होता गया इतना भावुक कि रोने लगा
देखकर किसी का दुःख

अब मेरा भाव जगत ऐसा हो रहा था
जिसे लोग मानसिक व्याधि पुकारते थे
यक़ीनन जो परिवार की परेशानी का सबब था
पढ़ाई के लिए छूट गया गाँव-जवार
मैं उसे आँसुओं के बीच ले आया साथ

इस दुनिया में नामुराद मैं
बदला नहीं बल्कि बिगड़ता गया और खुश हूँ
हूबहू उसी शक्ल-ओ-दिल से ज़ुदा,जो हूँ
वो इतना खूबसूरत-खराब है
कि बगैर उसके कुछ भी नहीं

मैं रोज रात और दिन निकलकर देखता हूँ जो
आम नहीं
मैं अजाना-अचीन्हा देखते-पाते
गुजर जाना चाहता हूँ अपनी हदों से

मैं बेहद की हदों के ख्वाब देखता जीना चाहता हूँ

लीलाधर मंडलोई की यह कविता—अमूर्त—अपने एसेंस में कविता, कला की रचना-प्रक्रिया को समझने और व्यक्त करने का कवितामय प्रयास है। अमूमन रचना-प्रक्रिया को गद्य में कहने का चलन है, किन्तु कवि ने कविता को इसके

माध्यम के तौर पर चुना है, अथवा यहाँ खुद कविता ही अपने अशवा वृहत्तर अर्थ में कला की अभिव्यक्ति का माध्यम बन रही है।

कोई भी रचना वस्तुतः काल को चुनौती है। वह मृत्यु के खिलाफ जीवन का उद्घोष है।

विसर्जन का अर्थ ही है—त्यागना। सदा के लिए किसी वस्तु अथवा पदार्थ का अपने हाथों अन्त कर देना। फिर शेष रह जाती हैं स्मृतियाँ। कवि लीलाधर मंडलोई ने अपनी कविता 'अमूर्त' की आरम्भिक दो पंक्तियों मे 'विसर्जित' और 'स्मृति' दोनों शब्दों का प्रयोग करके कविता के शीर्षक—'अमूर्त' को एक सन्दर्भ में रख दिया है। विसर्जन कहते ही अस्थि विसर्जन का ध्यान हो आता है। जो व्यक्ति जीवित अवस्था में मूर्त होता है, वह मृत्यु के उपरान्त अस्थि-विसर्जन की प्रक्रिया सम्पन्न होते ही अमूर्त हो जाता है। अमूर्त को अगर निर्गुण के तौर पर पढ़ा जाए, तो उसकी व्याप्ति का कोई पारावार नहीं। और यह कविता इसी अमूर्त के मूर्तन और मूर्त के अमूर्तन का उत्सव है।

तो पहली पंक्ति में कवि कहता है—जिसका विसर्जन हो चुका है, उसे मैं पुनः स्मृति में लाता हूँ, यानी उसकी याद दिहानी करता हूँ। कविता या साहित्य अथवा शब्द से रचित किसी भी रचना का लक्ष्य ही है, किसी विचार या भाव अथवा दोनों को साथ मिलाकर किसी घटना अथवा सामाजिक-राजनैतिक-आर्थिक स्थिति को स्मृति का हिस्सा बना देना। यहाँ पर श्रुति और स्मृति की अनुगूँज सुनें। वेद श्रुति हैं—कैननाइज्ड—रूढ़, जबकि स्मृतियों में पुनर्व्याख्या की निरन्तर सम्भावना है। ये प्रवहमान हैं—ठीक कविता की तरह, जिसे जितनी बार पढ़ें, एक भिन्न अर्थ अनुगूँजित होता है। यहीं ध्यान करें, इस पंक्ति पर—कोई बड़ा खयाल नहीं है मन में। इस पंक्ति को पढ़ते ही संगीत के 'खयाल' की याद हो आई, जो कि ध्रुपद की ही एक शैली मानी जाती है और जिसे द्रुत और विलम्बित दोनों ही लयों में गाया जाता है। कवि बहुत विनम्रता से कहना चाह रहा है कि वह विस्मृत हो गए को याद दिला रहा है और बस—उसका कोई बड़ा मकसद नहीं है—किन्तु वह कविता ही क्या जिसकी अनुगूँज अतीत से निकलकर दूर भविष्य तक न गूँजे? या जो शब्द से निकलकर संगीत के अमूर्तन में नर्तन न करे।

सुनें कवि की मुराद, उसके मन की बात कि वह चाहता है कि भले ही वह कहे कि उसका कोई बड़ा मकसद नहीं है, पर चाहता वह यही है कि उसके शब्द अमर हो। याद करें जायसी को, जब वे पद्मावत में कहते हैं, 'जो यह पढ़े कहानी हम सँवरे दुई बोल!'—किसी भी रचनाकार की यही ख्वाहिश होती है कि वह रहे न रहे, उसके बोल बने रहें सदा। यानी कि जब भी कोई पद्मावत जैसा काव्य पढ़ेगा वह पाठक कुछ न कुछ तो कहेगा कि और उसी कहन में दरअसल जायसी की अमरता छिपी है। देखिए कितने सुन्दर शब्द दिए हैं कवि ने—हम सँवरे दुई

बोल—किसी भी रचना को पढ़ना दरअसल उसे पुनर्सृजित करना है।

अगली पंक्ति इसी का जैसे विस्तार करती है कि कवि बहुत छोटी चीजों से बनाता है एक जुदा—इस जुदा शब्द पर पुनः ध्यान दें—अलग दुनिया बना रहा है कवि, ऐसी दुनिया जिस पर अमूमन ध्यान नहीं जाता। बनाना—यह एक अत्यंत महत्त्वपूर्ण क्रिया है—बनाना माने निर्माण करना—निर्माण में कुछ नवीनता है—निर्माता यानी प्रजापति—यहाँ यह कहना अप्रासंगिक न होगा कि कवि का एक अर्थ प्रजापति भी है—

अपारे काव्यसंसारे कविरेव प्रजापतिः
यथा वै रोचते विश्वं तथेवं परिवर्तते।

ध्वन्यालोक में पंडित आनन्दवर्धन ने 'कवि-संसार' शब्द का उपयोग करते हुए कवि के रचनाकर्म की महत्ता को प्रजापति के समकक्ष माना है, क्योंकि कवि अथवा लेखक-चिन्तक मनुष्य के मानस को बनाकर विश्व के स्वरूप का निर्धारण-निर्माण करने वाले हैं। कवियों को जैसा संसार रुचिकर लगता है वैसा वे बनाते हैं। इसी अर्थ में बुद्धिजीवी ही असली मायनों में सभ्यता-संस्कृति के निर्माता होते हैं। यह काम महत्तर महत्त्व का है।

कवि का काम ही है, उन भावों-प्रक्रियाओं की ओर पाठक/ प्रेक्षक का ध्यान आकर्षित करना जिस ओर ध्यान नहीं जाता। कवि एक पत्ती को अपनी रचना में कुछ इस तरह दिखाता है कि उसमें अखिल ब्रह्मांड दृष्टिगत होता है। यह मूर्तन के परे अमूर्तन का खेल है। मूर्त रूप में पत्ती पत्ती है—किन्तु किसी खास कोण से देखने अथवा चित्रित करने अथवा शब्द द्वारा प्रस्तुत किए जाने पर उस पत्ती के अर्थ का, रूप का विस्तार ऐसा हो जाता है कि वह कई-कई अर्थों में खुलने लगती है। ऐसा प्रतीत होता है कि उसका अपना एक ब्रह्मांड है—और उसमें जाने कितने सौर्य-मंडल अपने-अपने ग्रहों-उपग्रहों के साथ मौजूद हैं।

ऊपर लिखा गया है कि अमूर्त को निर्गुण की तरह पढ़ें। सगुण रूप गुणों को सीमा में बाँधता है, किन्तु निर्गुण में सगुण समाया है, और उसके परे भी है। यह परे जाना ही अर्थ विस्तार का कारण भी है और उपादान भी।

अगले छंद में कवि ने कला को परिभाषित करने का प्रयत्न किया है। उसके अनुसार जो अदेखा है—अद्‌भुत है—ध्यान करें कि इस अदेखे को अद्‌भुत ढंग से देखने की आँख कवि के पास है, अन्यथा वह अदेखा न रह जाता। भला सुन्दर फूल या दृश्य कभी अदेखा रहता है? वह तो स्वतः अपनी ओर ध्यान आकर्षित करता है। तभी तो सुन्दर का एक गुण आकर्षक भी माना जाता है। इसी के उलटे विकर्षक भी ध्यान खींचता है, भले ही देखते ही आप आँखें फेर लें, किन्तु उसमें भी गुण है, ध्यान खींचने का। तो कवि अपने आसपास बिखरे—आधे-अधूरे, बिना

नाम अथवा पहचान के तत्त्वों को 'अपने सौन्दर्य-बोध' से देखता और गढ़ता है। बहुत महत्त्वपूर्ण है यह पदबंध—सौन्दर्य-बोध। कोई भी रचनाकार बिना बोध के रचना नहीं करता। उसके मन में कोई बात होती है, जिसे वह शब्द, रूप या वाणी देता है। इसे अदेखा करना—कला की रचना-प्रक्रिया को न समझने देगा। दुहराती हूँ इसे कि कवि 'अपने सौन्दर्य-बोध' का उपयोग करके अनाम—अपहचान वाले तत्त्व को एक नाम और पहचान देता है। आपने कई बार सुना या महसूस किया होगा कि 'ऐसा ही तो मैं सोचती या समझती थी किन्तु शब्द नहीं दे पाती थी।' यही है वह बात जिसके लिए आनन्दवर्धन कहते हैं कि कवि जैसा चाहता है, विश्व को उसी रूप में प्रस्तुत करता है। तो जो अदेखा छूट गया, क्योंकि उसमें कोई खास बात साधारण देखने वाले को न लगी, उसे कवि लीलाधर मंडलोई अपने सौन्दर्य-बोध के माध्यम से एक नाम और रूप दे देते हैं। उसकी पहचान को रेखांकित कर देते हैं। वे जानते हैं कि अब उस पर ध्यान जाएगा, अब वह अदेखा न रह जाएगा।

अगला पैरा इसे विस्तार देता है। वह ठूँठ या सूखा पत्ता जिसे आपने विसर्जित कर दिया है, उसे वे पुनः ध्यान में ले आते हैं, एक नए रूप में। उसका मानो पुनर्जन्म हो गया—कला के रूप में। कवि बताते हैं कि किसी सूखे-बिखरे फूल को, मुरझाए पौधे को, पेड़ के खोखल में उभर आई किसी आकृति को जब उन्होंने अपने सौन्दर्य-बोध से देखा तो उनमें उन्हें गांधी, मुक्तिबोध, शमशेर, देवताले, ऋतुराज अपने लिखे से बाहर दिखे। यहाँ ध्यान दे कि कवि ने 'को' धातु का प्रयोग किया है—'में' का नहीं। माने यह कि को कहते ही उसमें कवि-रचनाकार का हस्तक्षेप दिखाई पड़ने लगता है। कोई खोखल गांधी नहीं है, बल्कि रचनाकार ने खोखल को इस रूप में सामने रखा है कि देखने वाला चौंककर गांधी को उसमें देखता है। इनमें वे अपनी रचनाओं के बाहर दिखाई पड़ रहे हैं, क्योंकि अब वे खुद एक अन्य कवि की रचना हैं। मुक्तिबोध की 'अँधेरे में' की ये पंक्तियाँ मंडलोई की कविता से किस तरह मेल खा रही हैं, यह देखने की बात है—

'इतने में अकस्मात् गिरते हैं भीतर से
फूले हुए पलस्तर,
गिरती है चूने-भरी रेत
खिसकती हैं पपड़ियाँ इस तरह—
खुद-ब-खुद
कोई बड़ा चेहरा बन जाता है,
स्वयमपि
मुख बन जाता है दीवाल पर,
नुकीली नाक और

भव्य ललाट है,
दृढ़ हनु
कोई अनजानी अनपहचानी आकृति...'

अगली ही पंक्तियों में कवि अपनों की छवि को देखता है—माँ की अमूर्त छवि—यहाँ अमूर्त शब्द बहुत मानीखेज है। और इसी तरह से पिता के लिए बिम्ब का प्रयोग। यह माँ और पिता को शब्द के विस्तृत अर्थ में देखने वाली बात है। उन्हें उनके व्यक्तित्व व चरित्र के सीमित दायरे से बाहर निकालने का प्रयास। लार्जर देन लाइफ जैसा कुछ। माँ और पिता के प्रति कृतज्ञ प्रेम का सूचक। कुछ उऋण होने की कोशिश। क्योंकि वैसे तो पिता का चेहरा कोटवार में खो गया है। गाँव के प्रशासन का हिस्सा होकर दूर होते गए पिता को कविपुत्र द्वारा आत्मीय रूप से याद किए जाने को पढ़िए। पढ़िए कामकाज में सदा लगी रहने वाली माँ, जो जितनी पास होती है, अपनी व्यस्तता के चलते उससे कहीं दूर, उसको याद करने का प्रयास जिसमें उसका चेहरा उतना मूर्तिमान नहीं होता...किन्तु उसकी व्याप्ति बहुत अधिक होती है। कवि केवल अपने माता-पिता की छवि ही नहीं देखता बल्कि गाँव की मैसो डुकरिया (बुढ़िया) का झुर्रियों भरा पोर्ट्रेटनुमा चेहरा भी पा जाता है, किसी पत्थर-चट्टान में। इसे पढ़कर जाने क्यों मुझे माइकेल एंजेलो द्वारा किशोरावस्था में बनाया किसी वृद्ध का चेहरा याद आ जाता है। यह पाठ मैंने स्कूल की किसी छोटी कक्षा में पढ़ा था। इसे पढ़ाया था मेरे पिता ने। यह मेरे मन में अमिट भाव से अंकित हो गया है। माइकेल ने चेहरे के गाल के निचले हिस्से को अपनी छेनी-हथौड़े से थोड़ा पिचका दिया। जब उनसे पूछा गया कि ऐसा उन्होंने क्यों किया तो उनका जवाब था कि बुढ़ापे में जब दाढ़ गिर जाती है तो गाल पिचके से लगते हैं। बूढ़े का चेहरा गढ़ते समय वहाँ का उभार कम करना जरूरी है। यहाँ कवि चट्टान में झुर्रियों भरा चेहरा देखता है। चट्टान हवा-पानी से कैसे कटी होगी कि वह डुकरिया के चेहरे से मेल खाने लगी। रचनाकार की कल्पना तो देखें। देखें कि चट्टान में कैसे किसी का चेहरा देखा जाता है और यह भी कि किसी पोर्ट्रेट को कैसे कविता में तब्दील किया जाता है। अमूर्तन से मूर्तन और पुनः शब्दों द्वारा-मूर्तन। मूर्तन-अमूर्तन का सतत खेल—कल्पना की लम्बी उड़ान को न्योतते शब्द-चित्र।

अगला छंद जंगल के अकूत आकर्षण का बयान है, जहाँ एक चिड़िया की झलक एक बार फिर से देखने के लिए कवि जंगल को पार करना भूल जाता है। शब्द है 'चूका'—'जंगल से गुजरने से बार-बार चूका मैं।' असफल हुआ कवि। जंगल उसके भीतर बसा रह गया। वह जंगल से बाहर आ ही नहीं पाया। यह बात वही कवि कह सकता है, जिसका बचपन घने जंगलों में बीता और जो जंगल का ही सदा बना रहा। जिसने न जाने कितनों को 'जलावतन' होते देखा और कितनों

को खत्म होते। 'काला पानी' भी तो नष्ट हो रही जनजातियों की स्मृति को जीवित रखने का प्रयास है। लौट-लौट कर वापस मूल की ओर जाने की लालसा। कविता के शब्दों में उड़ गई चिड़िया को पुनः देखने की लालसा। भले ही वह इंतजार फलीभूत न हुई हो, किन्तु ऐसे प्रयास कभी विफल नहीं होते और कवि कहता है कि प्रकृति ने सारे कायनात खोल दिए और ऐसे-ऐसे रहस्य दिखाए, जिसमें रंगों, त्वचाओं, टोन के अजूबों, बोलती लयों, संरचनाओं के आश्चर्य सभी कुछ थे। यह प्रकृति की भेंट थी अपने अनथक यात्री के लिए। यह जो प्रकृति को देखना है, उसकी समग्रता में, यह मंडलोई की अपनी प्रकृति के सर्वथा अनुरूप है। प्रकृति की यह छवि मुझे भवानी प्रसाद मिश्र की कविता 'सतपुड़ा के घने जंगल' की अन्तिम पंक्तियों की याद दिला देती है—

धँसो इनमें डर नहीं है,
मौत का यह घर नहीं है,
उतर कर बहते अनेकों,
कल-कथा कहते अनेकों,
नदी, निर्झर और नाले,
इन वनों ने गोद पाले।
लाख पंछी सौ हिरन-दल,
चाँद के कितने किरन दल,
झूमते बन-फूल, फलियाँ,
खिल रहीं अज्ञात कलियाँ,
हरित दूर्वा, रक्त किसलय,
पूत, पावन, पूर्ण रसमय
सतपुड़ा के घने जंगल,
लताओं के बने जंगल।

कवि जिन चित्रों को देखता है, वे कुदरती थे, और कवि के नसीब से ही दिखे थे। नसीब—महत्त्वपूर्ण प्रयोग है, जो कविता की, सृजन की रहस्यमयता को उजागर करता है।

प्रकृति के इस सान्निध्य से कल्पना प्रदेश को तो उर्वर होना ही था। यह कवि की विनम्रता है कि वह स्वयं को कवि कलाकार नहीं मान रहा बल्कि अपनी रचनाशीलता का श्रेय प्रकृति को दे रहा है। 'गॉड गिफ़्टेड' की तरह पढ़ें। यही कवि प्रकृति भी है।

अगली पंक्तियाँ बरबस कबीर की याद दिला देती हैं—

मैं था सूखी मिट्टी का ढेला
मैं भीग रहा था
कुछ और होने को

पत्थर भीगने के बाद भी पत्थर ही रहता है, भले ही वह भीगते-भीगते घिस जाए। किन्तु मिट्टी भीगकर कोमल हो जाती है, उसमें कुछ और बनने की, किसी अन्य रूप में ढलने की क्षमता आ जाती है। कवि हृदय में यही नमनीयता है जो उसे कल्पना के पंख देती है और कुछ भी निर्भीक होकर रचने की प्रेरणा भी। यहाँ कवि को रचनाकार के व्यापक अर्थ में देखने की जरूरत है।

यहाँ कवि पुन: खो जाने वाले जीवों—तत्त्वों की बात ले आता है। जो कुछ भी खो रहा था उसे स्मृति में बाँधने की प्रक्रिया है—रचनाशीलता। कहीं भूल न जाएँ इसीलिए उसे लिख लिया जाए, उसके चित्र अंकित किए जाएँ, फोटो खींच ली जाए यानी कि उसकी पुनः-पुनः रचना की जाए। ताकि बचा रहे वह अगली पीढ़ियों के लिए। यह मनुष्य होने का प्रमाण है कि हम विरासत छोड़ते हैं। शब्दों, रचनाओं, अर्थों सबकी विरासत। जब कोई कलाकार के तौर पर किसी जीव को देखता है तो वह थ्री डाइमेंशन वाली अनुकृति भर नहीं होता, बल्कि उसमें वे कई-कई अर्थ समाविष्ट हो जाते हैं, जो कवि-रचनाकार दिखाना-बताना चाहता है। और वे मूर्त होकर भी अमूर्त यानी कि व्यापक अर्थसन्दर्भ पूर्ण हो जाते हैं। कवि अपने विषयों को कुछ इसी तरह देखता है, और पाठक को भी इसी तरह उन्हें देखने को कहता है। दरअसल यह कविता एक तरह से कवि का कथन है अपनी रचना-प्रक्रिया को स्पष्ट करने के लिए।

अगली पंक्ति पंखों को अबेरने यानी कि समेटने की बात करती है। पंख समेटना—क्या तूलिका बनाने के लिए, कलम बनाने के लिए या फिर पंख माने अनेक रंग अनेक सम्भावनाएँ! या फिर पंख समेटकर ऊँची उड़ान भरने की तैयारी के लिए। चिड़िया उड़ने से पहले पंख समेटती है, हवा में ऊँची छलाँग लगाने के बाद ही वह उन्हें फैलाती है। उड़ना, समेटने और फैलाने की क्रमवार क्रिया है। यहाँ कवि इस अर्थ में भी इसका प्रयोग कर रहा है। लेकिन इस अर्थ में भी जिसका संकेत ऊपर की पंक्ति में है, पंख समेटकर तूलिकावत् उन्हें रंगों में डुबोकर कृति की रचना करना। पंख अबेरती चिड़िया का यह बिम्ब जे. स्वामीनाथन की चित्रकृतियों की चिड़ियों की याद दिलाता है। याद करें कि उन चित्रों में भी चिड़ियाँ पंख अबेरे हुए हैं, लेकिन वे तिरती प्रतीत होती हैं। रचनाकार की इस साधना ने उसके क्रोध का भी शमन किया और उसे भावुक बनाया। परकाया प्रवेश किसी भी रचना के सहृदय पाठ के लिए आवश्यक है। इसीलिए कहा जाता है कि साहित्य पाठक को अधिक मनुष्य बनाता है, क्योंकि तब पढ़ने वाला दूसरों की स्थितियों और भावनाओं

को बेहतर ढंग से समझने में समर्थ होता है। आज जब साहित्य-कला की पढ़ाई सिरे से गायब है तो हम मनुष्य को मशीन व रोबो में बदलते देख रहे हैं। उसकी भावनाओं को केवल अपने या अपनों तक सिमटते देख रहे हैं। यह मनुष्यता के लोप के दिन हैं। ऐसे में लीलाधर मंडलोई की यह कविता और अधिक प्रासंगिक हो उठती है, जिसमें कवि यह स्पष्ट कहता है कि रचनाशीलता ने उसके भीतर के मनुष्य को पुनर्जीवित कर दिया है। वह लड़ने की बजाय दूसरों के दुःख में भावुक होने लगा है। उसकी आत्मा का विस्तार स्व से पर की ओर सहज ही हो रहा है।

किन्तु ऐसे भावुक मनुष्य को आज का समाज मानसिक तौर पर बीमार मानता है। कैसी विडम्बना है। जो मनुष्य है वही आज के समाज में पागल कहलाता है। किन्तु कवि इसे नजरअन्दाज करते हुए हमें सूचित करता है कि जो गाँव-जवार पढ़ाई यानी कि आधुनिक सभ्यता को साधने के चक्कर में छूट गया उसे आँसू वापस ले आए। स्मृति की यही भूमिका है कि वह पुनर्सर्जना के लिए मनुष्य को प्रेरित करती है।

अगली पंक्तियों में कवि स्वयं को नामुराद कहता है—वह जिसकी कामना कोई नहीं करता। किन्तु कवि अपने इस बिगड़े हुए रूप में, जिसमें वह जो विसर्जित है, उसे स्मृति में लाने के काम में डूबा है, को बहुत खुशी से कबूल करता है। उसका रूपरंग तो वही है, किन्तु उसके मानस में, दिल में बदलाव या कहें कि विस्तार आ गया है। वह उसे खूबसूरत और खराब साथ-साथ कहता है। खूबसूरत साथी सहृदयों के लिए और खराब जमाने के लिए। जो जमाना है, वह आम—कॉमन के अर्थ में—को ही महत्त्व देता है। सब मशीन से निकले एक तरह के कलपुर्जे, जिनके लिए दिमाग खपाना न पड़े। एक ही चाबुक से जिन्हें हाँका जा सके। यह बाजारवाद ऐसे ही तो मशीनी मानव बनाना चाहता है, जो एक तरह से सोचें, खुश हों और रोएँ। कवि इसी से अलग होना चाहता है और अजाना-अनचीन्हा देखना और पाना चाहता है। यहाँ हम कविता की उस दृष्टि के बारे में बात कर सकते हैं, जिसे फ़र्दिनेंद दि सिस्योर 'ओस्त्रानेनी' के नाम से अभिहित करते हैं। यानी कि किसी भी चीज को यूँ देखना मानो पहली बार देखा हो। बालक की दृष्टि, जिसमें वह चीन्हता-बूझता है—पहली-पहली बार और जो उसके दिमाग में सदा के लिए अंकित हो जाता है। कवि ऐसे ही देखना चाहता है, अपने परिवेश को, मनुष्य को भी। और इस तरह देखने वाला क्या हदों में बँधा रह सकता है—जो मूर्त में अमूर्त और अमूर्त में मूर्त गढ़ता हो, वह हद से गुजरता ही है।

अन्तिम पंक्ति पढ़ें—'मैं बेहद की हदों के ख्वाब देखता जीना चाहता हूँ।' यहाँ मंडलोई हद के बेहद की बात नहीं कर रहे, बल्कि बेहद के हद की बात कर रहे हैं यानी कि अनन्त को साधकर प्रत्यक्ष करने, उसे हस्तामलकवत् बनाने की बात कर रहे हैं। यही कविता के आध्यात्मिक क्षण हैं, जहाँ कवि एक विराट अनुभव से गुजरना चाहता है, रोज-रोज की चिक-चिक से परे, एक आनन्द की प्रतीति, जहाँ

रंग हैं, आकार हैं, लय और संरचनाएँ हैं और भाव जगत का अप्रतिम विस्तार है।

क्या यहाँ हमें कबीर यह गाते सुनाई नहीं पड़ रहे—

हद्द छाड़ि बेहद गया, किया सुन्नि असनान।

या फिर यह कि—

'हद छाड़ि बेहद गया, रह्या निरन्तर होय।
बेहद के मैदान में, रह्या कबीरा सोय॥'

कवि मंडलोई इन दिनों फोटोग्राफ़ी कला की साधना में रत हैं। उनकी यह कविता दरअसल काव्य और फोटोग्राफ़ी को नए सिरे से समझने का प्रस्ताव करती कविता है। इसमें प्रयुक्त शब्दों को देखिए, वे देशज, अरबी, फारसी, तत्सम-तद्भव सभी का सहज प्रयोग करते हैं। यहाँ विसर्जित और स्मृति भी है और निगाह, जुदा और दरख्त भी हैं। एक पूरी पंक्ति देखें—

इस दुनिया में नामुराद मैं
बदला नहीं बल्कि बिगड़ता गया और खुश हूँ
हूबहू उसी शक्ल-ओ-दिल से जुदा,जो हूँ
वो इतना खूबसूरत-खराब है
कि बगैर उसके कुछ भी नहीं

कविता छंद-मुक्त है पर एक लयात्मकता सहज अनुस्यूत है, चित्रोपमता से युक्त। अपने में एक भरी-पूरी कविता—रचना-कलाकृति!

देश की खाली जेब और व्यक्ति के खाली हाथों को दिखाती

(समीर बरन नन्दी की कविता—'ओवरकोट')

लो, घी से खाली कटोरा-से हाथ—
यह ओवरकोट लो,
जब खेतों की पहरेदारी करना
इसे पहनना—
इसमें तुम्हारा दुबलाना छुप जाएगा।
हो सकता है तुम्हें अपने हट्टे-कट्टे दिन याद आ जाएँ
और निश्चय ही
कोट के सामने के भाग को मिलाते हुए
तुम्हें अपने होंठों पर
कोई मुस्की याद आ जाए
बेचने वाली ने इसके रंग की
तारीफ की थी—
कहा था टिकाऊ होगा
मैं सोच रहा था—इसमें तुम्हारी आँखों से टपका
पानी टिक नहीं सकता
यह मेड इन यूएसए है।
(रिपोर्ट है इससे सस्ता कोट इस देश में नहीं मिलता)
मैं जानता हूँ पिता
तुम्हारी अभावग्रस्त उम्र का हाड़ काँप रहा होगा
और ऐसा ही कोट आजकल लोग पहन रहे हैं
वहाँ की उतरन से
ढक रहे हैं देश के आम लोग कम्पन।
ये दिल्ली बाजार की उपलब्धि है।

इसकी जेबें बड़ी हैं।
हो सकता है पिता
इसमें तुम्हारे खाली हाथ छुप जाएँ...।

('तलहटी में वसन्त' में संकलित)

समीर की यह कविता पहली बार, कुछ नहीं तो चालीस साल पहले—1978-79 में सुनी थी और सन्न रह गई थी। यह अनुभव मेरा नहीं बल्कि वहाँ मौजूद सभी का था। हम एम.ए. के विद्यार्थी थे और हममें से एक व्यक्ति इतनी बेहतरीन कविता रच रहा था, यह हमारे लिए अद्भुत गर्व का विषय था और कविता की मार्मिकता, उसका अर्थगर्भत्व हमें अवसन्न बनाए दे रहा था।

इस कविता पर मैंने समीर के पहले संग्रह 'तलहटी में वसन्त' की समीक्षा करते हुए भी लिखा था। आज कुछ विस्तार से लिखते हुए मन में लगभग वैसी ही अनुभूतियाँ हैं, जो इसे पहले-पहल सुनकर हुई थीं।

चलिए पढ़ें इसे।

इस कविता की पृष्ठभूमि में है, सत्तर के दशक में अमेरिका तथा यूरोप से आए पुराने या रिजेक्टेड कपड़े, जो दिल्ली के कनॉट प्लेस और जामा मस्जिद जैसे बाजारों में पटरियों पर खूब बिकते दिखाई पड़ते थे। ऐसे ही दृश्य दूसरे महानगरों में भी दिखते ही होंगे। अमीर-गरीब सब इन कपड़ों पर टूट पड़ते थे। गर्म स्वेटर, कोट, डिजाइनदार कमीजें, स्कर्ट या फ्रॉक सब कुछ। कई बार लोग शहरों से गाँव-घर लौटते हुए सगे-सम्बन्धियों के लिए भी ये कपड़े लाद-बाँध ले जाते थे। गर्म कपड़े सचमुच में बहुत गर्म होते थे और बहुत दिनों तक बने रहते थे।

पहली ही पंक्ति में ध्वनित होते अर्थ को जरा गौर से सुनें और एकदम नए और हतप्रभ करने वाली उपमा को सराहें—घी से खाली कटोरा-सा हाथ! कितनी दृश्यात्मकता है—आँखों के सामने। हथेली का रंग काँसे जैसा होता है, अगर खून की कमी हो तो कई बार पीतल-सा कुछ पीला दिखता है। दोनों हथेलियों को अगर जोड़ दें तो कटोरे जैसा आकार दिखता है। घी से भरा कटोरा धन का लक्षण है। घर घी-दूध से भरा रहता है माने धन-धान्य से भरा। अब कटोरे से घी निकाल दें तो वह निर्धन का कटोरा, भिखमंगे का कटोरा हो गया। ध्यान करें कि भीख माँगते जुड़े खाली हाथ कटोरे जैसा ही दिखते हैं। यह भी याद रखें कि यह कविता लगभग चालीस साल पहले की कविता है। तब बर्तन काँसे-पीतल के होते थे। आम घरों में स्टील का चलन न था। चूँकि स्टील का नया फैशन अभी शुरू ही हो रहा था, अत: स्टील के बर्तन सम्पन्न घरों में ही दिखाई पड़ते थे। आज स्थिति ठीक उलटी है। ताँबे, काँसे, पीतल के कलईदार बर्तन अब समृद्ध घरों की निशानी हैं। देखिए, समय कैसे पलटा खाता है। तो घी से खाली कटोरे जैसे भीख माँगते हाथों को थमाया

एक ओवरकोट। यह थमाया गया पिता को। यह ओवरकोट खेतों में पहरेदारी करते हुए बुढ़ाते पिता को ठंड से बचाएगा। पिता खेत के मालिक नहीं पहरेदार हैं या वह किसान जो बँटाई पर खेती करता है, या छोटा किसान जिसकी फसल तैयार होते ही महाजन के घर जाने को अभिशप्त है, क्योंकि उसी के बल पर परिवार ने कर्ज उठा लिया है। ओवरकोट का साइज इतना बड़ा है कि वह आदमी की काठी को एक नया आयाम ही दे देता है। कोई कितना भी दुबला जाए, इस बड़े आकार के कोट में उसका दुबलापन छिप जाएगा। इसे देश की अर्थव्यवस्था के रूप में पढ़ें। नंगे-फटेहाल लोग देश की फटेहाल व्यवस्था को उजागर करते हैं, किन्तु पुराना ही सही पर साबुत गर्म कपड़ा तंगहाली को बहुत कायदे से ढँक देता है। यहाँ यशपाल की कहानी 'परदा' याद आई या नहीं? घर के अन्दर घुसते ही गरीबी नंग-धड़ंग रूप में सामने आ जाती थी, किन्तु दरवाजे पर टँगा पुश्तैनी दरी का पर्दा उसे बखूबी ढाँपे रखता था। फिर यह कोट तो कुपोषण के दुबलेपन को भी छिपाने में समर्थ है। याद करें इथियोपिया, नाइजीरिया आदि अफ्रीकी देशों की गरीबी की तस्वीरें या अपने ही देश में कालाहाँडी की तस्वीरें। इन तस्वीरों में देह हड्डियों पर चिपके खाल के खोल में मढ़ी दिखाई पड़ती है। अब जरा इस देह पर ढीले-ढाले कपड़े पहना दें। उसकी बदहाली ढँक जाएगी। भूख के कारण पीठ से चिपके पेट का दृश्य आँखों से ओझल हो जाएगा। तो यह कोट भी गरीबी ढँकने में सक्षम है। ठंड बचाने में तो है ही। ठंड से बचना अभिधार्थ है और देश की गरीबी को ढकना ध्वन्यार्थ!

अगला पैरा देखिए। पिता की जवानी की तस्वीर, जिसमें उनका शरीर आज की तरह ढल गया हुआ नहीं बल्कि हट्टा-कट्टा है। उस जवानी के समय के प्रेम करते मनुष्य को ढूँढ़िए इन पंक्तियों में। यह प्रेम वायवीय प्रेम नहीं बल्कि पूरी तरह देह से जुड़ा प्रेम है। और कोट के अगले भाग को मिलाते हुए पिता को उन पुराने दिनों की याद में ले जाना वस्तुत: बदली परिस्थितियों से पाठक को रूबरू कराना है। कभी पिता भी जवान थे, किसी स्त्री से प्रेम करते थे। आज चौकीदारी करते हुए, बूढ़े हो रहे पिता के जीवन से वसन्त जा चुका है। उसकी यादें भर शेष हैं, जो यदा-कदा चेहरे पर मुस्कान ले आती हैं। और कविताई का कौशल देखिए कि अगली ही पंक्ति में उस सेल्सगर्ल या औरत की कही बात है कि इस ओवरकोट का रंग टिकाऊ है। यानी कि पिता के मन में प्रेम की यादों की तरह टिकाऊ! वाह आज की वस्तुस्थिति को अतीत से सूत पर सूत मिलाकर जोड़ने की ऐसी कला कि कोई सुन्दर नमूना उभर आए और सारे जोड़ उसी में छिप जाएँ। सीमलेस! और न केवल रंग बल्कि कपड़ा भी टिकाऊ। और उसमें आँसुओं के दाग-धब्बे नजर नहीं आएँगे, क्योंकि कपड़े की सिफत ही ऐसी है कि उस पर टपका हुआ आँसू टिक ही नहीं सकता। यानी कि अमरीकी व्यवस्था की सिफत ऐसी है कि उस पर किसी देश की गरीबी, बदहाली का कोई असर नहीं पड़ता, वह अपने तरीके से चलती है

और हाथ फैलाने वालों को भी अपनी ही शर्तों पर कर्ज, लोन, एड इत्यादि देती है। यह बात जाहिर होती है—'यह मेड इन यूएसए है'—इस दूसरे पैराग्राफ़ की अन्तिम पंक्ति, जो 'इसमें तुम्हारी आँखों से टपका/ पानी टिक नहीं सकता' के बाद आती है। और यह बात पुत्र सोच रहा है, क्योंकि वह अमरीकी एड-प्रोग्राम के दूरगामी प्रभावों को जान रहा है, समझ रहा है। एक तरह से अपने पाठकों को चेता रहा है कि जिस कोट को पहनकर तुम इतरा रहे हो, वह उतरन है, तुम्हारे अपने देश का उत्पाद नहीं न ही कोई मशीन या टेक्नोलॉजी जिसके बूते तुम कुछ ठोस पैदा कर लोगे, रोजगार दे दोगे।

तीसरा पैराग्राफ़ पुनः पिता के अभावग्रस्त जीवन की बदहाली को रेखांकित करता है। गरीबी में ठंड, सीधे हड्डियों को गला देती हैं। 'गलाव पड़ रहा है' का मुहावरा, गाँव-देहात से जुड़े लोग बखूबी समझेंगे। कवि बताता है कि आम लोग ऐसे ही विदेशी उतरनों से अपना तन ढँक रहे हैं। मार्मिक कथन है—दिल्ली बाजार की उपलब्धि—देश की आजादी के तीस साल बाद भी हमारी अर्थव्यवस्था इतनी मजबूत और समान वितरण-प्रणाली वाली नहीं हुई, कि हम देश के सभी लोगों के पेट भर सकें और तन ढँक सकें। गरीबी और बदहाली की स्थिति जो स्वतंत्रता प्राप्त करने के वक्त थी, उसमें महत्त्वपूर्ण बदलाव नहीं आया। पहले की तरह ही कहीं अमीरी के नखलिस्तान तो कहीं गरीबी के गड्ढे! दिल्ली बाजार या दिल्ली में राज कर रही भारत सरकार अब भी हाथ फैलाकर भीख माँग रही है और उसी भीख से देह पर कपड़े और पेट में अन्न डालकर 'कुछ तो दिया' का स्वाँग रच रही है।

इस कविता का रचनाकाल 1975 के आपातकाल के बाद का है। उस समय विपक्ष लगातार यह बता रहा था कि सरकार ने दूरगामी आर्थिक बदलाव के लिए कुछ नहीं किया। 1978-79 के आसपास जब यह कविता रची गई, तो जनता पार्टी की सरकार थी। उसकी उपलब्धियों में सबसे बड़ी उपलब्धि पुराने सरकार को कोसने की थी, कुछ नया रचनात्मक करने में न थी। उन्हीं दिनों इस तरह की उतरने देश के बाजारों में भर दी गईं। कवि की पैनी निगाह इसे देख रही है, क्योंकि कवि स्वयं जयप्रकाश नारायण की पुकार पर उनके पीछे हो लिया था। यह एक तरह से जयप्रकाश नारायण के वादों से मोहभंग की भी कविता है।

पिछली पंक्ति अगर देश की स्वाधीनता की विडंबना को रेखांकित करती है तो अगली पंक्तियाँ जो कि कविता की अन्तिम पंक्तियाँ भी हैं, एक गहरा व्यंग्य उत्पन्न करती हैं। ओवरकोट की बड़ी जेबों में खाली हाथ के छुप जाने का बिम्ब बहुत सशक्त बिम्ब है। अमरीकी और अन्य विदेशी एड एक सीमित समय के लिए गरीबी से लोगों को कुछ बेखबर कर सकते हैं, किन्तु यह कोई ऐसा उत्पादक काम तो नहीं हुआ कि कोई परिसम्पत्ति बने, किसी प्रकार की उत्पादकता में वृद्धि होने के कारण सकल आय में वृद्धि हो। यह पेट भरना और देह ढँकने का उपक्रम छलावा है।

समीर की यह कविता अपने मितकथन और बिम्ब-विधान में बहुत सशक्त है। देश की पूरी अर्थव्यवस्था को ओवरकोट जैसे रूपक से प्रस्तुत करना वस्तुतः श्रेष्ठ रचनाकार होने का प्रमाण है। याद रहे कि समीर बरण नन्दी जब यह और ऐसी कविताएँ रच रहे थे तो वे मात्र बाईस-तेईस साल के नौजवान थे। कविता कितने स्तरों पर खुलती है आपने देखा—जवानी के प्रेम और उत्साह से लेकर बूढ़ी होती देह की हताशा निराशा तक। देश की क्रमशः विखंडित होती अर्थव्यवस्था तक और अमीर लोग ही नहीं बल्कि विकसित-अविकसित देशों के बीच बढ़ती खाइयों तक। यह ओवरकोट भी मात्र ओवरकोट नहीं है, हम सब जानते हैं कि विकसित देश गले-सड़े अन्न से लेकर ऑब्सलीट होती टेक्नोलॉजी तक गरीब देशों को बेचकर उन्हें यह सपना दिखाने में कामयाब हो जाते हैं कि ये चीजें उन्हें अमीर बनाएँगी।

समीर बरण नन्दी की यह कविता ऑब्जर्वेशन की कविता है और उनमें निहित सामाजिक, आर्थिक-राजनैतिक कार्य-कारण सम्बन्ध ढूँढ़ने-समझने और उन्हें कविता की अपनी स्वायत्तता की रक्षा करते हुए रचने की श्रेष्ठ क्षमता की कविता है। यह चौंकाती नहीं बल्कि अपने भीतर गहरे पैठने की माँग करती है। वह पाठक से सजगता के साथ-साथ अध्ययन-मनन की माँग करती है। यही श्रेष्ठ कविता के लक्षण हैं जो आपकी सोच को, मानस को, संवेदना को और अधिक व्यापक एवं गहरा बनाएँ। आपको बेहतर मनुष्य बनाएँ।

याद कीजिए अपने फटे-पुराने कपड़े, टेढ़े-टूटे बर्तन, काम न आने वाले सामान-उपकरण अपने नौकर-चाकरों को देते हुए, हम भी तो महादानी की मुद्रा में होते हैं!

हम भी तो सोचते हैं कि ये चीजें उन्हें बेहतर जीवन देंगी—हमारी रद्दी को कम करते हुए, हमें अधिक स्पेस देते हुए! यह ओवरकोट का जेब हुआ कि नहीं, जिसमें खाली हाथ छिप जाएँ, जुबान पर ताला पड़ जाए और रीढ़ कृतज्ञता से झुकी रहे...

समीर बरन नन्दी की यह कविता आज भी उतनी ही प्रासंगिक है, जितनी उन दिनों थी। आने वाले दिनों की तस्वीर है यह कविता। यह कविता एक तरह से अपने समय और स्थान दोनों को ट्रांसेंड करने वाली कालातीत रचना है। यह दरअसल बार-बार पढ़ी जाने वाली रचना है।

जीवन की आपा-धापी (प्रलय) में पिता (की स्मृतियों) का (लय की तरह) होना!

(अशोक कुमार पांडेय की कविता—'होना न होने की तरह')

तो पहले कविता पढ़ें फिर पाठ...लौट-लौट कविता पर आएँ, बस यही मकसद है इस पाठ का...

(एक)

जूतों की माप भले हो जाए एक-सी
पिता के चश्मों का नम्बर अमूमन अलग होता है पुत्र से

जब उन्हें दूर की चीजें नहीं दिखतीं थीं साफ
बिलकुल चौकस थीं मेरी आँखें
जब मुझे दूर के दृश्य लगने लगे धुँधले
उन्हें करीब की चीजों में भी धब्बे दिखाई देने लगे

और हम दृश्य के अदृश्य में रहे एक-दूसरे के बरअक्स

(दो)

उनके जाने के बाद अब लगता है कि कभी उतने मजबूत थे ही नहीं पिता जितना लगते रहे। याद करता हूँ तो महँगे कपड़े का थान थामे ब्रांड के नाम पर लूट पर भाषण देता उनका जो चेहरा याद आता है उस पर भारी पड़ता है तीस रुपये मीटर वाली कमीज लिये लौटता खिचड़ी बालों वाला दागदार उदास चेहरा, स्मृतियों की चौखट पर आकर जम जाती है सुबह-सुबह स्कूटर झुकाए संशयग्रस्त गृहस्थ की आँखों के नीचे उभरती कालिख

जैसे पृथ्वी थक-हार कर टिकती होगी कछुए के पीठ पर पिता की गलती देह पर टिक जाता वह स्कूटर

(तीन)

हम स्टेफ़ी से प्यार करते थे और नवरातिलोवा के हारने की मनौती माँगते थे काली माई से। भारतीय टीम सिर्फ इसलिए नहीं थी दुलारी कि हम भारतीय थे। मोटरसाइकिल पर बैठते ही एक राजा श्रद्धेय फ़क़ीर में बदल गया। त्रासदियाँ हमें राहत देती रहीं पुरुषत्व के सद्य:प्राप्त दंश से। हम जितने शक्तिशाली हुए उतने ही मुखालिफ़ हुए।

हमारे प्रेम के लिए पिता को दयनीय होने की प्रतीक्षा करनी पड़ी।

(चार)

इसकी देह पर उम्र के दाग हैं। इसकी स्मृतियों में दर्ज है सन बयासी... चौरासी...इक्यानबे के बाद खामोश हो गया यह और फिर इस सदी में उसका आना न आने की तरह था होना न होने की तरह।

घर में रखा फ़िलिप्स का यह पुराना ट्रांजिस्टर देखकर पिता का चेहरा याद आता है।

(पाँच)

भीतर उतर रहा है नाद निराला।

दियारे की पगडंडियों पर चलता यह मैं हूँ उँगलियाँ थामे पिता की देखता अवाक् गन्ने के खेतों की तरह शान्त सरसराती आवाज में कविताओं से गूँजते उन्हें। आँखें रोहू मछली की तरह मासूम और जेठ की धूप में चमकते बालू-सी चमकती पसीने की बूँदों के बीच यह कोई और मनुष्य था। सबसे सुन्दर-सबसे शान्त-सबसे प्रिय-सबसे आश्वस्तिकारक।

वही नदी है। वही तट। निराला नहीं हैं न वह आवाज़। बासी मंत्र गूँज रहे हैं और सुन रही है पिता की देह शान्त...सिर्फ शान्त।

मेरे हाथों में उनके लिए कोई आश्वस्ति नहीं अग्नि है

(छह)

यह एक शाम का दृश्य है जब एक आधा बूढ़ा आदमी एक आधे जवान लड़के को पीट रहा है अधबने घर के दालान में

यह समय आकाशगंगा में गंगा के आकार का है प्रकाश वर्ष में वर्ष जितना और प्रलय में लय जितना। दो जोड़ी आँखें जिनमें बराबर का क्षोभ और क्रोध भरा है। दो जोड़ी थके हाथ प्रहार और बचाव में तत्पर बराबर। यह भूकम्प के बाद की पृथ्वी है बाढ़ के बाद की नदी चक्रवात के बाद का आकाश।

और...

एक शाम यह है कुहरे और ओस में डूबी, एक देह की अग्नि मिल रही है अग्नि से वायु, जल, आकाश अपने-अपने घरों में लौट रहे हैं नतशिर। अकेली हैं एक जोड़ी आँखें बादल जितने जल से भरी।

उपमाएँ धुएँ की तरह बहुत ऊपर जाकर नष्ट होती हुईं शून्य के आकार में।

(सात)

कुछ नहीं गया साथ में

गंध रह गई लगाए फूलों में स्वाद रह गया रोपे फलों में। शब्द रह गए ब्रह्मांड में ही नहीं हम सबमें भी कितने सारे। मान रह गए अपमान भी। स्मृतियाँ तो रह ही जाती हैं विस्मृतियाँ भी रह गईं यहीं। रह गईं किताबें अपराध रह गए किए-अनकिए। कामनाएँ न जाने कितनी।

जाने को बस एक देह गई जिस पर सारी दुनिया के घावों के निशान थे और एक स्त्री के प्रेम के

बेटी के जीवन में पिता की उपस्थिति और बेटे के जीवन में पिता का होना लगभग दो ध्रुवों से एक सम्बन्ध को देखना है। सदियों की परम्पराओं ने बेटियों के मन में कहीं-न-कहीं यह बात कील की तरह ठोंक दी है कि पिता यहाँ तक कि जननी के साथ भी उनके सम्बन्ध अस्थायी हैं...वे चिड़ियों का चम्बा हैं, जिन्हें बाबुल के घर से उड़ जाना है। किन्तु लड़कों के साथ एक स्थायित्व का भाव हमारे पारिवारिक-सामाजिक जीवन की सोच का, संस्कारों का हिस्सा है। भले ही यह बात निन्यानबे फीसदी घरों में गलत सिद्ध हुई हो और लड़के घरों को छोड़कर बाहर चले गए हों, किन्तु हमारा मानस यही मानता रहता है कि लड़कों पर हमारा हक है और हम उनके यहाँ जा सकते हैं, रह सकते हैं।

सम्भवत: यही सोच-संस्कार लड़के और लड़की के अपने पिता के प्रति भावना को निर्धारित करते हैं और अक्सर लड़कों का पिता के साथ सम्बन्ध 'होना न होने की तरह' जैसा हो जाता है। इस कविता की खासियत यह है कि जब पिता नहीं रहे, तो जिन्दगी में उनकी मौजूदगी 'न होने पर होने की तरह' हो गई!

जब पिता थे तो 'हम दृश्य के अदृश्य में रहे एक-दूसरे के बरअक्स' और आज जब वे नहीं हैं तो वे मेरे जीवन के प्रलय में लय की तरह हैं...

प्रलय में लय—विखंडन एवं विनाश के दिनों में कुछ सुन्दर-तारतम्ययुक्त—शुभ!

कविता सात खंडों में है...एक नैरन्तर्य लिए हुए।

कविता की शुरुआत इतने पहचाने मुहावरे / कहन से होती है कि आप यह पढ़ते ही कि 'जूतों की माप भले ही हो जाए एक-सी' आप मन ही मन कहन को पूरा करने लगते हैं कि जब बेटे के जूते का माप, पिता के जूतों के माप जितना हो जाता है तो रिश्ते बदल जाते हैं, बेटा दोस्त हो जाता है! किन्तु वह कवि ही क्या जो कहन को दुहरा दे और उसे ही कविता समझ ले! अशोक की कविता हमें बताती है कि जूतों का माप एक हो तो भी दोनों के चश्मों का नंबर अलग अलग होता है। अब आप देखिए कविता की चाल। हम अपने अब तक के अनुभवों के आधार पर—कि जवानी में दूर की आँख कमजोर होती है और बुढ़ापे में नजदीक का धुँधला दिखाई पड़ने लगता है—इसे ऐसे पढ़ने लग सकते हैं—कि जवानी में हम अपना वर्तमान देखते हैं, बहुत दूर तक भविष्य के बारे में नहीं सोचते। पिता अपने अनुभवों से आने वाले कल को देखता है और हर पिता/ अभिभावक चाहता है कि बच्चा उसकी निगाह से आगत को देखे, उसके प्रति सचेत भाव से तैयारी करे। वह पिता तो खासकर, जो न खुद चाँदी का चम्मच मुँह में लिए पैदा हुआ है, न अपनी सन्तति को दे पाया है।

किन्तु अशोक की कविता यह नहीं कह रही जो मैंने ऊपर बताया बल्कि वह तो ठीक इसकी उलट बात कहती है। कविता कहती है कि जब पिता को उनकी

प्रौढ़ावस्था में दूर की चीजें साफ नहीं दिखती थीं, तब बेटे की आँखें बिलकुल चौकस थीं। 'चौकस' शब्द पर ध्यान देना जरूरी है। चौकस यानी चौकन्नी—वे निगाहें जो आगे-पीछे, दूर पास सबको देख लें, देख ही न लें बल्कि सुन लें—चक्षुश्रवा! एक क्रांतिकारी युवा भविष्य को बदल देने के लिए बहुत दूर तक देखता है, बहुत दूर तक सोचता है और समझता है कि जो लोग सत्ता की मशीन के कलपुर्जों में ढल गए हैं, वे चुक गए हैं। अब क्रान्ति का सारा भार युवाओं के ही कन्धों पर है। यानी कवि कहता है कि पिता नहीं समझ रहे कि बेटा कितनी जरूरी चीजों में उलझा हुआ है। वह समाज को बदल कर बेहतर बनाना चाहता है। अगली पंक्ति बताती है कि कालान्तर में जब बेटे को 'दूर के दृश्य धुँधले लगने लगे तो उन्हें करीब की चीजों में भी धब्बे दिखाई पड़ने लगे।' करीब की चीजों में धब्बे को हम पिता की आँखों में आए मोतियाबिन्द की तरह भी पढ़ सकते हैं, किन्तु मैं इसे पढ़ना चाहूँगी, आजादी के इतने सालों बाद भी स्थितियों के निरन्तर बदतर होते जाने से उत्पन्न होने वाले नाउम्मीदी के तौर पर और सिनिसिज़्म के तौर पर। बेटे की दूर वाली दृष्टि में आए धुँधलेपन को मैं हिंसा-प्रेरित क्रान्ति की प्रचलित अवधारणा के प्रति सन्देह के रूप में पढ़ूँगी।

और यह पहला अंश खत्म होता है बाप-बेटा दोनों के बीच एक दूरी...एक दूसरे को समय पर न समझ पाने का क्षोभ और वेदना।

कविता का दूसरा खंड स्वीकृति है पिता के न होने की। उनकी मृत्यु के बाद पीछे मुड़कर देखने का उपक्रम।

पिता मजबूती का दूसरा नाम है। हम सब समझते हैं कि दुनिया में निराले पिता बेहद मजबूत हैं, कोई भी हालात हों, वे छत की तरह हैं, जिसके नीचे हम सब सुरक्षित हैं। लेकिन क्या सच में? क्या सच में जिन्दगी सम्भव करते पिता खुद तिल-तिल मरते नहीं...दीये में स्नेह की तरह जलते नहीं। हम सब दीये का उजियारा देखते हैं, उसका तिल-तिल जलना नहीं। जब वह बुझ जाता है तो पाते हैं कि तेल खत्म हो गया। कवि अपने पिता को कुछ इसी तरह देखता है। और कविता का पल है—'जैसे पृथ्वी थक-हारकर टिकती होगी कछुए की पीठ पर पिता की गलती देह पर टिक जाता वह स्कूटर'

पृथ्वी नामालूम-सी चलती रहती है अहर्निश। उसी तरह स्कूटर चलता है और जीविका के अर्जन का माध्यम बनता है, ठीक मन्दराचल की तरह, जिससे सागर को बिलोकर अमृत, रत्न व लक्ष्मी को प्राप्त किया था देवताओं ने। किन्तु यही मन्दराचल जब रसातल में धँसने लगा तो विष्णु ने कच्छप के रूप में उसे अपनी पीठ पर सँभाला। पुराने स्कूटरों को स्टार्ट करने के लिए चालक उसे अपने दमखम पर टेढ़ा करता था। कवि के ऑब्जर्वेशन की गहराई और उसके अर्थान्वेषण की क्षमता को सराहें। यहाँ एक पौराणिक मिथ को कितने नए सन्दर्भ में प्रस्तुत किया

गया है। यहाँ पिता एक व्यक्ति भर नहीं रह जाते बल्कि उन सब पिताओं के प्रतीक हो जाते हैं, जो ईमानदारी से अपने परिवार का भरण-पोषण करते हैं तथा बाजार के खतरे को देख रहे हैं। यह ब्रांड क्या है। कैसे एक मुहर भर लगा देने से कोई माल कई गुणा ज्यादा कीमत का हो जाता है। यह पिता सातवें दशक के अन्तिम सालों में उद्योग व व्यापार-नीति में धीरे-धीरे आ रहे परिवर्तन को देख-समझ रहा है। वह बाजार के बढ़ते प्रभाव को, उसके आतंक को बूझ रहा है। वह ब्रांड के लिए अपनी जमीर नहीं बेच रहा बल्कि लोगों को शिक्षित करने का, उन्हें आगाह करने का जोखिम उठाता हुआ खुद तीस रुपये मीटर वाली कमीज खरीदता-पहनता है, स्कूटर पर चलता है।

कविता का तीसरा खंड किशोर से जवान होते व्यक्ति के लिए है, जिसे टेनिस और अन्य खेलों से प्रेम है। यह युवादल पुरुषत्व से बाखबर है। और चूँकि वह एक नूतन शक्ति से ओतप्रोत है, इसीलिए विरोध इनके स्वभाव का हिस्सा है। व्यक्तित्व विकास का तात्पर्य ही है 'न' कहने का माद्दा। अपने पर विश्वास।

पिता पितृसत्ता का जीवन्त प्रतीक है। पिता की सत्ता सबसे प्रत्यक्ष अनुभव है, अत: किसी भी स्वतंत्रचेता के लिए पहले विरोध का लक्ष्य भी। कहते हैं क्रान्ति की शुरुआत परिवार सत्ता के विरोध से ही होती है। देर रात तक घूमना, सिगरेट पीना, सिनेमा देखना और प्रेम करना व्यक्तित्व निर्माण के आधारस्तम्भ हैं। चूँकि ऐसा करने से मना करता चेहरा अक्सर पिता का होता है, या ऐसा मान लिया जाता है, अत: पिता के प्रति मुख्य भाव विरोध का होता है, आज्ञानिषेध का होता है, वह संवाद और दोस्ती का रिश्ता नहीं होता। और इसीलिए जब तक पिता तिल-तिल कमजोर और दयनीय नहीं हो जाते, वे प्रेम के, संवाद के पात्र नहीं बन पाते।

यहाँ ध्यान देने की बात यह है कि यह कविता 1975 में जन्मे और गोरखपुर आदि में रहे-पढ़े, बड़े हुए कवि की कविता है। क्या ऐसी बात उदारीकरण के दौर में पैदा हुए और महानगरों में रहने वाले युवकों में भी देखने को मिलेगी? यह सवाल मुझे बेचैन किए हुए है। क्या ऐसे युवा भी 'स्टेफी की जीत के लिए किसी काली माई की मनौती माँगते' या उन्हें यह बात इतने साफ तौर पर कहने की जरूरत महसूस होती कि 'भारतीय टीम सिर्फ इसलिए नहीं थी दुलारी कि हम भारतीय थे।' दरअसल मेरी समझ में तो उन्हें काली माई याद भी नहीं आती। वे काली माई को काली माता भी मुश्किल से ही बोलते और भारतीय होने के नाते ही भारतीय टीम से प्यार करते। अगर उन्हें कोई और टीम अच्छी भी लगती तो वे उसे भरसक छिपाने की कोशिश करते। क्योंकि ऐसा अच्छा लगना उनके देश-प्रेम में सन्देह पैदा कर सकता है। किन्तु इस कविता में ऐसा नहीं है। इसका देशकाल आठवें और शुरुआती नौवें दशक का छोटा शहर है, गाँव है। बहरहाल इतना सही है कि चाहे वह स्टेफी हो या भारतीय टीम, दोनों की ही शक्ति रही—हारने पर

हार न मानना बल्कि जीतने का प्रयास करना और अन्त में जीत हासिल करना।

अब यह वाक्य पढ़ें—

'मोटरसाइकिल पर बैठते ही एक राजा श्रद्धेय फकीर में बदल गया।'—ये वी.पी. सिंह हैं, जिन्होंने भ्रष्टाचार के खिलाफ आवाज उठाकर जे.पी. के आन्दोलन के बाद एक बार फिर भारतीय जनमानस को उद्वेलित किया था। खासतौर से उस दौर के युवाओं को उनसे बहुत उम्मीदें थीं। वे एक स्वच्छ राजनीति के प्रतीक के रूप में उभरे थे, इसीलिए मोटरसाइकिल पर बैठते ही यहाँ के लोगों द्वारा 'अपना' मानकर स्वीकृत हुए। (यह अलग बात है कि जे.पी. और वी.पी. दोनों का जमकर उपयोग किया आर.एस.एस. ने)। अशोक द्वारा वी.पी. को याद करना उन दिनों के कालखंड को बताने के लिए भी है और उस युवा के मन को बूझने के लिए भी। यह बहुत महत्त्वपूर्ण वाक्य है, जिस पर ध्यान देना बहुत जरूरी है।

हम देखते हैं कि जीवनीनुमा इस कविता में अशोक पांडेय अपने समय को अभिव्यक्त करते हैं, वे आज—यानी कि वर्तमान से प्रभावित नहीं होते। यह बहुत महत्त्वपूर्ण है क्योंकि अक्सर लोग वर्तमान का प्रक्षेपण अतीत में कर देते हैं।

खंड चार बूढ़े होते पिता को याद करती है। यहाँ ध्यान देने योग्य हैं—21वीं सदी तक चले आए पिता की यादों में दर्ज घटनाएँ। अक्सर ही बूढ़े लोगों को पुरानी बातें याद रहती हैं, और वर्तमान उन्हें छूकर भी नहीं छूता। वे वर्तमान के प्रति गोया निस्संग हो चुके होते हैं या उनके अनुभव बताते हैं कि यह वर्तमान उन्हीं अतीतों से बना है, जिसे वे जब-तब (उनके लिए प्रासंगिक और सुनने वाले के लिए अधिकतर ऊबाऊ दुहराव भर) सुनाते हैं। इस कविता में पिता की यादों में 1982 है। वह साल जिसमें भारत की शान ऊँचाइयाँ छू रही थीं। एशियाड हुआ था। पहली बार रंगीन टेलीविजन आया था, इन्सैट वन-ए का लॉन्च हुआ था, भले ही बाद में उसे डी-एक्टिवेट कर दिया गया हो। और गोरखपुर-देवरिया वालों के लिए उनका सूरज अस्त हुआ था, क्योंकि उसी वर्ष फिराक गोरखपुरी का इन्तकाल भी हुआ था। भला 1982 की यादें पिता को क्यों न सतातीं। इसी तरह बूढ़े होते पिता को 1984 का साल याद रहता है। इन्दिरा गांधी की हत्या और सिक्खों का कत्लेआम। भारतीय राजनीति को सदा-सदा के लिए बदल देने वाला साल। हिंसा के नॉर्मेलाइजेशन का साल, जब कानून को अपने हाथों में लेकर दरिंदों ने आम नागरिकों की हत्या करके 'इंसाफ' के नए रूप को समाज के सामने रखा। आज की हिंसा में क्या '84 की प्रतिध्वनि नहीं है?

इक्यानबे के बाद पिता की खामोशी को बड़े दर्द के साथ देखा है कवि ने। सन् 1991 यानी कि राजीव गांधी की हत्या का वर्ष और उसके बाद सन् 1992 में बाबरी मस्जिद का विखंडन मानो भारतीय लोकतंत्र और समाज का ऐसा विघटन, जो कभी जुड़कर भी वैसा न हो सकेगा, जैसा पहले हुआ करता था।

यह खंड फ़िलिप्स के ट्रांजिस्टर को देखते ही पिता के चेहरे की याद दिहानी से खत्म होता है। कविता के इस वाक्य को फ़िलिप्स व पिता के चेहरे में मिलान की कविताई के लिए तो रुककर पढ़ना ही चाहिए, किन्तु इसे पढ़ते हुए नरसिम्हा राव और मनमोहन सिंह के उदारीकरण के बिम्ब के तौर पर भी पढ़ने की जरूरत है। टेलीविज़न के प्रकोप के बढ़ने की बात इसमें सुनें। ट्रांजिस्टर-रेडियो को चलते-फिरते काम करते सुना जा सकता था। घर में एक रेडियो सबकी जरूरतों को पूरा कर देता था। किन्तु टेलीविज़न और उसमें दिखाए जाने वाले अनगिनत कार्यक्रम। अब तो कमरे-कमरे में एक टेलीविजन की जरूरत है। साथ ही टेलीविजन तो एक जगह बैठने को बाध्य करने वाली मशीन है। आपकी आँखें उसकी चकाचौंध के सामने हतप्रभ हो जाती हैं। टेलीविजन टोटल सरेंडर का रूपक है। वह जो दिखाए वही सही, वह जो बतलाए उसमें शक क्या? आज हम उसके परिणाम देख रहे हैं। अशोक की कविता इसे बहुत मानीखेज ढंग से रख देती है। छोटी-छोटी चीजों से जुड़ी ऐसी यादें जो संवेदना के साथ-साथ समय बोध को भी बताती हैं।

आह! पाँचवें खंड में कवि अतीत के साथ वर्तमान में भी है, जिसमें सामने पिता की चिता है और मन में उसका बचपन! यह मन-मस्तिष्क में निराले नाद उतरने का समय है। एक ही समय में एक लम्बे कालखंड को देखने का प्रयत्न जो आमतौर पर मृत्यु के बैकड्रॉप में अपनी पूरी संवेदना और निर्ममता से उपजता है। बचपन में दियारे की पगडंडियों में गन्ने के खेत के बीच पिता द्वारा सुनाई गईं निराला की रचनाओं के साथ। हम सब जानते हैं कि निराला के काव्य में नाद का अप्रतिम सौन्दर्य है। यदि उन कविताओं का पाठ उचित ढंग से किया जाए तो वे अद्‌भुत अर्थच्छटाएँ सम्भव करती हैं। यह पिता की आवाज का भी नाद है। यहाँ जरा पिता के चित्र को देखें—बेटे की उँगलियाँ थामे पिता निराला को अपने निराले अन्दाज में पढ़ते हुए, बच्चे के मन में काव्य का जो संस्कार रच रहे हैं, वह अद्‌भुत है। इस आवाज की शान्ति को सुनिए। यह ओज का स्वर नहीं है, बल्कि गन्ने के खेतों की सरसराती हवा की तरह की आवाज है। कवि पिता को कविताओं से गूँजता हुआ देख रहा है। व्यक्ति का नाद में बदलना, अद्‌भुत बिम्ब है यह। जरा अन्तिम खंड को पढ़िए, वहाँ भी शब्दों की बात की गई है। कैसा सन्तरण है, उसे सराहिए। यहाँ कवि अपना बचपन याद कर रहा है, जिसमें वह पिता को एक दूसरे ही मनुष्य के रूप में देख रहा है। गोया उत्तम कविता मनुष्य का रूपान्तरण कर देती है। मनुष्य शब्द ध्यान देने योग्य है यहाँ—मनुष्यत्व के साथ! ऐसी आदमीयत जिसमें आँखें रोहू की मछली की तरह मासूम हों—कोई दुनियादारी नहीं...कोई छल-कपट नहीं और देह मेहनत के पसीने से चमकती हुई। कविता पढ़ता व्यक्ति सचमुच ज्यादा मनुष्य होता व्यक्ति है। उसका मन-मस्तिष्क बहुत खुला, बहुत समावेशी; अशोक के लिए पिता की यह छवि अत्यंत शान्त, प्रिय और आश्वस्तिदायक है। दियारे में

गन्नों की मिठास के बीच में बालक की उँगली थामे कविता कहते पिता बिलकुल वर्तमान के सौन्दर्य और आनन्द में हैं, इसीलिए आश्वस्तिदायक भी! आश्वस्ति शब्द का प्रयोग यहाँ बहुत मानीखेज है। पिता की छत्रच्छाया बच्चों के लिए बहुत आश्वस्तिदायक होती है। पिता उस पेड़ की तरह लगते हैं, जिसके नीचे छाया ही छाया महसूस होती है। इस खंड का महत्त्व और पिता की शान्त आश्वस्तिदायक छवि का महत्त्व अगले खंड की नाटकीयता में और मुखर होकर उभरता है।

लेकिन उससे पहले इस खंड का अगला हिस्सा तो पढ़ें।

अब कवि उस दृश्य को देख रहा है जब वह उसी नदी तट पर खड़ा है, पर वह नाद जो प्राणतत्त्व सम्भव करता था, शान्त हो गया है। बासी मंत्र गूँज रहे हैं... निराला के गीत नहीं—ध्यान दें, जिसे गाने वाला गोया पुनः रचता जाता था, वह नहीं तो नव गति नव लय ताल छंद नव...की बात कैसे हो। कर्मकांड के लिए जाप किए जाने वाले मंत्रों को इतने मशीनी अन्दाज में दुहराया जाता है कि वे प्राणहीन प्रतीत होते हैं। सो, अशोक मंत्र के साथ बासी विशेषण लगाकर निराला की पिता द्वारा पढ़ी गई कविताओं की ताजगी से उसे कन्ट्रास्ट कर देते हैं।

इस खंड का अन्तिम वाक्य 'मेरे हाथों में उनके लिए कोई आश्वस्ति नहीं अग्नि है' पढ़ते ही पाठक थर्रा जाता है। कितना निर्मम सत्य। शान्त पड़ी देह को केवल अग्नि के सुपुर्द किया जाता है। उसे अब किसी आश्वासन की जरूरत नहीं।

आश्वासन की जरूरत तो अब पुत्र को है और आश्वस्तिदायक पिता अग्नि के सुपुर्द किए जा रहे हैं—पुत्र के हाथों!

अब आप इसी खंड में दो-दो बार प्रयुक्त इन दो शब्दों को देखिए। पहला आश्वस्ति। जब बालक पुत्र दियारे में पिता की उँगली थामे चल रहा है तब पिता का होना आश्वस्तिकारक है। और जब पिता शान्त पड़े हैं मात्र देह के रूप में तो पुत्र के हाथों में आश्वस्ति नहीं केवल आग है। पिता के लिए पुत्र की ओर से आश्वस्तिदायक क्या हो सकता था—अच्छी नौकरी, सुखी गृहस्थ जीवन आदि... किन्तु जिन पिताओं के पुत्रों को ये हासिल हैं, क्या उन पिताओं की अपने पुत्रों के सन्दर्भ में और कोई ख्वाहिश नहीं होती? क्या कभी भी, किसी काल में भी, कहीं भी कोई पुत्र प्रश्नातीत आश्वस्ति दे पाया है? क्या मरता व्यक्ति आश्वस्त हो सकता है पूरी तरह...यदि होता तो मरना दुःख क्यों देता, कष्ट क्यों देता मरने वाले को भी और पीछे जो छूट जाते हैं उन्हें भी!

दूसरा शब्द है शान्त, पुत्र का हाथ थामे पिता शान्त हैं, सुन्दर हैं। किन्तु नदी तट पर पड़ी देह शान्त है...सिर्फ शान्त...वह सुन्दर नहीं है। यह मृत्युजनित स्तब्धकारी शान्ति है। देह शान्त होना माने देह में दौड़ते लहू का रुक जाना है, जिह्वा का शान्त होना है—सब कुछ गतिहीन हो जाना है, और यह शान्त होना सुन्दर नहीं हो सकता क्योंकि वह अवरुद्ध हो गया है। बासी हो गया है...नष्ट हो

गया है। विनाश में सौन्दर्य की कल्पना कोई मतिहीन ही कर सकता है।

एक और शब्द की तरफ ध्यान देना होगा और वह है 'दियारा'—दो नदियों के जलप्लावन से बना उपजाऊ भूभाग। तो बचपन में दियारा भी है और गन्ने की लहलहाती फसल भी। इसे जीवन की तरह देखा जाए। और मृत्यु—शवदाह के समय वही नदी है वही तट—पर दियारा नहीं दूर-दूर भी कहीं नहीं! गौर करें इस कविताई पर। शब्दों का कितना सजग प्रयोग। अशोक एक शब्द को हटाते ही कितना करुण दृश्य उत्पन्न कर देते हैं। कविता इसे ही कहते हैं। न एक शब्द ज्यादा न कम। शब्दविन्यास से अर्थों को ध्वनित करना ही कविता है। एक पाठक उसमें कितने अर्थ सम्भव कर पाता है, कविता कितनी गूँजती है उसके मन में। यही तो हैं कविता के प्रतिमान।

छठा खंड पाँचवें खंड की वेदना को सन्दर्भ भी देता है और उसे सघन भी करता है। पाँचवें खंड में पुत्र बालक के रूप में पिता की आश्वस्ति की छाया तले विचर रहा है तो छठे खंड में वह आधे जवान की तरह पिता के प्रहारों से खुद का बचाव कर रहा है। यह दो पीढ़ियों के टकराव के क्षण हैं। बालक से व्यक्ति बनने के क्षण और पिता का क्षोभ कि वह अपने पुत्र को वैसा नहीं गढ़ पाया, जैसा कि वह चाहता था, या उसे चाहना चाहिए था। यह सम्भवत: पिता के मन में बसे आदर्शों के टूट-बिखरने का भी समय है! यह वेदना कि जैसे नए स्वतंत्र भारत को होना चाहिए था, वैसा वह हुआ नहीं और उसने तो अपने बेटे को ऐसे देश में,ऐसे समाज में रहने की ट्रेनिंग ही नहीं दी, वह तो कविताओं में बसा रह गया और दुनिया बहुत भौतिकतावादी हो गई। बेटा दुनिया बदलने के सपनों में डूबा है। यह दृश्य कवि के मन में अमिट होकर रह गया है—'आकाश गंगा में गंगा की तरह और प्रकाश वर्ष में वर्ष जितना।' दरअसल यह पिता-पुत्र के सम्बन्धों को नए सिरे से परिभाषित करने वाली घटना है, जिसके बाद बचपन की आश्वस्ति वाला सम्बन्ध विरोध व सतत विरोध में तब्दील हो जाता है। यहाँ दो जोड़ी आँख और दो जोड़ी हाथ पर ध्यान देना जरूरी है। पहले दृश्य में दो जोड़ी बराबर के क्षोभ व क्रोध से भरी आँखें एक-दूसरे को घूर रही हैं। यह बेटे का बड़ा होना है, अपना अलग व्यक्तित्व व जीवनशैली को पिता के बरअक्स रेखांकित करना है। और दो जोड़ी हाथ, जिनमें एक प्रहार कर रहा है और एक अपना बचाव।

यही आँखें और हाथ आप वर्तमान के अगले ही दृश्य में फिर देखते हैं। पर इस बार वे दो जोड़ी नहीं बस एक जोड़ी हैं। यह फाइनल बिलगाव है। जिससे विरोध था, जिसके सामने खुद को स्थापित कर, अपना स्वतंत्र वजूद रेखांकित करना था, वह जा चुका था और ऐसे में एक जोड़ी हाथ अग्नि लिए पिता को विदा कर रहे हैं और एक जोड़ी आँखें जिनमें कभी बराबर का क्षोभ व क्रोध हुआ करता था, अब बादल जितने जल से भरी हुई हैं।

शाम दोनों ही दृश्यों में है। यह दृश्य भी अमिट हो जाएगा, पुत्र के मन में। पहले दृश्य को आँखों में बसी क्रोधाग्नि प्रकाशित किए हुए है, दूसरे दृश्य में आँखों के आकाश में छाई बदली कुहरीला बनाए हुए है। एक सर्द आह!

गद्य में लिखे ये सारे वाक्य गजब की कविता निर्मित करते हैं। जीवन का कोई भी निर्णायक समय, जीवन की आकाश गंगा का स्थायी भाव हो जाता है, जिसे कवि गंगा कहता है। क्रोध भी बहता है और आँसू भी। ध्यान देने की बात यह है कि इसी खंड से संकलन का शीर्षक लिया गया है—'प्रलय में लय जितना', जिसकी आखिरी कविता को हम पढ़ रहे हैं। चाहें तो पढ़ सकते हैं कि पिता की मार वाली घटना (प्रलय) के बाद बेटे के जीवन का मार्ग निर्धारण (लय) हो गया। बेटे ने अपनी तरह से जीवन जीने की बात न केवल कह दी, बल्कि उस राह चल पड़ा।

कहते हैं कि यह शरीर जिन पंचतत्त्वों से बना है—क्षिति-जल-पावक-गगन-समीर—वे मृत्यु के बाद यहीं रह जाते हैं। कविता में इसकी अभिव्यक्ति का लावण्य देखें—'एक देह की अग्नि मिल रही है अग्नि से वायु, जल, आकाश अपने-अपने घरों में लौट रहे हैं नतशिर।' घरों में लौटना नतशिर, जैसे कि योद्धा लौटते हैं युद्ध में हारने के बाद। सचमुच देश की वह पीढ़ी जिसने देश की स्वतंत्रता में योगदान किया था और सपने सँजोये थे, उनका जीवन से यूँ हार जाना बहुत सहज है। वे कैसे खुद को लुटा हुआ महसूस करते होंगे। पिता इस कविता में उनका प्रतीक बनकर उभरते हैं। इस 'नतशिर' में मुझे निराला की 'राम की शक्तिपूजा' के ये अंश सहज याद आ रहे हैं—

लौटे युग-दल-राक्षस-पदतल पृथ्वी टलमल,
बिंध महोल्लास से बार-बार आकाश विकल।
वानर वाहिनी खिन्न, लख निज-पति-चरणचिह्न
चल रही शिविर की ओर स्थविरदल ज्यों विभिन्न।

एक और बात पर ध्यान दें। अशोक की कविता की उपरोक्त पंक्तियों को एक बार फिर पढ़ें—हम पाते हैं कि उनमें मंत्र का-सा नाद है—'एक देह की अग्नि मिल रही है अग्नि से वायु, जल, आकाश अपने-अपने घरों में लौट रहे हैं नतशिर।' वैदिक मंत्रों की अनुगूँज सुनाई पड़ती है, इन्हें पढ़ते हुए। कोई भी कवि, यदि वह काव्य-परम्परा से गहरे में जुड़ा है, एक कन्टीन्यूटी का सृजन वह करता चलता है—सायास भी और अनायास भी। भाषा व रचनाशीलता की यही ताकत है। देखना यह चाहिए कि वह किन मूल्यबोधों को वाणी दे रहा है। अशोक की कविता नि:सन्देह प्रगतिशील और लोकतांत्रिक मूल्यबोध की पक्षधर है। दरअसल कोई भी शब्द अपने भीतर युगों-युगों के अर्थ-सन्दर्भ लिये होते हैं। वाक्य में उनका प्रयोग, जिन सन्दर्भों में किया जाता है, वे उनमें गूँजने लगते हैं।

जब कवि इस खंड को समाप्त करते हुए कहता है कि 'उपमाएँ धुएँ की तरह बहुत ऊपर जाकर नष्ट हुईं शून्य के आकार में' तो वह एक बहुत महत्त्वपूर्ण बात कह रहा है—अपनी शैली के बरअक्स। यह कविता बिम्ब-प्रधान, उपमाओं-रूपकों आदि अलंकारों से अलंकृत कविता नहीं है, बल्कि लगभग सारी कविता गद्यात्मक है और कई अंशों में बात को सीधा कहती प्रतीत भी होती है—ध्यान दें प्रतीत होती है पर, क्योंकि बात उतनी सीधी-सपाट नहीं है, बल्कि अर्थगम्भीरत्व से सिद्ध है। धुआँ विलीन होता है आकाश में—उसे शून्य का आकार कहना मृत्यु की ओर इंगित करने के साथ-साथ शून्य के एक अन्य पर्याय—दार्शनिक पर्याय की ओर भी हमारा ध्यान ले जाता है। शून्य-पूर्ण भी है। पूर्ण से पूर्ण को निकालें तो भी पूर्ण ही बचता है—मैटर की अक्षुण्णता का वाचक है कवि का यह वाक्य! मैं इसे इस रूप में भी पढ़ने का अनुरोध करती हूँ।

कविता का अन्तिम और सातवाँ (ध्यान दें सातवाँ—शरीर के चक्रों की तरह, सात समन्दर की तरह, सतखंडे महल की तरह, सातवें आसमान की तरह, सात जन्मों की तरह आदि-आदि) खंड छठे खंड का विस्तार है—कुछ नहीं गया साथ में—सच में मरने के बाद सब कुछ यहीं धरा रह जाता है। किन्तु कहन के ढंग में ही तो कविता का निवास होता है। तो कवि पीछे छूटे हुए किन चीजों को देख रहा है—रोपे गए फूलों के गंध, फलों में बसा स्वाद। कवि है तो शब्द पर उसका ध्यान जाना स्वाभाविक ही है (वैसे इतना स्वाभाविक भी नहीं, क्योंकि शब्दों की सर्वाधिक हत्या कवि-लेखक ही करते हैं!) शब्द रह गए ब्रह्मांड में ही नहीं हम सबमें भी कितने सारे। सचमुच तमाम सम्बन्धों की रचना शब्दों के माध्यम से ही होती है। संसार का सारा ताना-बाना। हममें शब्दों का बचा रह जाना, उसी का द्योतक है। मान और अपमान का बचा रहना पुन: अशोक के ऑब्जर्वेशन को रेखांकित करता है, अन्यथा लोग उसे स्मृतियों के खाते में डालकर सन्तुष्ट हो जाते हैं। किन्तु जिस कवि के लिए जवानी की दहलीज पर पिता से मार खाना आकाशगंगा में गंगा-सा प्रतीत होता है और प्रलय में लय सा, उसके द्वारा मान-अपमान को अलग से याद करना मायने रखता है। गोया कवि यह बताना चाहता है कि एक जीवन्त रिश्ता, व्यक्ति के काल-कवलित हो जाने के बाद भी अपनी पूर्णता में कहीं-न-कहीं बचा रहता है। स्मृति और विस्मृति को कहना पुन: एक गहरी संवेदनशीलता का रेखांकन है, और कवि की सावधानी का भी।

लेकिन अन्तिम वाक्य तो कविता का चरम है—'जाने को बस एक देह गई जिस पर सारी दुनिया के घावों के निशान थे और एक स्त्री के प्रेम के'—वाह! अपनी माँ के अपने पिता के साथ सम्बन्ध को यह आधा वाक्य—'एक स्त्री के प्रेम का'—कितनी करुणा और खूबसूरती से व्यक्त कर देता है। अर्थों की कितनी ध्वनियाँ हैं इस अर्द्धाली में! यह है एक बालिग व्यक्ति (पुत्र नहीं!) परिपक्व कवि

की पहचान का क्षण। स्त्री-पुरुष के आदिम सम्बन्धों को अभिव्यक्त करती कितनी मांसल और कितनी संयत अभिव्यक्ति!

कविता इसे कहते हैं!

अशोक की कविता को पढ़ते हुए पिता पर लिखीं अनेक कवियों की कविताओं की ओर स्वतः ध्यान चला गया। बेटी के लिए पिता की ओर से लिखी चन्द्रकांत देवताले की यह पंक्ति मन में कौंध रही है—

प्रेम पिता का दिखाई नहीं देता
ईथर की तरह होता है
जरूर दिखाई देती होंगी नसीहतें
नुकीले पत्थरों-सी...

यह पिता की कविता है, पिता के लिए कविता नहीं। और फिर याद आती है समीर बरण नन्दी की कविता 'ओवरकोट' जिसमें पिता की दयनीयता एक भूखे-नंगे राष्ट्र की दयनीयता का प्रतीक बन जाती है। इसी तरह निरंजन श्रोत्रिय की कविता में इन दिनों स्त्री-जाति पर हो रही दरिंदगी के चलते पिता में आ गया अचानक बदलाव मन में धँसकर रह जाता है और अशोक वाजपेयी की कविता पिता को एक मूर्ति-सा स्थापित करती लगती है। किन्तु इन सभी पिता सम्बन्धी कविताओं और अशोक पांडेय की इस कविता में बहुत मूलभूत अन्तर है। वे कविताएँ पिता की संकल्पना को प्रस्तुत करती कविताएँ हैं, जबकि अशोक की कविता पिता-पुत्र के बदलते सम्बन्धों को घटनाओं के माध्यम से देखने-बूझने का प्रयास करती कविता है। यह एक अनुभवजनित कविता है, जिसमें हम मन और सम्बन्ध का 'पल पल परिवर्तित रूप' देखते हैं—होने न होने की विडम्बना और त्रासदी से गुजरते हुए। यह बहुत ही जमीनी कविता है। अशोक एक तरह से पिता के साथ अपने सम्बन्ध की पुनर्सर्जना करते हुए उसे आध्यात्मिक ऊँचाइयों तक ले जाते हैं और साधारणीकरण के धरातल तक भी। पिता-पुत्र के सम्बन्धों में उतार-चढ़ाव इसी का द्योतक है। यही इस कविता का वैशिष्ट्य भी है। इसीलिए गद्य और पद्य में लिखी इस रचना का नाद देर तक मन में गूँजता है—सच कहें तो दृश्य की तरह अंकित हो जाता है भीतर कहीं।

पिता-पुत्र के सम्बन्धों पर लिखी यह कविता इसीलिए महत्त्वपूर्ण है कि कवि कहीं भी किसी भी तरह का वैल्यू जजमेंट नहीं देता।

औरत की जिन्दगी का एक अहम पहलू यह भी

(सुजाता की कविता—'अनन्तिम मौन के बीच')

(दृश्य-1)

(बात जहाँ शुरू होती है एक भँवर पड़ता है वहाँ, दलीलें घूमती हुई जाने किस पाताल तक ले जाती हैं)

मैं कहती हूँ बात अभी पूरी नहीं हुई
जवाब में तुम बुझा देते हो बत्ती
बन्द होता है दरवाजा
उखड़ती हुई साँस में सुनती हूँ शब्द
—अब भी तुम्हें प्यार करता हूँ
स्मृतियाँ पुनर्व्यवस्थित होती हैं
बीच की जगहों में भरता है मौन
किसी झाड़ी में तलाशती हूँ अर्थ
कपड़े पहनते हुए कहती हूँ—एक बात अब भी रह गई है
उधर सन्नाटा है नींद का!

(दृश्य-2)

तुम नहीं जानती यह निपट अकेलापन
वीरानियाँ फैली हुई इस झील की तरह
और दूर एक टिमटिमाती-सी बत्ती है तुम्हारी स्मृति
जाने दो खैर
तुम नहीं समझोगी!

(एक वाक्य दरवाजे की तरह बन्द होता है मेरे मुँह पर अपने थैले में टटोलती हूँ हरसिंगार के फूल जो बीने थे रात तुम्हें देने को...नहीं मिलते...मुझे झेंप होती

है...कैसे खाली हाथ आ गई हूँ...इस संवाद में मुझे मौन से काम लेना होगा, बन्द दरवाजे फिर खुलने से पहले एक ग्रीन रूम चाहिए, पुनर्व्यवस्थित होती हूँ, समझने के लिए क्या करना होगा? मेरी उम्र अब 40 होने चली है)

—कैसे गटगटा जाती हो! पियो आराम से
थामे रहो गिलास जैसे थमती है साँस पहली बार कहते हुए—प्रेम!
और फिर एक घूँट आवेग का जबान पर जलता और उतरता गले से सुलगता हुआ
नाराज हो?
हर बात का अर्थ निकालती हो तुम
(झील पर घने कोहरे जैसा पसरा है सन्नाटा, उस पार जलती बत्तियाँ बुझ गई हैं, मुझे अभी सुरूर आने लगा है)
दृश्य बदलते हैं जल्दी-जल्दी
पटाक्षेप के लिए भी वक्त नहीं
इस झील को यहाँ से हटाना होगा
मंच पर लौटना होता है आखिर हर नाटक को
कोई विराट एकान्तिक अन्धकार साझा अँधेरों से मिले बिना नहीं लाता रौशनी

(दृश्य-3)

बहस के बीच कोई कह गया है—
जो मन्दिर नहीं जातीं पब जाती होंगी
ऐसी ये समाजवादी भिन्नाटी औरतें!
तुम कहते हो—बीच का रास्ता क्यों नहीं लेती
परिवार का बचना जरूरी है
स्त्री की मुक्ति इसी के भीतर है
मैं समझता हूँ तुम्हें...
सारा तर्क आयातित दर्शन हो जाता है
कोई उपहास करता है—है आपके दर्शन में सृष्टि की उत्पत्ति से जुड़ी व्याख्याएँ?
मैं कहती हूँ
तुमने मेरी गर्दन पर पाँव रखे
कोख को बनाया गुलाम
ऐसे हुई सृष्टि की उत्पत्ति

तुम कहते हो—कैसे बात करती हो मुझसे भी!
तुम्हारा रुआँसा चेहरा देख पिघल जाती हूँ
तुम देखते हो अवाक् और चूमती हूँ तुम्हें पागलों-सा
मेरे बच्चे!
(उमस भरी चुप्पी है। प्यार के सन्नाटे असह्य हैं!)

नाटक-विधा/शैली में लिखी गई यह कविता—सुजाता के काव्य संकलन 'अनन्तिम मौन के बीच' की अन्तिम कविता है। अन्तिम कविता में अनन्तिम वक्तव्य!

यूँ तो व्यक्ति की कोई भी बात अन्तिम नहीं होती। ठीक जीवन की तरह जिसका कभी अन्त नहीं होता—मृत्यु के बाद भी! सुजाता की यह कविता इसलिए भी महत्त्वपूर्ण है कि इसमें स्त्री अपनी बात कहना चाहती है, वह स्त्री से व्यक्ति बनना चाहती है। आधुनिकता का अर्थ ही है कि सभी मनुष्य अपने जेंडर, जाति, धर्म, भाषा और क्षेत्रीयता मुक्त होकर सिर्फ एक मनुष्य के तौर पर सभी सम्पदाओं पर बराबरी का अधिकार पाएँ और हर तरह के भेदभावों से मुक्त हो जाएँ। अन्य अस्मिताओं के बारे में बात करते हुए इन भेदों पर उँगली रखी जा सकती है, किन्तु परिवार तथा स्त्री-पुरुष सम्बन्ध इतने जटिल होते हैं और सदियों से इतने संस्कारों से जकड़े हुए हैं, कि उनमें हो रहे शोषण पर, ज्यादतियों पर उँगली रखना बहुत दुष्कर है। अगर उँगली रख भी दी गई तो उनको खत्म करने के क्या उपाय हैं, इनमें बहुत सारी बहसे हैं और उनके तार सामाजिक, राजनैतिक, आर्थिक और सांस्कृतिक सभी तानों-बानों से जकड़े हुए हैं। सुजाता की कविता सम्भोग से लेकर, भाषा के प्रयोग तक में इस बात को रेखांकित करती कविता है।

यह तीन दृश्यों वाली कविता है।

सुजाता की इस कविता को पढ़ते हुए मन अनेक दर्रों-कंदराओं में घूमने लगा। यह मन-मस्तिष्क से परे वाला-हृदय नहीं है बल्कि हृदय की धड़कनों को साथ लिए हुए मस्तिष्क है, जिसे चित्त-चेतना युक्त—कहना ज्यादा सटीक होगा। कविता स्त्री-पुरुष सम्बन्धों की तहें खोलती है—स्त्री के गवाक्ष से। यूँ पुरुष मौजूद है अपनी पूरी इयत्ता के साथ, पर उसे देखने और प्रस्तुत करने वाली औरत है। कवि है।

दृश्य एक— (बात जहाँ शुरू होती है एक भँवर पड़ता है वहाँ, दलीलें घूमती हुई जाने किस पाताल तक ले जाती हैं)। बात-दलीलें—भँवर-पाताल। वे चार शब्द जो स्त्री-पुरुष सम्बन्ध को परिभाषित कर रहे हैं। दलीलें खुद पाताल में जाकर गायब नहीं हो रहीं बल्कि वे स्त्री को किसी पाताल में ले जा रही हैं। क्या उस पाताल से लौटना हो सकेगा? या कि वे भँवर, भँवर न होकर कोई ब्लैक होल है, जहाँ जाकर फिर लौटना न हो सकेगा—बस गुम हो जाना ही पड़ेगा। नदी-सागर के भँवरों को हमने देखा है। उसमें अगर नाव-जहाज फँस जाएँ तो उनका डूबना तय है। किन्तु

सुजाता की कविता का यह भँवर न तो जल मध्य आने वाले भँवरों की तरह है, न ब्लैक होल, यह पाताल है, जहाँ से कभी-कभी लौटना सम्भव है—शायद—और यही 'शायद' सम्बन्धों को अनन्तिम का आयाम देता है। वैसे भी सम्बन्धों का भँवर ऐसा ही होता है कि आप घूम जाते हैं और जब रुकते हैं तो पता चलता है कि आप वहीं के वहीं हैं—अन्तहीन जाल में उलझे हुए।

कवि के लिए जीवन इन्हीं अनन्तिम मौन के बीच का कोलाहल है। क्या-क्या घटता है उस अनन्तिम—यानी की अन्त से पहले के पल में, और वे पल कहीं भी अवस्थित हो सकते हैं, जरूरी नहीं अन्त के ठीक पहले ही उनकी अवस्थिति हो! अनन्तिम का एक अन्य अर्थ है—अस्थायी। यानी मौन है पर वह निरन्तर या हमेशा के लिए नहीं, बल्कि अस्थायी है। यह मौन टूट सकता है और हम इस कविता में बार-बार उसे टूटते हुए देखते हैं—पर वह टूटता है एक आवेग में, चीख में!

इस कविता में स्त्री बात करना चाहती है—'बात' मुहावरे—'बोलने' को सुनने के अर्थ में नहीं बल्कि वह शब्दों के जरिये अपना पक्ष रखना चाहती है, पर पुरुष की भाषा देह की भाषा है—उसके लिए प्रेम सम्भोग—नहीं...नहीं...केवल एकतरफा भोग है, क्योंकि स्त्री तो अभी भी शब्दों में उलझी है, वह ढूँढ़ रही है अर्थ किसी झाड़ी में बिंधती-लहूलुहान होती! पुरुष का यह कहना कि मैं तुम्हें प्यार करता हूँ, दरअसल प्यार को केवल देह तक, सेक्स तक महदूद करके रखना है। माने मैं तुम्हारी देह को प्यार(?) करता हूँ, चाहना के अर्थ में, सँजोने-सहेजने के अर्थ में नहीं। इसीलिए तृप्त होते ही वह नींद के आगोश में और स्त्री अपनी बात न कह पाने के भँवर में!

गौर किया आपने, इस कविता में दरवाजा दो बार बन्द होता है। एक बार पहले दृश्य में, यह आभास देते हुए कि बत्तियाँ बन्द करना और दरवाजा बन्द करना स्त्री की चेतना को ही मानो बन्द कर देना है। स्त्री की ओर से मौन और पुरुष की ओर से सन्नाटा, इस अन्तर को भी देखें और समझें। मुझे तो इस सन्नाटे में वह भन्नाटा गूँजता सुनाई पड़ रहा है, जो यह कहता है कि जो मन्दिर नहीं जाती होंगी, वे पब जाती हैं। पौरुष का एक रूप यह भी है। वह स्वयं नियंता बना रहना चाहता है। वह स्त्री को नियंत्रित करना चाहता है। पब माने एक ऐसी जगह जहाँ स्त्री अपनी सदा मुस्तैद रहने वाली चेतना को तनिक बेलगाम कर दे। आँखों में मद और शरीर में रिलैक्सेशन का भाव आने दे।

लगता है जैसे कि कवि बार-बार खुद को उस स्थिति में पाती है जिसकी उसे अपेक्षा नहीं थी। यानी कि पुरुष द्वारा बार-बार प्रेम की बात करना, स्त्री में उसकी कामना-अपेक्षा जगाना। और इसीलिए वह खुद को पुनर्व्यवस्थित करती है। हम देखते हैं कि यह पहले दृश्य में भी होता है, 'तुम्हें अब भी प्यार करता हूँ' सुनकर, और दूसरे दृश्य में भी, जब उसका प्रेमी या पुरुष उसकी स्मृति को

'दूर एक टिमटिमाती-सी बत्ती है' कहता है। गौर कीजिए यह दृश्य बीते हुए समय की बात कह रहा है, सम्बन्धों में आ जाने वाले अनन्तिम फैसलों की तरह। हम फैसला लेना चाहते हैं, यह प्रक्रिया से गुजरने के पल हैं, जिसमें पुरुष की एक कातर आवाज स्त्री को अपने थैले में हरसिंगार के फूल ढूँढ़ने को बाध्य करती है, और फूल न मिलने की स्थिति में स्त्री 'खाली हाथ' आ जाने की वजह से झेंपी हुई है। सम्बन्धों का गणित भी गजब होता है, वह बार-बार एक आकुल पुकार की चाह में, पतझड़ में पेड़ पर किसी तरह भी टिके रहने वाले पत्ते की तरह होता है...वह पत्ता जो कि सारे पतझड़ के बावजूद जीवित बना रहता है, वसन्त देखने के लिए, नई कोंपलों का स्वागत करने के लिए। सहज हैं ये पंक्तियाँ एक उतार-चढ़ाव वाले सम्बन्ध में।

हम देखते हैं कि दूसरे दृश्य में पुरुष स्त्री को लगभग बराबरी का दर्जा देता है, पर एक अभिभावक की तरह! देखिए वह कितने साधिकार—'पीने' के टिप्स भी देता है (ठीक पुरुषोचित ढंग से प्रेम की पहली अभिव्यक्ति का हवाला देते हुए, हल्के से गुदगुदा देने वाले भाव से!) और अगले दृश्य में परिवार को बचाने के लिए बीच का रास्ता चुनने का सुझाव भी। आप देखिए कि इस कविता में पुरुष का अभिभावक और स्त्री का माँ की भूमिका में आना कितने सहज ढंग से घटता है। इसे कवि का ऑब्ज़र्वेशन कहें या संस्कार? किन्तु है यह बहुत ईमानदार अभिव्यक्ति।

नाटक के दृश्यबदल डिवाइस का प्रयोग सुजाता ने बहुत सफलता से किया है—

'पटाक्षेप के लिए भी वक्त नहीं
इस झील को यहाँ से हटाना होगा
मंच पर लौटना होता है आखिर हर नाटक को
कोई विराट एकान्तिक अन्धकार साझा अँधेरों से मिले बिना नहीं
लाता रौशनी'

सम्बन्धों में पटाक्षेप इतनी जल्दी नहीं हुआ करते। 'झील को हटाना' महत्त्वपूर्ण संकेत है। यही झील और उसके पार की टिमटिमाती बत्ती पहले दृश्य का आरम्भ करती है, नायक यानी कि पुरुष को स्थापित करती है और पुरुष की दृष्टि से प्रेम को परिभाषित करती है। झील पर घना कोहरा और बुझ गईं बत्तियाँ नायिका के मन बुझने का संकेत करते हैं—याद कीजिए—

'एक बात अब भी रह गई है
उधर सन्नाटा है नींद का!'

यह पहला दृश्य है और दूसरे में हम नायक को टोकते पाते हैं कि—

'नाराज हो?
हर बात का अर्थ निकालती हो तुम'

दूसरे दृश्य के आरम्भ में पुरुष की भावुक बातें सुनकर स्त्री मौन का सहारा लेती है, किन्तु दृश्य समाप्त होते न होते वह हर बात का अर्थ खोजने में जुट जाती है। दरअसल यह पहले दृश्य में बात पूरी न कह पाने का मलाल है। ध्यान दें कि सम्बन्धों में दरार अपनी बात न कह पाने के मलाल से ही पैदा होते हैं। अकसर पुरुष ही अपनी बात कहता है—नियंता की तरह और मान लेता है कि हाथी के पाँव में सबका पाँव। यह बात उस पुरुष पर खासतौर से लागू होती है, जो एक ओर तो स्त्री को 'दूर टिमटिमाती बत्ती' बताते हुए उसे उसके महत्त्व का एहसास कराता है और साथ शराब पिलाकर अपनी 'प्रगतिशीलता!' का झंडा बुलन्द करता है।

दृश्य बदल गया है और बात ठेठ सामंती सोच से निकली है कि 'जो मन्दिर नहीं जाती, वे पब जाती होंगी।' कितनी दो फाँक सोच है यह—काले-सफेद जैसी। बाइनरी सोच इसी को कहते हैं।

ये पंक्तियाँ आज के सच को उभारने वाली पंक्तियाँ हैं—

'सारा तर्क आयातित दर्शन हो जाता है
कोई उपहास करता है—है आपके दर्शन में सृष्टि की उत्पत्ति से जुड़ी व्याख्याएँ?'

जब तर्क का जवाब न हो तो इल्जाम लगाओ। फासीवादी सोच यही तो करती है, किन्तु कोई पूछे ज्ञान में आयात कहाँ, देशी कहाँ? ज्ञान तो जहाँ मिले, उसे ग्रहण कर लेना होता है। पर इन दिनों बात बदल गई है। हमारा समाज इन दिनों इस बात पर तो गर्व करता है कि पश्चिम ने हमसे क्या-क्या लिया और इसी बूते वह जगत गुरु बनने का दावा किया करता है। स्त्री मुक्ति, मजदूर की शोषण-मुक्ति की बात करो, पर्यावरण की सुरक्षा के सवाल उठाओ तो सवाल उठाने वाले को तुरन्त पश्चिम का नकलची करार दिया जाता है। उसकी प्रताड़ना शुरू हो जाती है। यही वह समझ है, जिसमें मन्दिर और पब विरोध में खड़े हैं। जबकि यह सच नहीं। जो पब जाता या जाती है, वह मन्दिर भी जा सकता या सकती है। दो में से एक चुनो—ऐसी कोई शर्त तो नहीं है। हाँ, इस्लाम में जरूर शराब पीने की मनाही है। पर मन्दिर वालों पर तो यह भी लागू नहीं होता!

अपने यानी कि अपनी जमीन (आधुनिक राष्ट्र-राज्य की उत्पत्ति से सम्बद्ध भौगोलिक/जातीय इयत्ता), परम्परा, दर्शन-इतिहास में सृष्टि की उत्पत्ति की व्याख्याएँ पूछने वाले से कवि का जवाब दरअसल समाजशास्त्रीय भूमि से उभरकर आता है,

जिसमें स्त्री पितृसत्तात्मक व्यवस्था का भार झेलते हुए गुलाम से ज्यादा कुछ नहीं। यहाँ तक कि उसके गर्भ व सन्तति पर भी उसका कोई हक नहीं—

मैं कहती हूँ
तुमने मेरी गर्दन पर पाँव रखे
कोख को बनाया गुलाम
ऐसे हुई सृष्टि की उत्पत्ति

और जाहिर है कि यह जवाब पुरुष को रुआँसा कर जाता है क्योंकि पुरुष के लिए परिवार और यथास्थिति में ही स्त्री की सुरक्षा और भलाई है। वह नहीं चाहता कि औरत कोई जोखिम उठाए। स्त्री का जोखिम उठाना परिवार संस्था को छिन्न-भिन्न कर देता है।

पुरुष का रुआँसा हो जाना, स्त्री को माँ में बदल देता है, यह वही भाव है, जिस पर अभी-अभी कवि ने सवाल उठाया है—बच्चे के सन्दर्भ में!

कविता खत्म होती है—

(उमस भरी चुप्पी है। प्यार के सन्नाटे असह्य हैं!)

कवि जानती है कि यद्यपि उसने रुआँसे पुरुष को देखकर उसे बच्चे की तरह दुलराया-मनाया है, पर क्षितिज में प्रश्न के बादल तो छितराए ही हुए हैं। उनका जवाब तो ढूँढ़ना ही होगा—उन तमाम स्त्री-पुरुषों को जो दिए हुए साँचे के आकार का सम्बन्ध नहीं बनाना चाहते, बल्कि वे कोई नई राह तोड़ना चाहते हैं, क्योंकि आखिर लीक से हटकर चलने वालों में एक कवि भी तो है!

जब कवि सृष्टि की उत्पत्ति पर जवाब देती है, तो वहाँ मेरा पाठक मन विद्रोह जैसा करने लगता है। यह बात परिवार-संस्था के बने रहने के सन्दर्भ में तो कही जा सकती है, सृष्टि की उत्पत्ति के सन्दर्भ में नहीं। सृष्टि की उत्पत्ति तो बड़ी बात है, उस पर दार्शनिकों से लेकर, धर्मवेत्ताओं ने और वैज्ञनिकों ने अपने-अपने मत प्रतिपादित किए हैं, पर गर्भ में बीज-वपन के आनन्द और सौन्दर्य की साक्षी तो हर वो प्राणी है, जिसने गर्भ धारण किया है। उस पल के आनन्द को ही पुराण आदि शास्त्र ब्रह्मानन्द सहोदर कहते हैं। 'याज्ञवल्क्य से बहस' में संकलित स्वयं मेरी एक कविता है, 'मेरे बच्चे' जिसकी पंक्तियाँ हैं—

'मुझे अब तक याद है प्रकाश की वह ठंडी किरण
जिसकी यात्रा के कई साल कुछ लमहों से लगे
और वे लमहे मैंने मदहोश आँखों से कई-कई बार जीए

तुम्हारे आते ही
मैं महक उठी

बौर लगी अमराइयों-सी
पक रहे गेहूँ के खेत-सी
कलियाँ चटकी मेहँदी की झाड़-सी
तन मन व्यापी कस्तूरी गंध!'

तो कवि ने चिढ़कर जो बात कही है—ऐसे हुई सृष्टि की उत्पत्ति, वह कविता के अगले पैरा को तो जस्टीफाई करती है, पर विवेचन में हल्की ठहरती है। वह नाटक का चुटीला और मर्मांतक चोट करने वाला डायलॉग हो सकता है—कविता नहीं!

सपने में चाँद जैसा चेहरा

(राकेश रोहित की कविता—'रघुवर और चाँद')

जैसे चाँद चमकता है
सूरज की रोशनी से
वैसे धूप में क्यों नहीं चमकता है
रघुवर का चेहरा!
रघुवर के चेहरे पर उम्र के निशान हैं
रघुवर के चेहरे पर उदासी है
उसके कुछ बाल सफेद हो गए हैं धूप में
कुछ अनुभव की गम्भीरता आ गई है
उसकी बातों में
वह हल्की बातें नहीं करता
और भूल से भी कभी अपने महबूब को चाँद नहीं कहता!
चाँद पर पानी नहीं है
चाँद पर पत्थर ही पत्थर बिखरे हैं
चाँद पर धूल उड़ती है
चाँद पर उछल कर चलती हैं छायाएँ
फिर भी चाँद ऐसे चमकता है
जैसे किसी फुर्सत में शायरों ने रचा है उसे
ऐसे शान्त गर्वीले चेहरे से झरती है चाँदनी धीरे-धीरे
जैसे इश्क को पहली बार करार आया है
तुम्हारे चेहरे पर कभी कोई चाँद क्यों नहीं चमकता रघुवर!
एक दिन सपने में रघुवर चाँद पर चला जाता है
बसाता है वह चाँद पर कई बस्तियाँ
पत्थरों पर रचता है भित्तिचित्र
चाँद के चेहरे का दाग धोता है

चाँद पर बैठा धरती के चक्कर लगाता है
अजनबियों की तरह चाँद से भेजता है
धरती पर शान्ति सन्देश
एक दिन चाँद पर रघुवर की छाया दिखती है
जब तक सपने में रहता है रघुवर
उसका चेहरा चाँद की तरह दिखता है।

राकेश रोहित की 'रघुवर और चाँद' शीर्षक कविता हमें चाँद के परम्परागत रूपों और उन रूपों के बरक्स एकदम आज के समय में हमारे जीवन में चाँद की हैसियत, इन दोनों को साथ लेकर चलती कविता है। पर जल्दी ही यह चाँद अपने को ट्रांसेंड कर लेता है। कविता का विस्तार और उसकी सघनता इन्हीं सबमें है।

हम सब जानते हैं कि चाँद पृथ्वी का उपग्रह होने के नाते सूरज की रोशनी से चमकता है और जिस दिन स्वयं पृथ्वी चाँद और सूरज के बीच आ खड़ी होती है उस दिन चन्द्र-ग्रहण होता है। उस कालखंड में चाँद निस्तेज हो जाता है, बावजूद पूर्णिमा के!

चाँद जिस पर पानी नहीं है, जहाँ पत्थर बिखरे हैं, जहाँ धूल ही धूल उड़ती है, चाँद जिस पर छायाएँ पैर तक नहीं टिका पातीं और उड़-उड़ के चलती हैं, चमकता है—अपने प्रकाश से नहीं, बल्कि उस सूरज के प्रकाश से चाँद चमकता है, जो केवल उसी को प्रकाशित नहीं करता बल्कि हर जगह अपना प्रकाश फैलाता है।

कवि का सवाल एकदम सटीक है, रघुवर से—यानी कि एक साधारण कामगार मनुष्य से, कि वह धूप में चमकता क्यों नहीं? जबकि चाँद जैसा, जीवन रहित इयत्ता भी चमकता है धूप में, तो रघुवर जैसा जीवित-जाग्रत व्यक्ति धूप में चाँद की तरह चमककर लुभावना क्यों नहीं हो जाता।

यहाँ नाम पर ध्यान दें। रघुवर रामचन्द्र का नाम है—सूर्यवंशी राम। उनकी आभा सब ओर फैलती है। तुलसीदास लिखते हैं—

उदित उदयगिरि मंच पर रघुवर बाल पतंग।
बिकसे संत सरोज सब हरषे लोचन भृंग॥

किन्तु, इस मजदूर रघुवर को देखकर, कोई हरषित क्यों नहीं होता?

कवि ने बहुत मानीखेज नाम रखा है अपने पात्र का।

रघुवर इसलिए भी साधारण है, क्योंकि उसे कभी भी अपना महबूब चाँद-सा नहीं दिखा। जहाँ सवाल जीवन को अपने दम पर जी लेने का होता है, वहाँ महबूब सुन्दर दिखाई देते हुए भी चाँद के रोमैंटिसिज़्म से दूर ही होता है, वह सदा मनुष्य रूप में दिखता है...कवियों की कल्पना के चाँद जैसा नहीं।

रघुवर, सूरज की रोशनी में नहीं चमकता, जबकि चाँद सूरज की रोशनी पाकर ही चमकता है। क्या यहाँ चाँद केवल चाँद है, या कवि ने उसका अर्थ-विस्तार कर दिया है?

क्या कवि यह कहना चाहता है कि किसी भी हाल में किसी दूसरे के प्रकाश को ले, चमकते रहना वही कर सकता है जो मनुष्य नहीं है—संवेदनाहीन है जो, जो छाया तक को जमीन नहीं दे सकता—वह जीवित हाड़-मांस के लिए भला क्या करेगा?

रघुवर के चेहरे पर उम्र के निशान हैं, जो उसे क्रमशः और गम्भीर बना रहे हैं। उसके बरक्स चाँद का चेहरा हजारों-लाखों सालों से बदला नहीं। उसके चेहरे पर अनुभव की लकीरें नहीं, दाग-धब्बे हैं। और उनके साथ वह बेफिक्री से चमकता है, बिना लाज-शर्म के। उम्र के निशान उसी के चेहरे पर होंगे, जो मन-हृदय रखता है, संवेदना रखता है, जो दुःख से दुखी और सुख से खुश होता है। जिसमें अच्छे-बुरे का विवेक है। चाँद पर उम्र के निशान क्यों होंगे, उसे तो मानो वरदान है, चेहरे पर दाग के बावजूद चमकना। क्या मनुष्य, जो सचमुच में मनुष्य है, अपने चेहरे के दाग से प्रभावित न होगा, संकोच में न पड़ेगा। ऐसा कौन-सा मनुष्य है जो अपने कुकृत्यों के लिए शर्मिन्दा नहीं होता। पर हम सब ऐसे मनुष्यों को बखूबी जानते हैं, जो अपनी आत्ममुग्धता में दूसरों पर निगाह भी नहीं डालते।

यहीं यह सवाल बड़े नामालूम ढंग से मन में आता है कि आखिर यह चाँद कौन है, चाँद होने के अलावा? जो इतना आत्मलीन है कि प्राणहीन जैसा हो गया है...किन्तु चेहरा उसका चमकता है(मैं दमकता पढ़ रही हूँ!) उसकी आभा भीतर से नहीं, बाहरी आडम्बरों से आती है।

आसमान का चाँद और दुनियावी चाँद दोनों ऐसे चमकते हैं मानो फुरसत से गढ़े गए हों...वैसे मैंने पढ़ा—फुरसत में हों! वैसी फुरसत जो रघुवीर सरीखे मनुष्यों को कभी नसीब नहीं होती, कि वे महबूब में चाँद देखें, या फुरसत में अपने ही चेहरे को निहारा करें। कि उनका चेहरा चाँद-सा चमका करे। कवि पूछ रहा है रघुवर से कि तुम्हारे चेहरे पर कभी कोई चाँद क्यों नहीं चमकता रघुवर! रघुवर से कवि के ये सवाल, रघुवीर सहाय की काव्य शैली की याद दिलाते हैं।

रघुवर, छंद साधने के लिए रखा गया नाम है, या अपनी परम्परा के एक कवि से नाता जोड़ने के लिए किया गया उपक्रम भी!

किन्तु जिनके बाल (असमय—जो लिखा नहीं है कवि ने, पर जो अन्तर्ध्वनित है—धूप में रहने की वजह से) सफेद होते जाएँ, जो गम्भीर होने को बाध्य हों, वे भला कैसे कभी फुरसत में होंगे कि चमका करें...

लेकिन कवि का यह पात्र सपने देखता पात्र है। उसके जीवन में विश्वास का द्योतक—नींद—सपनों का समय है। उस सपने में रधुवर चाँद पर चला जाता है और वहाँ, मेरी निगाह में, वह सबसे महत्त्वपूर्ण काम जो करता है—वह है, चाँद

के दाग-धब्बों को धोना! चाँद जैसे मनुष्य को संवेदना-विवेकयुक्त मनुष्य बनाना।

यहाँ बरबस मुझे गजानन माधव मुक्तिबोध याद आते हैं—चाँद का मुँह टेढ़ा है। मुक्तिबोध बहुत दुःख और विडम्बना से चाँद के टेढ़ेपन को देखते हैं, किन्तु 21वीं सदी का कवि चाँद के दागों को देखता है, उसके बियाबान को देखता है, किन्तु उस स्थिति को बदलने का हौसला रखता है। 1969 में चाँद पर मानव के पैर जो पड़े उसके बाद चाँद सपना और रोमांस होते हुए भी बहुत वास्तविक हो गया। आज के वैज्ञानिक प्रयोग चाँद पर घर बसाने का सपना देखने के लिए जगह देते हैं। यह हम सब जानते हैं।

रोहित, चाँद पर से रघुवर के भेजे शान्ति-सन्देश को अजनबी द्वारा भेजा सन्देश कहते हैं...यह पंक्ति सोचने को बाध्य करती पंक्ति है—क्या हमारे पहचाने चेहरे अपने कृत्यों से इस कदर बोझिल हैं कि उनके शान्ति-सन्देशों का कोई अर्थ नहीं। देश-विदेश के नेता-चिन्तक, किसी पर क्या कोई भरोसा नहीं? क्या कोई एलियन आएगा, यहाँ के हालात सुधारने? कोई अचानक उगा तारा, कोई अचानक पैदा हुआ मसीहा...कौन? वेटिंग फ़ॉर गोदो?

या यह दुनिया इस कदर खराब हो गई है कि शान्ति स्थापित करने के लिए हमें एक नई जगह जाना पड़ेगा—चाँद जैसे जीवनरहित, अनुर्वर जगह में—कल्पना में शान्ति स्थापित करनी पड़ेगी। कैसी विडम्बनापूर्ण पंक्तियाँ हैं, ये?

या फिर रघुवर सरीखा कोई एकदम अनजान जो सपने जैसी अवास्तविक स्थिति से उत्पन्न हो, अजनबी की तरह हमें प्रतीत होता हुआ हमारी अगुवाई करेगा!

यह एक अजीब स्थिति की परिकल्पना है, जो सपने से फूटेगी—हाँ, बदलाव का सपना होता है, जिसे सायास बुना जाता है। यहाँ वह सपना है, जिसमें मेटामेर्फ़सिस की सम्भावनाएँ भरी हुई हैं...यह कामू के मेटामेर्फ़सिस से सर्वथा भिन्न है—शुभ है...और इसीलिए जब तक रघुवर सपने में रहता है, उसका चेहरा चाँद-सा चमकता है—आशा और आकांक्षा में।

रघुवर मेहनतकश इनसान का रूपक है, वह प्रेमिका के चेहरे पर चाँद देखने से बड़ा काम करने का माद्दा रखने वाला मनुष्य है, जो चाँद के मुँह से दाग-धब्बों को धोकर, वहाँ से शान्ति का सन्देश देना चाहता है। जिस चाँद पर पैर नहीं टिकते, उस चाँद पर उसकी छाया दिखाई पड़ती है...

जाने क्यों यहाँ आते-आते मुझे इस रघुवर में रघुपति राघव राजा राम गाने वाला फकीर दिखाई देता है, सुनाई पड़ रही है, शान्ति की, अहिंसा की, उसकी अपील...

वह जिसने खुली आँखों से सपना देखा—विश्व के हित का...

स्मृति के रंग

(नूतन डिमरी गैरोला की कविता—'मुरलीसिंह और चाय गुमटी' को पढ़ते हुए)

मुरलीसिंह और चाय गुमटी

लाल हुई नाक को उँगली के पोरों से गरम करते हुए
जैसे पूरी एवरेस्ट की ठंडी चोटी भींच ली हो हथेली में
कि पिघलनी हो बर्फ बाकी अभी
और उँगलियाँ ठंड से कँपकँपाती हों
फिर भी पहाड़ के शिखर से उतरते चढ़ते हुए
गरमी का एहसास भर लेते थे लोग।

कि याद आते हैं
चाय से भरे स्टील के गिलास,
जिन्हें हाथों में थाम
पहाड़ की पगडंडी के किनारे
सर्र की आवाज के साथ चाय का सुड़का भरते हुए दिन,
उठती रहती थी एक सोंधी खुशबू,
मिट्टी लिपी केतली की
और चीड़ से उठते धुएँ की,

पहाड़ के खड़ंजेदार रस्ते के किनारे छोटा-सा वह मिट्टी का कमरा
जिसमें आधा उकड़ूँ आदमी भर खड़ा हो सकता था
और मिट्टी के फर्श से थोड़े ही ऊपर होती थी लकड़ी की छत
गुनगुने को सिमटा के रख लेती थी जो खोखे के आलिंगन में...
एक अदद लकड़ी के चौड़े फ्रेम की सँकरी लम्बानुवत खिड़की

धूप के साए रेशा रेशा हो आते हों भीतर पर
ठंडी हवाओं को मिलती थी नो एंट्री।

गाँव के बुजुर्गों का अच्छा समय कटता था वहाँ
मिलना-मिलाना, दुःख-सुख बाँटना, धूप तापना,
हुक्का गुड़गुड़ाना
फिर आते-जाते यात्रियों को निहारना,
उनके साथ किस्से सुनना-सुनाना
फिर अचानक आवाज लगाना—
ए मुरली! चल आग ला
मुरली झट चूल्हे से अंगार ले आता
ले ताऊ (बोडा) चल तेरी चिलम मैं भर देता हूँ
बहुत व्यस्तता के बीच भी वह कनखियों से देखता-सुनता
और अपनी बातों का तड़का लगाता चल रहे किस्सों में

फिर बाद में
वहीं मिलने लगे थे
गरमागरम प्त्यूड़, पकौड़े, जलेबी, छोले, हलुवा, रोटी, पूरी, चटनी
अदरक की सोंधी खुशबू वाली चाय के साथ
और होते थे मुरली की छोटी साली के मदद वाले हाथ
काम बढ़ा तो गाँव से बुलवा लाया था वह गीता को
फिर दिन में परोसा जाता था चेसा, कढ़ी, कापुली भात
उसी लकड़ी की बेंच और खपची पर अटकी मेज पर
जिसकी हिलती थी टाँग
वह गवाह थी चाय और खाने के लजीज स्वाद की।

छिड़ती थी उसी के चारों ओर चर्चा पिछले दो साल से
आतंकित करने वाले नरभक्षी बाघ की
कि जिसने जीना कर दिया था दुश्वार
घसियारियों और घास चरते मवेशियों का।
शिकारियों का शिकार करने में भी था माहिर
वह शातिर आदमखोर बाघ
आखिरकार एक रात उस बाघ को मार गिराया गया था,
जिसका जरिया हरिदास की गाय को बनाया था

कि जिसकी मृत शरीर जहर उगल रही थी
उसकी देह ही ने बाघ को हमेशा के लिए निवाला बनाया था
दबी जुबान से कोई कहता था—
गाय के मर जाने पर उसके भीतर जहर भरा गया था
कोई कहता था—
गाय को ही जहर देकर मार दिया गया था
यूँ भी बाँझ थी न, गाँव वालों के किसी काम की न थी।

इस जीव की शहादत पर किसी की आँख से न कोई आँसू गिरा
न कहीं कोई गीत बना,
कि हरिदास की गंगा ने
कितने आदमियों को मौत के मुँह में जाने से बचाया था
ऐसे ही तो
जाने कितने मवेशी विस्मृत नायक थे पहाड़ों के
जो वहाँ के सच्चे साथी थे...

ऐसे ही गुमटी में कभी चर्चा में होती थी
उस रीछ के आतंक की जिसने कई-कई बार लोगों को जंगल से भगाया था
जंगल की सीमा को लेकर
जानवर और इनसानी आबादी के बीच
युगों से छिड़ते रहे थे द्वंद्व
तभी तो गाँव के बाहर खेत किनारे निवृत्त होने जाती सोणी देवी के
चेहरे पर पंजे से किया था उस रीछ ने वार
कि नोच डाला था पूरा दाहिना गाल उसकी आँख के साथ
शहर अस्पताल ले जाने के लिए
गाँव वालों को
न तो आँख और न गाल वहाँ मिट्टी में गिरा मिला...
जैसे कोई भी बस, कैसा भी वाहन वहाँ खड़ा नहीं मिला,
कि उधर उस दुर्गम पहाड़ी में कोई सड़क भी तो न थी
तो फिर वही पहाड़ का घरेलू उपचार
जहाँ सुलगते लाल लोहे से दागे गए थे सोणी के चेहरे के घाव
जिनसे हो रहा था अथाह रक्तस्राव
और कितनी कराहें गूँजती रहीं घाटियों में
जैसे पक्की मुहर-सी लग गई थी

सोणी देवी के नामौजूद चेहरे पर
लोहे के दाग बनकर
उसकी और उस गाँव की पहचान की
कि जहाँ रीछ अभी भी रहता है आधे चेहरे वाली स्त्री के आसपास
जहाँ बहुधा जंगल के गदेरे किनारे
भूत मासण भी रहते हैं।

कभी-कभी चाय की गुमटी में कोई ट्रेकिंग के लिए
चाय के ग्लास के साथ पहाड़ का नक्शा उतार लेता था
कि कौन-सा रास्ता कम खतरनाक और छोटा हो?
गाँव और खेतों से कई पहाड़ ऊपर
उन्हें देखने हैं बुग्याल, करने हैं पार ग्लेशियर
और पहुँचना है स्वर्गारोहिणी—
जहाँ से निकलती है स्वर्ग के लिए सीढ़ी...
नक्शा वहीं चाय और चूल्हे के धुएँ से धुँधलाता लटका रहा था
जैसे काली होकर धुँधला गई थीं छत और दीवारें
तारीखें आती रहीं जाती रहीं
उस नक्शे का ठिकाना
उस मिट्टी की दीवार पर झूलती अलगनी पर लटका रहा

पर गुमटी के बाहर बच्चे
गहरे कोहरे में ठंड के बीच
मुँह से निकलने वाली भाप से
चाय के सिप के साथ
उड़ाते थे भाप के छल्ले
भाप भाप खेलते हुए
आह्लादित होते थे
और गाँव की खड़ंजेदार पगडंडी पर आते-जाते लोग
सेवा सौली लगाते और मीलों लम्बी बातें करते हुए
कानों तक बुक्का फाड़ कर
ठहाके लगाते थे

उधर एक मेट्रोपोलिटन सिटी के
होटल 'हौलीडे फन' में

एसप्रेसो के शोर में
चाहते हुए भी कपाचीनो के फेने को सर्र कर सुड़क लेना आसान नहीं
कि तहजीब इजाजत नहीं देती
आदमी को शहरी बना दिया जाता है
अपनी सहज प्रवृति को छोड़ वह अनुकूलित हो जाता है
जरूरत के हिसाब से
आवाज दबा कर बोलना नाप तौल कर मुस्कराना
और मुँह बन्द कर खाना खाना सीख लेता है।

मिल्क पाउडर, टी बैग, बॉयल्ड वाटर
उन्हें मिलाओ फिर पियो चाय
ओह! पर
चाय की तलब बुझती नहीं
एक ग्लास चाय
अदरक इलायची में पकाई
याद आती है बहुत।
याद आता है
किस्से-कहानियों, बहस, वार्तालापों का स्थल...
पगडंडी के किनारे ही
तिम्ला के डाल के नीचे
गाँव में रहने वाले
मुरलीसिंह की चाय गुमटी

तिम्ला का पेड़ काट दिया गया था चार साल पहले
वह सड़क के नक्शे के भीतर जो था
और मुरलीसिंह की चाय गुमटी तीन साल पहले
जोर-जबरन
गाँव को आने वाली सड़क की भेंट चढ़ गया था।

और मुरलीसिंह?
सुना है कि दो साल पहले
जिससे कि खुशहाली गाँव आनी चाहिए थी
वह आई तो नहीं
उसी सड़क के रास्ते

गाँव छोड़कर नौकरी की तलाश में चला गया था मुरलीसिंह
अपने जैसे अन्य गाँववालों के साथ
पीछे रह गया था निस्तब्ध सूना गाँव
भूत-सा पलायन का मारा पहाड़

अब मुरलीसिंह एक मेट्रोपोलिटन शहर के बहुत बड़े होटल में
पहाड़ के विकास के नाम पर
बर्तन धो रहा है...

कविता, भाषा प्राप्त मनुष्य की आदिम अभिव्यक्ति है! मन में भावों के संचार और उसकी अभिव्यक्ति की विधा। जब वड्र्सवर्थ कहते हैं कि कविता शक्तिशाली भावनाओं का स्वत:स्फूर्त प्रवाह है, तो वे आगे बहुत महत्त्वपूर्ण बात लिखते हैं और वह यह कि कविता के मूल में हैं—शान्त चित्त से याद किए गए भाव अथवा संवेग। इस दूसरी पंक्ति को अक्सर याद नहीं किया जाता और वड्र्सवर्थ को खाली 'स्वत:स्फूर्त काव्य रचना' के प्रतिपादक के तौर पर देखा जाता है।

शान्त चित्त से मन में रच-बस गए भावों को याद करना क्या उन्हें शब्दों, बिम्बों, प्रतीकों में याद करना नहीं होता? क्या कोई स्मृति बिना शब्दों के सम्भव है? और फिर उन स्मृतियों को ऐसे रचना गोया वे स्वत:स्फूर्त हैं, कितनी कला-साधना की अपेक्षा करता है। यानी अगड़म-बगड़म जो भी मन में आए, उसे लिख मारना कविता नहीं है! इसे याद रखना बहुत जरूरी है। और यह भी कि स्मृति बहुत चुनिन्दा होती है। यानी आपका दिमाग बहुत कुछ खुद-ब-खुद डिलीट करता रहता है और आपकी याद में वही बच-बस जाता है, जिसकी आपने खुद को ट्रेनिंग दी है और जिसे आप महत्त्वपूर्ण भी मानते हैं। आपकी स्मृति में क्या है, यह न केवल आपके मनोभाव का सूचक होता है, बल्कि आपके व्यक्तित्व व मानस का परिचायक भी! हमारी परम्परा, संस्कृति तथा वातावरण भी स्मृतियों को सहेजने का, उन्हें सँवारने-सुधारने का काम करती है और यह भी देखती है कि समयानुसार क्या चीज स्मृति बन जाए और क्या नहीं।

कविता या कोई भी रचना इन्हीं स्मृतियों में से कुछ लेती हैं और उन्हें शब्दों में पुनर्सृजित करती हैं।

डॉ. नूतन डिमरी गैरोला की लम्बी कविता—'मुरलीसिंह और चाय गुमटी' को पढ़ते हुए कवि की स्मृति के 'कितने रंग' देखे, यही तो कहना है अगली कुछ पंक्तियों में।

पहाड़ी रास्तों पर बेहद नीची छतों वाली छोटी-छोटी चाय की दुकानों की याद में लिखी नूतन की यह कविता तथाकथित विकास से होने वाले विस्थापनों की

त्रासद कहानी कहती कविता है। मुरलीसिंह की चाय गुमटी की धुँअत्तू (धुएँ की गंध वाली) चाय का स्वाद उन बातों की वजह से है, जो वहाँ एकत्रित लोग—बड़े-बूढ़े, यात्री और बच्चे कहते-सुनते हैं। ये बातें कहानियों-सी उड़ती हैं भाप बनकर, पीढ़ी दर पीढ़ी!

'गुमटी के बाहर बच्चे
गहरे कोहरे में ठंड के बीच
मुँह से निकलने वाली भाप से
चाय के सिप के साथ
उड़ाते थे भाप के छल्ले
भाप भाप खेलते हुए
आह्लादित होते थे।'

नूतन ने इस कविता में पहाड़ के जीवन के लय और सौहार्द का बयान करते हुए दो विकट प्रसंग चुने हैं। एक है शातिर आदमखोर बाघ को मारने के लिए हरिदास की गंगा गाय के 'इस्तेमाल' की कहानी, जिसमें गाय को 'जहर से मारकर' अथवा 'गाय को मारकर उसमें जहर भरकर' बाघ को उसी गंगा की देह द्वारा निगलने का ज़रिया बनाया गया था। पर नूतन की कवि उस पूरी घटना को यूँ देखती है—

'यूँ भी बाँझ थी न...गाँव वालों के किसी काम की न थी।
इस गंगा की शहादत पर किसी की आँख से न कोई आँसू गिरा
न कहीं कोई जागर न कोई गीत बना,
कि हरिदास की गंगा ने
कितने आदमियों को मौत के मुँह में जाने से बचाया था
ऐसे ही तो
जाने कितने मवेशी विस्मृत नायक थे पहाड़ों के
जो वहाँ के सच्चे साथी थे।'

मवेशियों को विस्मृत नायकों की तरह देखना दरअसल एक ओर तो पहाड़ के जीवन में प्रकृति के साथ वहाँ के लोगों के एकमेक होने का सूचक है, और दूसरे पहाड़ों की पहाड़-सी जिन्दगी का सूचक भी। किन्तु गंगा गाय की इस 'कुर्बानी' पर जागर या गीत का न बनना मनुष्य की स्वार्थवृत्ति का भी परिचायक है। उसके लिए बाँझ गाय की कोई उपयोगिता नहीं...किन्तु क्या सचमुच? पर क्या उसे भी अन्ततः किसी बड़े काम के लिए 'यूज़' न कर लिया गया। किन्तु यह भी विचारणीय है कि लोकचित्त इस किस्से के जरिये उस गाय को याद करता है और एक तरह से उसके प्रति कृतज्ञता ज्ञापन भी। किस्से उस गाय की शहादत को अमर कर देते हैं। यही

किस्सा वर्षों बाद गाय को मिथक भी बना दे सकता है। मिथक इसी तरह बनते हैं।

दूसरी घटना जो चुनी गई है, वह सोणी देवी पर रीछ के हमले की कहानी है। इस व्यथा-कथा में रीछ सोणी देवी का पूरा दाहिना गाल मय आँख के नोच ले जाता है। पर जैसे खोजने पर सोणी का गाल व आँख नहीं मिलते, वैसे ही बस या कोई सवारी भी नहीं मिलती, जिसके सहारे उस घायल औरत को अस्पताल ले जाया जा सके। (मैं सोच रही हूँ पढ़ते-पढ़ते ही कि अगर सोणी देवी की जगह सोणसिंह होता तो भी क्या उसको वही उपचार दिया जाता जो सोणी को दिया गया?) स्त्री के जीवट होने की कथा इतनी वेदनापूर्ण है।

'तो फिर वही पहाड़ का घरेलू उपचार
जहाँ सुलगते लाल लोहे से दागे गए थे सोणी के चेहरे के घाव
जिनसे हो रहा था अथाह रक्तस्राव
और कितनी कराहें गूँजती रहीं घाटियों में
कि प्रतिध्वनियाँ गूँजती रहीं बरसों तक।

यह संयोग तो नहीं कि नूतन अपनी स्मृति की मंजूषा में से गाय और औरत को चुनती है। उनके दु:ख में एक कंटीन्यूटी-सी दिखाई देती है, कविता पढ़ते हुए। सोणी देवी का 'नामौजूद' चेहरा जिससे गाँव जाना जाता रहा—बहुत सशक्त वर्णन है।

इस प्रकार पहाड़ की पहाड़-सी जिन्दगी को बखानती है यह कविता। शहर के भीड़-भाड़ से ऊबे हम शहरियों के लिए पहाड़ एक रोमांस हैं! पर वहाँ के निवासी तो ठंडी हुई नाक को उँगलियों की उष्णता से गरमाने को अभिशप्त हैं (लाल हुई नाक को उँगली के पोरों से गरम करते हुए/जैसे पूरी एवरेस्ट की ठंडी चोटी/ भींच ली हो हथेली में/कि पिघलनी हो बरफ बाकी अभी—कितना सटीक, सुन्दर और मानीखेज अवलोकन!!), वे अभिशप्त हैं—

'जंगल की सीमा को लेकर जानवर और इन्सानी आबादी के बीच
युगों से छिड़ते रहे थे द्वंद्व'

को झेलने के लिए और उससे भी आगे हम शहरियों के विकास की अवधारणा के चलते अपने गाँव-घर, अपने धन्धों व लोगों को छोड़ हमारे घरों-दुकानों, होटलों और कारखानों में सस्ती मजदूरी करने के लिए बाध्य होने को। हम 'सभ्य' शहरियों को प्राकृतिक सौन्दर्य, साफ ठंडी हवा मिल सके और हम अपने सीने में आक्सीजन भरकर जल्द से जल्द वापस अपने शहर में आ सकें, तो हमें जाना पड़ेगा पहाड़ों के और ऊपर, उससे भी ऊपर, बिना कोई खतरा उठाए—

गाँव और खेतों से कई पहाड़ ऊपर

उन्हें देखने हैं बुग्याल, करने हैं पार ग्लेशियर
और पहुँचना है स्वर्गारोहिणी—
जहाँ से निकलती है स्वर्ग के लिए सीढ़ी!

तो हमारे ऐशो-आराम के लिए नक्शे बनाए गए और पहले बलि चढ़ती है तिम्ला के पेड़ की और फिर मुरली सिंह की चाय गुमटी की, क्योंकि वे गाँव तक आने वाली सड़क के बीच आ गए थे। विकास के पहिए के तले दबने-कुचलने के लिए अभिशप्त!

वह चाय गुमटी जिसके भीतर आदमी आधा उकड़ूँ होकर ही खड़ा हो पाता था, जिसकी दीवारें धुएँ से काली पड़ गई थीं, वे—

'एक मेट्रोपोलिटन सिटी के
होटल 'हौलीडे फन'
का मुकाबला भला कैसे कर पातीं।'

दरअसल ये 'सुविधाएँ/ मनोरंजन' आदि अगर पूरे गाँव वालों को मिलें तो भी बात कुछ समझ में आती है, किन्तु दुर्भाग्य से कुछ चुनिन्दा रसूखदार गाँववालों को छोड़ दें, जिन्होंने इस 'ट्रांजिशन' से फायदा उठाया है अपने आर्थिक, सामाजिक और राजनैतिक शक्ति के चलते तो बाकी पहाड़ के निवासी तो अभिशप्त हैं अपने बसे-बसाए धन्धों, कामों को छोड़कर मुरली की तरह शहर में मेहनत-मजदूरी करने को—

'सुना है कि दो साल पहले
जिससे की खुशहाली गाँव आनी चाहिए थी
वह आई तो नहीं
उसी सड़क के रास्ते
गाँव छोड़कर नौकरी की तलाश में चला गया था मुरलीसिंह

अब मुरलीसिंह एक मेट्रोपोलिटन शहर के बहुत बड़े होटल में
पहाड़ के विकास के नाम पर
बर्तन धो रहा है!!'

अगर नूतन कुछ ठहरकर अपनी कविता को पुनः-पुनः पढ़ें और एडिट करें, तो उनकी भावाभिव्यक्ति और भी सशक्त होगी।

नूतन अपनी इस कविता में पहाड़ के जीवन को, उनमें आए बदलावों को व्यक्त करती हैं। अगर पहाड़ के या हमारे देश के किसी भी गाँव-अंचल में विकास

के नाम पर अच्छे स्कूल, सुविधा सम्पन्न अस्पताल, बसें और यातायात के सस्ते अच्छे साधन, मनोरंजन के साधन उपलब्ध करवा दिए जाते तो यह विकास की एक बेहतरीन अवधारणा होती। किन्तु गाँव हों या पहाड़, वे हम रसूखदार शहरियों के लिए 'रिट्रीट' हैं। हमें और अधिक ऊर्जावान और निष्ठुर बनाते रिट्रीट। हम गाँव की खुशहाली के आड़ में अपना उल्लू सीधा करते हैं, तभी तो गाँव वाले पलायन करते हैं।

गहरी उदासी और विकास की अवधारणा पर सोच के नोट पर यह कविता खत्म होती है। इस तरह से यह कविता एक अत्यन्त महत्त्वपूर्ण रचना और हमारे समय का दस्तावेज बन जाती है।